华中科技大学创新教育与批判性思维研究中心资助出版
本书是国家社会科学基金教育学项目成果（BBA200034）

批判性思维教育丛书

# 批判性思维的认知神经基础与教育

任学柱 著

## Critical Thinking
Cognitive Neuroscientific Foundations and Educational Practice

科学出版社

北 京

## 内 容 简 介

批判性思维是创新能力的重要基础。批判性思维教育是高校培养创新型人才的重要举措。随着生成式人工智能的快速发展，对教育的要求正在发生深刻变化，如何培养具备理性判断力、独立思考能力和复杂问题解决能力的学生，已成为教育改革亟待回应的时代课题。

本书立足于认知科学、神经科学与教育学的交叉视角，系统地探讨批判性思维的认知神经机制及其教育路径。本书内容涵盖批判性思维的含义、结构与评估，批判性思维的认知基础，批判性思维的神经活动特征，批判性思维的认知及教学干预，以及高校批判性思维教学实践等方面。本书融合了批判性思维的认知神经科学成果，紧密结合教育教学实践，旨在为高校批判性思维教育提供科学依据与实践参考。

本书可供教育和心理研究者、教师、教育管理者等阅读参考，也可为课程开发者、教育政策制定者，以及关注批判性思维能力培养与教育改革的社会公众提供有益借鉴。

---

**图书在版编目（CIP）数据**

批判性思维的认知神经基础与教育 / 任学柱著. --北京：科学出版社，2025.6. -- (批判性思维教育丛书). -- ISBN 978-7-03-082317-5

Ⅰ. B80

中国国家版本馆 CIP 数据核字第 2025RP8326 号

责任编辑：朱丽娜　高丽丽 / 责任校对：贾伟娟
责任印制：徐晓晨 / 封面设计：有道文化

科学出版社 出版
北京东黄城根北街 16 号
邮政编码：100717
http://www.sciencep.com
北京建宏印刷有限公司印刷
科学出版社发行　各地新华书店经销

\*

2025 年 6 月第 一 版　　开本：720×1000　1/16
2025 年 6 月第一次印刷　印张：15 3/4　彩插：3
字数：265 000
**定价：108.00 元**
（如有印装质量问题，我社负责调换）

# 丛书学术顾问委员会

李培根　中国工程院院士、华中科技大学创新教育与批判性思维研究中心主任
陈廷柱　华中科技大学教授、教育科学研究院院长
刘　玉　华中科技大学教授、启明学院原副院长
张仁铎　中山大学教授、教育部长江学者
董　毓　华中科技大学客座教授
武宏志　延安大学21世纪新逻辑研究院教授
杨志明　湖南师范大学教授、测评研究中心主任
谢小庆　北京语言大学教授、北京语言大学教育测量研究所原所长

# 丛书总序

在快速变革的时代背景下，教育不仅承担着传授知识的使命，同时肩负着培养学生思维能力与创新精神的重任。随着以生成式人工智能为代表的新技术飞速发展，学生的知识获取方式和思维模式正经历着深刻变革。面对这一趋势，如何培养具备独立思考、敢于质疑与创新、善于解决复杂问题的人才，成为教育领域亟待回应的时代命题。在此背景下，批判性思维教育的重要性愈加凸显，它不仅是学生形成理性思维、提升认知水平的关键路径，更是推动深度学习与知识创新、服务国家创新驱动发展战略的重要环节。

作为国内较早系统开展批判性思维教育研究与教学实践的高校之一，华中科技大学自2009年起启动批判性思维课程与教学探索，2017年成立"创新教育与批判性思维研究中心"，在课程建设、师资培养、教育研究、测评工具开发及经验推广与资源共享等方面持续发力，逐步构建了较为完善的批判性思维教育体系。与此同时，一批长期在该领域深耕的研究者（同时也是教学实践者），围绕批判性思维教育开展了富有成效的理论与应用研究，取得了一系列具有重要影响力的成果，为批判性思维教育丛书的编撰与推出奠定了坚实基础。

本套丛书是华中科技大学十余年来在该领域持续探索与积淀的重要体现，也是对我国当前批判性思维教育实践与研究成果的一次集中呈现。全套丛书共6本专著，围绕批判性思维的本质机制与教育实践展开系统探讨，内容涵盖广泛，既有对批判性思维认知神经基础的深入研究，也有对大学生批判性思维品质发展规律的系统梳理；既有聚焦课程建设与教学改革的理论和实践探索，也有回应教学现实困境的策略性研究；既关注学科课堂中的教学方法创新，也关注班主任等关键教育角色在思维教育中的功能发挥。此外，还包括对批判性思维课程有效性及其实现机制的评估研究，为教育实践的改进提供了数据支持与路径建议。6本专著在选题上体现了对批判性思维教育核心问题的持续关注，覆盖了从理论建构到教学实践、从学生培养到教师发展、从课堂教学到制度机制等多个层面，有力回应了教育不同场域和不同群体对批判性思维能力培养的现实需求，展现了当代中国批判性思维教育研究的广度与深度。

本套丛书具有鲜明的综合性和前瞻性特色。其一，丛书内容坚持理论与实践相结合，既扎根于中国教育的现实语境，又积极对接国际学术前沿，致力于回答"为什么教""教什么""如何教""如何评"等关键问题，推动批判性思维教育的本土化发展与路径创新。其二，在研究视角上体现出高度的跨学科融合，涵盖教育学、心理学、认知科学、脑科学等多个领域，从批判性思维的生成机制，到教育干预的效果评估，系统呈现了批判性思维作为复杂高阶能力的发展过程与多维构成。其三，突出实证导向，广泛采用问卷调查、教学实验、追踪研究、行为测量与脑成像等方法，强调数据支持与证据基础，力求为课程改革与教育政策提供科学、可操作的实践依据。其四，注重教育应用的广度与适切性，不仅覆盖高等教育中的课程教学与师资培训，也延伸至中小学教育，涵盖普通课堂与实验班教学、班主任育人职责、教师教学能力提升等多个层面，为不同教育阶段和教学角色提供了有针对性的理论指导与实践资源。

期待本套丛书能够为国内外学界的研究提供系统、前沿、富有中国特色的参考，也能够为各级各类学校探索批判性思维教育的有效路径与实践模式提供借鉴，共同推动批判性思维教育在我国创新人才培养体系中发挥更大作用。

# 丛书推荐序

批判性思维（critical thinking）培养是教育的基本目标，也是核心学习成果，这已成为共识。而且，对教育的展望，对人工智能时代可预见未来的预测，均凸显了对批判性思维的强烈关注甚至某种程度的担忧。因为在当今时代，批判性思维属于"高必要且高难度"或"既必要又短缺"的技能。如今，人们普遍认识到，在各层次教育系统中培养学生的批判性思维技能和倾向，是一项重大而艰巨的任务。

我国的批判性思维学术研究和教育教学方兴未艾，近20多年取得了明显进展：一些学校独立开设了批判性思维课程；很多颇具特色的教材和普及读物面世；国际名著的汉译已颇具规模；一些博士学位论文以批判性思维为主题，建立了几个相关研究机构，有专门的研究辑刊出版发行；在国际知名期刊和学科手册上也能看到中国学者的作品，中国的学术论坛上亦有国际著名学者现身。不过，一个明显的短板是，关于批判性思维的学术专著极为稀缺，尤其是从逻辑视角之外的视角出发进行研究的专著几乎没有。值得庆幸的是，华中科技大学批判性思维教育实践研究团队推出了一套反映学生批判性思维发展与教育最新研究成果的学术丛书——批判性思维教育丛书（由华中科技大学创新教育与批判性思维研究中心策划并资助）。一个机构同时呈献6本学术著作，这在全球批判性思维研究领域实属罕见，不仅会掀起国内批判性思维研究的一股浪潮，也会引起国际同行的瞩目。

批判性思维研究有四个永恒主题：一般理论，如批判性思维概念、构件清单等；发展和学习，如从童年、青春期到成年，批判性思维是如何发展的，人们是如何习得批判性思维的，等等；课程和教学，如通识教育中的批判性思维课程、各种有效的教学法等；评价，如个体水平评价、机构评价、学习成果评价、聘用和晋升评价等。研究批判性思维的三个传统视角是哲学（应用认识论、逻辑）、教育学和心理学。近年来，一些研究者开始从新的视角研究批判性思维，如文化比较（尤其关注以中国文化为代表的东亚文化与英语世界中的批判性思维观念与实践的差异）、神经科学或脑科学，以及跨学科研究（如智能、智慧与批判性思维，人工智能与批判性思维）等。

针对这些主题和视角，批判性思维教育丛书发出了中国之声，展现了中国特色，贡献了中国洞见。陈建文的《大学生批判性思维品质的发展与培养》从教育学和发展心理学的角度，系统研究了中国大学生的批判性思维品质发展，这对我国目前基于逻辑的批判性思维教育有补强之效。张妍的《基于创新素养提升的批判性思维课程改革与实践》对标创新素养而展开批判性思维课程研究，不仅顺应了当前国际批判性思维教育教学的大势——批判性和创造性思维统合于创新，而且为国内开发新的批判性思维课程提供了极具参考价值的理念和框架。吴妍的《拓展与分层：批判性思维教育的解困之路》提出的解困之道，既是解决批判性思维教育面临的种种问题的可能方法，对纾解全球批判性思维教学之困也不无借鉴价值。关于批判性思维生成与教学的神经科学基础这一主题，近年来有一些零散的研究，系统探讨二者关系的著作凤毛麟角（如 Rutherford 的 *Neuroscience and Critical Thinking*，Kindle Direct Publishing，2019）。任学柱的《批判性思维的认知神经基础与教育》全面探究了这一前沿主题，并有先前在国际权威期刊发表的系列论文作为厚实的基础，可谓此类研究的集大成之作。放眼全球，任课老师是批判性思维教育教学的焦点，而李伟的《班主任批判性思维教育的理论与实践》将批判性思维的聚光灯转向班主任，使该书具有十分鲜明的中国特色，因为它的研究对象——班主任本身就是中国教育体制中的一个独特主题。张青根的《中国本科生批判性思维课程有效性及其实现机制》，让人立刻联想到国际上关于中国学生批判性思维能力评价的纷争。批判性思维课程的有效性是学生批判性思维能力的一个重要制约因素。研究这种有效性的实现机制，可谓既抓住了我国开展批判性思维教学之成败的关键，也对深入理解中国学生批判性思维能力水平大有裨益。

本套丛书适合高年级本科生和研究生、教师和教育工作者、相关领域从业者和研究人员阅读，尤其是对于那些意欲获得批判性思维技能和养成批判性思维精神的人有一定的参考价值。

武宏志

# 前　　言

　　信息时代，批判性思维不仅是学生打破信息茧房、做出理性判断的关键能力，也是教育应对复杂挑战、推动创新发展的重要支撑。随着生成式人工智能（artificial intelligence，AI）的迅速发展，批判性思维教育显得尤为迫切：生成式 AI 虽然为学生提供了强大的语言生成、信息整合与创意辅助工具，能够拓展创新表达的空间，提升学习效率，但也可能削弱学生独立思考与质疑反思的动机，带来思维依赖与创新能力弱化等风险。面对这一新兴挑战，教育界迫切需要推动批判性思维教育的深化与转型，以回应 AI 时代对高阶思维能力的新要求。然而，尽管批判性思维教育的重要性正逐步受到教育界的关注，但相关研究与实践仍面临诸多挑战。其中，尤为突出的问题是，关于批判性思维的心理结构、脑科学机制与教育培养方式尚未实现有机整合。当前的教育实践多依赖经验总结，缺乏基于认知神经证据的科学设计与循证评估体系，难以为其系统化培养相关人才提供坚实支撑。

本书从认知科学、神经科学和教育学的交叉视角出发，探索批判性思维是什么、如何运作，以及如何更有效地培养它。我们尝试搭建一套"认知-大脑-教育"相结合的研究框架，既关注思维背后的心理和脑科学原理，也关注如何将这些科学发现应用到教学实践中。在研究方法上，本书结合行为实验、脑科学研究与教学跟踪，从多个角度揭示了学生在思维训练中的表现变化；在教学实践中，我们设计了既基于大脑可塑性又贴近课堂实际的教学方案，并用实证数据进行效果评估。通过系统梳理已有教学成果与研究证据，本书还总结了批判性思维教育的有效做法。本书沿着"理解思维—揭示机制—改进教学—指导实践"的路线展开，旨在为高校教师和课程开发者提供科学、实用的参考，帮助他们更有效地培养学生的思维力、判断力与创新力。

本书分为五部分，共九章，从"是什么""为什么"到"怎么做"，系统地呈现了批判性思维的基本概念、认知机制、脑科学研究及教育实践路径。第一部分（第一章和第二章）介绍什么是批判性思维，它包含哪些核心能力，我们又该如何进行测量与评估。这一部分还梳理了与批判性思维密切相关的经典认知理论，为理解后续内容奠定基础。第二部分（第三至第四章）聚焦批判性思维的"底层原理"。第三章通过行为实验，揭示执行功能、流体智力等认知过程与批判性思维之间的关系；第四章从脑电研究出发，提供支持这些认知机制的神经证据，帮助我们理解大脑在进行批判性思维时的运作方式。第三部分（第五章和第六章）以"信念偏差推理"这一典型批判性思维任务为切入口，深入探讨个体在面对逻辑与信念冲突时的大脑活动。第五章借助脑电数据，呈现这种认知冲突发生时的大脑实时反应；第六章则利用近红外脑成像技术，从空间维度定位关键脑区的激活模式，揭示不同思维水平的脑网络运作特征。第四部分（第七章和第八章）讨论批判性思维能力是否可以提升，以及应如何提升。第七章介绍基于认知干预的策略，探索认知干预提升思维能力的可行路径；第八章则结合课堂教学实验与跟踪研究，分析教学对学生批判性思维发展的长期影响及其神经表现。第五部分（第九章）聚焦教学应用，系统梳理高校批判性思维教学的现状与方法策略，结合大样本元分析评估我国高校批判性思维教学的实施效果，进一步探讨批判性思维教学未来的发展方向。

  本书的撰写得到了众多专家和同行的支持与帮助。感谢丛书学术顾问委员会专家的指导。感谢全国教育科学规划领导小组办公室、华中科技大学创新教育与批判性思维研究中心对本书研究的支持。

  希望本书能够为读者带来思考与启发，助力我国批判性思维研究与教育的深入推进。如有不足之处，敬请批评指正。

# 缩 略 语 表

| 缩写 | 英文 | 中文 |
|---|---|---|
| APM | Raven's Advanced Progressive Matrices | 瑞文高级推理测验 |
| CCTDI | California Critical Thinking Disposition Inventory | 加利福尼亚批判性思维倾向量表 |
| CCTST | California Critical Thinking Skills Test | 加利福尼亚批判性思维技能测验 |
| DLPFC | dorsolateral prefrontal cortex | 背外侧前额叶 |
| EEG | electroencephalography | 脑电 |
| ERD | event-related desynchronization | 事件相关去同步化 |
| ERO | event-related oscillation | 事件相关振荡 |
| ERP | event-related potential | 事件相关电位 |
| ERS | event-related synchronization | 事件相关同步化 |
| fNIRS | functional near-infrared spectroscopy | 功能性近红外光谱技术 |
| IFG | inferior frontal gyrus | 额下回 |

# 目　　录

丛书总序（李培根）

丛书推荐序（武宏志）

前言

缩略语表

**第一章　批判性思维的含义、结构与评估** ……………………………… 1
　　第一节　批判性思维的含义 ……………………………………………… 2
　　第二节　批判性思维的结构 ……………………………………………… 11
　　第三节　批判性思维的评估 ……………………………………………… 16

**第二章　批判性思维相关的认知理论** …………………………………… 23
　　第一节　思维的双加工理论 ……………………………………………… 24
　　第二节　哈珀恩的批判性思维理论 ……………………………………… 33
　　第三节　批判性思维的整合框架理论 …………………………………… 37

**第三章　批判性思维能力的认知基础** …………………………………… 43
　　第一节　执行功能的含义及其与批判性思维的关系 …………………… 44
　　第二节　执行功能在批判性思维中的作用 ……………………………… 47
　　第三节　批判性思维与流体智力的区别和联系 ………………………… 55
　　第四节　批判性思维与流体智力关系的实证研究 ……………………… 59

## 第四章　批判性思维与执行功能关系的脑电研究 ············· 65
### 第一节　执行功能的神经基础 ············· 66
### 第二节　批判性思维与刷新的事件相关电位研究 ············· 69
### 第三节　批判性思维与抑制的事件相关电位研究 ············· 79

## 第五章　批判性思维与信念偏差推理：脑电研究 ············· 89
### 第一节　批判性思维神经活动的理论与脑电研究 ············· 90
### 第二节　基于信念偏差推理的事件相关电位研究 ············· 99
### 第三节　基于信念偏差推理的事件相关振荡研究 ············· 111

## 第六章　批判性思维与信念偏差推理：脑成像研究 ············· 119
### 第一节　批判性思维的脑成像研究综述 ············· 120
### 第二节　批判性思维与信念偏差推理的血流动力学研究 ············· 125
### 第三节　批判性思维与信念偏差推理的脑功能连接研究 ············· 137

## 第七章　批判性思维的认知干预及效果评估 ············· 147
### 第一节　批判性思维的可塑性及其认知神经基础 ············· 148
### 第二节　批判性思维认知干预的设计与行为评估 ············· 150
### 第三节　基于认知干预的批判性思维神经变化特征 ············· 159

## 第八章　批判性思维的教学干预及效果评估 ············· 167
### 第一节　批判性思维教学干预的设计和行为评估 ············· 168
### 第二节　基于教学的批判性思维脑区激活模式变化 ············· 174
### 第三节　基于教学的批判性思维脑功能网络变化 ············· 179

## 第九章　高校批判性思维教学方法与效果 ············· 187
### 第一节　高校批判性思维教学的方法与效果评估 ············· 188
### 第二节　我国高校批判性思维教学效果的元分析 ············· 195

## 参考文献 ············· 215

# 第一章
# 批判性思维的含义、结构与评估

　　批判性思维被视为体现学生独立思考、解决问题和参与社会的关键能力。在信息化时代，批判性思维既能帮助个体在纷繁复杂的环境中辩证地获取适当信息，也能帮助个体更好地学习与生活。在我国加快建设创新型国家、培养创新型人才的背景下，批判性思维作为创新人才的必备要素，其重要性日益凸显。2021年，习近平总书记在中国科学院第二十次院士大会、中国工程院第十五次院士大会、中国科协第十次全国代表大会上指出："要更加重视人才自主培养，更加重视科学精神、创新能力、批判性思维的培养培育。"这明确表明，培养高阶思维，特别是以批判性思维为代表的高阶思维，对国家实施人才强国战略至关重要。因此，批判性思维的重要性不仅在个体层面得到体现，更在社会层面对国家创新和进步产生积极而深远的影响。

　　本章从不同视角对批判性思维进行解读。第一节分别从哲学、心理学和教育学的视角出发，全面总结和分析批判性思维的含义。通过深入挖掘这三个领域对批判性思维的贡献，更好地理解批判性思维的跨学科性质和在不同学科背景下的发展脉络。第二节概述批判性思维的主要结构成分，包括批判性思维的基本元素、关键特征，以及其在不同学科和生活场景中的具体体现。第三节简要介绍批判性思维的评估和测量方法，分析现有的评估工具、方法和标准，以及它们在不同背景下的适用性和局限性。

# 第一节　批判性思维的含义

"批判性思维"（critical thinking）一词的起源可以追溯到拉丁文 criticus，意为"评论家"或"批评家"，同时与希腊文 criterion 相关，意为"标准"或"判断准则"（武宏志，2011）。尽管经过了多年的学术研究，对批判性思维仍然难以进行明确的定义。关于批判性思维的理解，哲学、心理学、教育学领域的学者都参与了讨论。本节分别从哲学、心理学、教育学视角对批判性思维的含义进行阐述。

## 一、哲学视角

哲学家对批判性思维的理解，通常涉及对观念、论据和信仰的思考和审视。哲学家通过一系列尝试完善以探究和推理为特征的思维形式，包括理性主义、经验主义、实用主义等理论，以及形式逻辑和经验性的调查方法（Murphy et al.，2023）。批判性思维的历史最早可以追溯到苏格拉底、柏拉图和亚里士多德时代，其含义演变大致分为四个阶段。

### （一）古典哲学阶段

公元前 5—前 4 世纪，即古典哲学盛行时期，起源于苏格拉底的思辨方法被形象地比喻为"助产术"（陶美重，1999）。该思辨方式以启发人们对问题进行深刻思考而闻名，其过程分三个关键步骤：首先是"苏格拉底式讽刺"，通过与他人谈话并提出问题，引导对方发表意见，使人们发现自己认知中的矛盾，促使个体积极思考，寻求解决问题的答案。其次是"定义"，通过在问答中反复诘难和归纳，逐渐得出明确的概念。这一步骤旨在帮助对话参与者更清晰地理解问题，并建立起更准确的认知框架。最后是"产婆术"，这一步骤旨在让对话参与者发现自己认知上的混乱，并否定原有观念，帮助他们认识到普遍性真理。简而言之，苏格拉底式思辨的核心特征是通过"提问—回答—反诘—修正—再提问"的循环过程，逐步建立对问题本质更准确的理解。这种思辨方式不仅强调个体思考的深度，还通过对话的形式促使人们共同参与，共同构建知识。柏拉图的《理想国》中的"形而上学"，即对世界本质和实在性质的信仰，有助于理解为什么苏格拉底强调推理和深入探究（柏拉图，1986）。在柏拉图看来，形式是抽象、永恒、不变的东西，是真实但无法完全理解的存在，而人们在经验中感知到的具体事物似乎与这些形式相对应。亚里士多德是历史上首位系统地研究逻辑和有效推理的哲学家，他主要依赖排除和包容原则构建了著名的演绎论证，被称为"三段论"（Shields，2022）。与柏拉图否认表象现实性的观点不同，亚里士多德相信人类的思想和感知通常是可靠的。他强调哲学思考的目的是解决问题，在这个过程中需要证明普遍存在的信念（亚里士多德，2015）。

## （二）经验和理性主义阶段

17世纪是现代哲学中的经验和理性主义时期，以弗朗西斯·培根和笛卡儿为代表。培根提出了基于外在经验的"经验论"，强调通过感官观察积累经验，为实验研究提供基础，推动了科学的发展。培根作为经验主义的代表人物，彰显了一种"破"的精神。他具有怀疑精神，对先前的知识体系进行了批判。培根对亚里士多德《工具论》中的逻辑分析方法，以及中世纪权威的知识体系"经院哲学"单纯强调经典文本提出质疑，认为论证需要建立在观察和实验的基础上，以经验事实为重，用自然表格法归纳和总结科学规律，用科学实践检验知识，为认知和科学研究提供了新的方法论基础。与培根的外在经验论形成了鲜明对比，笛卡儿是理性主义的代表。他的《第一哲学沉思集》首先清除了头脑中任何先入为主的观念，以内在经验为基础，提出了"唯理论"，通过深刻的自我反思建立个体的存在，并以此为基础进行逻辑演绎，构建知识体系（笛卡尔，1986）。在笛卡儿的理论中，他通过思考和怀疑传统观念，提出了著名的"我思故我在"这一论断。此论断强调了思维的主体性，将自我意识作为知识的起点，与外在经验有本质区别。与培根的经验论相比，笛卡儿的唯理论强调了理性和思维的独立性，提出了一种超越感官经验的认知方式。总体而言，17世纪的哲学家通过对外在经验和内在思维的探索，推动了科学方法和知识体系的演进，为理性思考和科学实践树立了全新的范式。

## （三）反思性思维阶段

该阶段主要是指19世纪的"实用主义"时期，这一时期思考的方式被提升到了更高的水平，即"反思性思维"。实用主义的核心原则强调在寻求真理的过程中找到真理，而不仅仅是关注真理本身（Murphy et al., 2023）。杜威作为实用主义哲学的代表和现代批判性思维运动的创始人之一，提出的实用主义的"认识论"将经验纳入考虑，其不仅是知识的基础，如经验主义者所做的，而且是行动和反应之间因果关系的一种交互（Biesta, 2007）。杜威认为，大多数人通过传统经历、教育和被动模仿在社会化过程中形成未经思考的信念。这种社会化依赖于权威、特权、激情和主导文化，未经深思的信念被视为忽视证据的偏见。杜威主张对所有信念进行积极、持续和仔细的思考，包括思考支持理由和可能得出的结论，通过有意识的努力，在坚实理由的基础上建立信念。思维就是根据信念或经验知识进行合理推论，对某一问题进行反复、缜密的思考（Murphy et al., 2023）。反思性思维具有三个特点：①自觉的目的性，旨在得出结论；②关注的不仅仅是思想产生的原因，更注重思想的后果；③包含个人的考察、检验和探究（杜威，2005）。反思性思维把经验含糊的、可疑的、矛盾的情境转变为清楚的、有条理的、和谐的情境。在当代教育研究与实践中，杜威提出的"反思性思考"通常被视为批判性思维的早期表述之一，其思想也常被认为对批判性思维概念的发展产生了直接影响（Byrnes & Dunbar, 2014; Murphy et al., 2023）。

## （四）概念具体化阶段

20世纪50—70年代的认知革命使人们对认知过程和心智功能有了新理解，批判性思维在认知革命后期获得了越来越多的关注，其概念逐渐具体化。Russell（1956）指出，批判性思维是根据一些以前接受的标准对态度、事实、理由等进行评估或分类的过程。在1970—1997年的批判性思维运动时期，许多哲学家，如Ennis（2015）、Siegel（1988）和Paul（1990, 1995）为现代批判性思维概念的普及做出了重要贡献。Ennis（2015）认为，批判性思维是一种合理的反思性思维，专注于决定相信什么或做什么。Ennis（1964）呼吁人们注意批判性思维中使用的信息来源的可信度。他不仅着手定义批判性思维，还描绘了进行批判性思考所需的特定技能，由他设计的康奈尔批判性思维测试至今仍在使用。Siegel（1988）强调批判性思维的核心是理由评估。他认为批判性思维者是能够基于理由行动、评估主张做出判断的人，他们理解并遵循评估理由的原则。这一解释强调了批判性思维、理由及原则之间的密切联系。Paul（1995）则强调了批判性思维的三个重要特性，包括规则和自主性、技能、反思性思维。他还讨论了理想中的批判性思考者应当具备的素质，如对问题和信息的敏锐性、思考的深度、推理的准确性。此外，Paul（1995）还强调了对不同观点的开明态度，以及在面对复杂问题时暂缓判断、认真考虑不同观点的能力。他认为，理想的批判性思考者应当具备全面的思维技能，能够在各种情境中运用这些技能，从而达到"思想的完美"。20世纪90年代，由Facione（1990）起草的批判性思维报告表明，批判性思维是一种有目的的、自我调节的判断，表现为对证据、背景、方法、标准及概念的合理运用和考察。

经历了"古典哲学""经验和理性主义""反思性思维""概念具体化"四个阶段后，批判性思维逐渐演变成一种清晰而严谨的思维方式。批判性思维不仅具备逻辑思维的特点，还具有反省思维的属性。这种思维过程被应用于对信息的判断、解释、分析、评价和推理，体现了思考者的态度和技能。在早期阶段，哲学主要关注对真实世界知识主张的追寻和审视，即关于真实世界真实信念的探求。现代哲学关注的重点不仅在于知识本身，更加强调寻找获取知识的适当方法。理性主义和经验主义的基础主义理论争论则集中于知识与真理的联系。杜威的反思性思维表明，实用主义者将人类自身的思想、信仰或情感作为分析的焦点，预示着20世纪后期认知和元认知运动的发展。

## 二、心理学视角

与哲学家的视角不同，认知心理学家深受行为主义和实验研究范式的影响，更注重人的实际思考方式，倾向于通过观察批判性思考者执行的行为或动作界定批判性思维，并探究批判性思维的认知加工过程。然而，在心理学中，批判性思维并没有一直得到重视。与早期相比，现在的心理学研究方法论发生了巨大变化，主要是因为早期的行为主义和实用主义浪潮之间存在意识形态鸿沟。行为主义的典型代表Watson（1913）认为心理学的科学方法应更加规范和机械化，专注于可观察的行为，而不应受个体思想、信念或感受的影响。然而，实用主义者认为，心理学是社会学和生物学的，而不仅仅是机械的，有些心理过程只能通过"内省"的方法来研究，如"有意识的自我""反思性思维"。然而，行为主义的教学依然盛行了几十年，直到20世纪50年代末和60年代初认知革命的到来，行为主义才开始落寞。心理学则开始重新关注人类思维内在的运作方式，比如，在关于思维的双系统理论中，批判性思维被视为典型的系统2思维。随着元认知研究的兴起，元认知也被视为批判性思维的重要组成部分。此外，当代智力研究领域的研究者也在尝试把批判性思维纳入智力的范畴。

### （一）作为系统2思维的批判性思维

Evans（2008）认为，人们的思维过程是由系统1和系统2组成的，分别为直觉思维和反思性思维。系统1是一个自动化加工的过程，它基于常识和经验逻辑原则产生直观的默认反应，对认知资源的要求最低，容易受到信念偏差的影响。系统2是一个认知解耦的过程，即区分假设和信念，极度依赖工作记忆和执行功能（Evans & Stanovich, 2013）。de Neys（2014）对"是什么引发我们的思考"做了进一步研究，其逻辑直觉模型表明系统2是深思熟虑的思维过程。在三段论推理范式的背景下，他发现是逻辑和信念之间产生的冲突激发了这种深思熟虑的思维过程。Pennycook等（2015）认为，冲突监测是分析性思考的关键决定因素。他们提出的三阶段模型表明，第二阶段是冲突监测阶段，主要涉及怀疑假设。与此阶段相关的批判性思维倾向包括好奇心、寻求真相、怀疑和反思。在第三阶段，分析、评估和推理等各个方面都需要批判性思维的支持。Stanovich（2009）认为，系统2的加工更需要概念化。他们提出的三过程模型表明，系统2包括算法思维和反思思维两个层面。他将算法思维概念化为从属于更高级目标状态和更高阶认知思维倾向的层面，而这些均属于批判性思维的范畴。

### （二）作为元认知的批判性思维

Sternberg（1986）强调元认知是批判性思维的重要组成部分，适应性智力与批判性思维密切相关，其涉及的技能被定义为三种——元认知、执行和知识获取，是人们用来解决问题、做出决策和学习新知识的心理过程、策略与表征。其中，元认知是高阶执行过程，用于规划一个人的行动，监督行动过程中的执行，以及在完成行动后进行评估。元认知涵盖了问题识别、问题性质定义、决定解决问题的步骤、排列步骤形成连贯策略、确定信息的心理表征形式、分配解决问题的时间和资源、在解决问题时监控解决方案，以及在解决问题后利用有关解决方案的反馈（Sternberg，1986）。他还强调了元认知在批判性思维理论框架中的重要作用。执行成分是低阶的过程，用于执行元认知成分的指令，并向元认知成分提供反馈。执行成分根据领域的不同而变化，如归纳推理、演绎推理、空间可视化、阅读等。以归纳推理为例，其执行组件包括编码刺激、比较刺激、推断刺激之间的关系及映射之间的关系，将一个领域的关系应用到另一个领域，证明潜在响应及做出响应。知识获取是用于概念或程序的过程，有三个组成部分：①选择性编码，涉及从不相关信息中筛选相关信息；②选择性组合，涉及将相关信息组织成一种连贯且有组织的方式；③选择性比较，涉及将已知的信息与即将学习的新信息相关联。

Willingham（2008）强调理解问题的深层结构对批判性思考至关重要，而对这种深层结构的熟悉程度则由对一类问题的长期接触与经验积累决定。尽管元认知策略被认为是帮助学生调节认知过程的方法，其中一些策略如"寻找问题的深层结构""考虑问题的两面"可以教给学生，但Willingham（2008）认为，这些策略在实践中并不总是有效，因为它们缺乏相关知识的支持。元认知策略能够协助学生超越问题的表面结构，但它们仅仅告诉学生应该做什么，无法指导学生在何时运用正确的策略。在特定领域，学生可能会在更具体的情境中提醒自己运用元认知策略，教师也更清楚需要教授什么知识来激发学生的策略意识。在实际教学中，Willingham（2008）的观点强调了知识的关键作用，不仅指出了应用元认知策略需要具体情境，还为学生在正确的时机做出正确决策提供了必要指导。

### （三）作为实用性智力的批判性思维

智力是一个广泛而复杂的概念。传统的智力研究通常聚焦于Spearman（1961）提出的与一般智力相关的能力。在这个框架内，智力的不同组成部分，包括流体智力、晶体智力和加工速度，被看作是与一般智力相关的要素。这些组成部分也被纳入了现代智力理论，如卡特尔-霍恩-卡罗尔（Cattell-Horn-Carroll，CHC）认知能力理论。传统的智力概念并未全面涵盖智力在实际场景中的真实应用，因此一些学者提出了智力的其他方面，如Sternberg（2019）的适应性智力或批判性思维，并将其作为与传统模式不同的智力表现形式。Halpern（2013）在此基础上引入了认知的角度，将批判性思维定义为使用认知技能来提高实现预期结果的可能性，以及具备这些技能的倾向。此外，Halpern 和 Butler（2018）还强调了批判性思维在现实世界中的实际作用，如其对决策过程（投票、金融投资、储蓄或职业选择）的影响。根据此观点，Halpern 和 Dunn（2021）提出了一个关于批判性思维的智能模型，该模型专注于解决实际问题。他们认为，在面对现实世界的挑战时，批判性思维是一种具有重要价值的智力形式。

总之，认知心理学家的方法论由 19 世纪的行为主义只关注行为表现，转变为实用主义侧重思维内在的本质的认知过程。20 世纪中期由杜威提出的反省性思维属于系统 2 加工过程，需要认知努力、依赖工作记忆和执行功能，进而强调了元认知是批判性思维的重要组成部分，即在监督行动过程中执行，以及在完成后进行评估。Halpern（1997）强调批判性思维是解决现实世界问题的一种广义的智力。由于思维的实际过程是不可观察的，认知心理学家通常关注此类思维的产物，即行为或外显技能，如分析、解释和提出良好的问题。他们强调批判性思维作为一个复杂的心理过程，涉及多个方面，而非简单的孤立步骤。批判性思维不仅仅局限于思考想法、做出判断和解决问题，更是一种努力且有意识的控制过程，涉及使用证据和理由，努力克服个人的信念偏差。

## 三、教育学视角

教育领域的研究者从教育学的视角来理解批判性思维，他们更关注如何培养学生的批判性思维和批判性态度，从而使学生在课堂之外的社会中受益。

### （一）教育目标分类法中的批判性思维

在理论化的教育传统中，Bloom 等（1956）和 Perkins（1985）等教育学领军人物明确了学生在课堂上解决问题、做决策和学习概念所需的技能。尤其是布鲁姆（Bloom et al., 1956）在认知革命早期基于教育经验中的精神行为和思想，撰写了著名的《教育目标分类法》。在布鲁姆提出的三个领域（认知、情感和精神运动）中，认知领域（知识的回忆或认可及智力和技能的发展）对教育目标进行了明确的阐述，从底部的知识/回忆和理解等低阶目标，逐渐过渡到应用、分析、综合和评价等高阶思维技能。研究者通常认为，最高的三个层次（分析、综合和评价）代表了批判性思维的核心。其中，分析是将思想或论点分解为其组成部分的能力；综合是指将信息的各个部分组合成一个新的整体的能力；评价是根据内部证据和/或外部标准判断价值的能力。Bloom 等（1956）的认知层面的教育目标分类，是教育从业者在教授和评估高阶思维技能时经常引用的理论之一。

Marzano（2001）基于实证研究，发展了认知领域的教育目标分类法。他的分类除了类似于布鲁姆提出的认知系统，还明确包含了自我系统和元认知系统。自我系统指的是其目标是由动机、注意力、信仰及这些过程的相互作用产生的。元认知是一种自我调节过程，侧重于目标设定与过程规范，既负责对认知活动的执行控制，也包括对认知过程、态度和思维倾向的监控与管理。简言之，自我系统和元认知系统解释了目标的产生机制，以及以这个目标为重点的自我调节过程。Marzano（2001）对批判性思维的理解更深刻和完整，首先是自我系统产生目标，随后是元认知的调节，最终通过认知系统的分析、综合、评价环节来体现批判性思维。

## （二）理查德·保罗的教学模式对批判性思维的解析

理查德·保罗构建的教学框架全面阐述了批判性思维的核心要素及其培养路径。理查德·保罗和琳达·埃尔德（2013）提出了三层次的教学模式，旨在系统地提高学习者的推理和判断能力。首先，思维元素是这一模式的基础。它强调在思考过程中明确定义思考目标与问题，要求评估收集信息的准确性和相关性，确保对关键概念的理解和应用。这一部分着重思考的是结构化和逻辑化，引导学生思考的每一步都具有清晰的方向与依据。在教学过程中，教师可以通过设定清晰的问题框架和目标，帮助学生逐步拆解复杂的问题，从而进行深入的分析。其次，思维标准是保证思维质量的关键。它要求思维过程中的逻辑一致性、信息的准确性和相关性，以及问题分析的深度和广度。这些标准为批判性思维的评估提供了衡量尺度，使思维不仅仅停留在表面，而是通过多层次、多角度的分析深入挖掘问题的本质。在教学实践中，教师可以鼓励学生不断反思其思考过程是否符合这些标准，从而确保高质量的思维输出。最后，思维特质是批判性思维的内在动力，包括开放性、谨慎性、坚持性、自律性和好奇心。这些特质不仅是思维能力的外在表现，更是学生持续提升批判性思维能力的内在动力。通过培养这些特质，学生在面对复杂问题时能够保持开放的心态，同时能够进行审慎的判断，并持续进行深入的探索。通过该系统性的教学模式，理查德·保罗不仅提供了清晰的指导框架，还为学生提供了逐步提升其批判性思维能力的工具。他的模式适合在各类教育环境中应用，不仅能帮助学生提升思维深度，还能培养其应对复杂问题的能力，进而在生活与学术领域提升判断和决策能力。

### （三）基于社会嵌入概念的批判性思维

在高等教育背景下，对于批判性思维的理解和应用，Andrews（2015）在关于高等教育的批判性思维和/或辩论的研究中指出，可以通过正确处理辩论，使学生获得对辩论的理解能力，批判性思维将同时显现。在高等教育领域，批判性思维和辩论紧密相连。一方面，批判性思维与哲学密切相关；另一方面，辩论与修辞学密切相关。Andrews（2015）认为，在高等教育中，"思考"是知识生活的核心，如果一个人受到探究和怀疑精神的驱动，能够将同事和其他学者对自己工作的批评视为知识交流的一部分，以及具有自我批判的能力，那么这一实践就可以被认为是批判性的。教育家 Davies 和 Barnett（2015）认为，批判性思维需要超越技能或性格的单一范畴。他们认为，批判性思维由技能和性格共同构成，与个体密切相关。然而，他们还强调社会环境、制度（及更广泛的社会）等而非仅仅个人行为，是批判性思维的重要组成部分。这一观点进一步拓宽了对批判性思维的理解。他们认为，高等教育中的批判性思维至少有六个不同但又相互整合和渗透的维度：①批判性论证的核心技能（推理和推断）；②批判性判断；③批判性思维的倾向和态度；④批判性存在和批判性行动；⑤社会和意识形态批判；⑥批判性创造或批判性开放。当然，也可以将其概括为技能、判断、性向、行动、批判和创造。这些教育理论家的优势是将多年的课堂经验和对学生学习的观察、文本分析和课堂思维过程分析作为指导，以此来培养学生的批判性思维。

在探究批判性思维的方法上，以上三个视角有各自的特点和局限。哲学家通常从理想化的角度探讨人们应当如何进行理性思考，描述理想的批判性思考者应具备的特质，或提出"良好"思考的标准。他们常常批评认知心理学对批判性思维的定义，认为其是还原主义的做法，即将一种复杂的知识和技能还原成一系列孤立的步骤或程序（Facione，1990）。心理学家的理论往往来源于实验室环境中对人类主体表现的观察和测试,通过实验研究人类在不同情境中的表现,以此推导出关于批判性思维的认知加工过程。然而,实验室环境与日常生活和课堂环境存在差异,因此人们在实验中的表现不一定能够准确地反映其在日常生活和课堂中的情况。此外,为了使理论能够通过心理学实验进行验证,心理学家有时会简化对批判性思维的分析,这可能会导致对批判性思维的过度简化。仅少数传统哲学的支持者指出,人们可能仅仅是机械地执行批判性思维的步骤,实际上并未真正进行批判性思考（Bailin, 2002）。此外,教育教学相关的批判性思维理论也存在弊端:首先,分类法内的概念缺乏清晰性,无法有效地指导教学和评估;其次,与哲学或心理学领域的框架相比,教育学领域的发展未经过充分的严格测试（Ennis, 1985）,它往往既没有经过哲学理论的逻辑检验,也没有经过心理学理论的心理学原理检验。总之,这三种思想流派虽然存在差异,但观点也具有某种一致性。批判性思维的研究者通常对其包含的特定能力达成一致意见,其中包括分析论点、主张或证据,运用归纳或演绎推理进行推断,进行判断或评价,以及做出决策或解决问题（Ennis, 1985; Facione, 1990; Halpern, 1998）。

## 第二节 批判性思维的结构

批判性思维的含义不仅限于对其概念的界定,还包括对其内容和衡量尺度的描述。然而,由于批判性思维过程的复杂性,定义其结构较为困难。目前,关于批判性思维的结构模型,主要有认知目标分类模型（Bloom et al., 1956）、双维结构模型（Facione, 1990）、三元结构模型（理查德·保罗和琳达·埃尔德, 2013）、层级模型理论（文秋芳, 2008）。这些模型的具体内容如表 2-1 所示。从表 2-1 可以看出,这些模型大都包含批判性思维技能和批判性思维倾向。也就是说,人们除了具备批判性思维技能之外,还需要具有将批判性思维付诸实践的意愿,即批判性思维倾向,只有这样才能顺利完成批判性思维实践。另外,近些年,很多学者强调思维中的元认知过程,并把元认知作为批判性思维的重要成分。本节从批判性思维技能、批判性思维倾向、元认知三方面阐述对批判性思维的理解。

表 1-1　相关研究者提出的批判性思维的结构模型

| 作者（年份） | 模型 | 内容 |
| --- | --- | --- |
| Bloom 等（1956） | 认知目标分类模型 | 认知领域的教育目标分为低阶思维（知识、理解、应用）和高阶思维（分析、综合、评价），其中高阶思维是批判性思维的反映 |
| Facione（1990） | 双维结构模型 | 分为批判性思维技能和批判性思维倾向 |
| 理查德·保罗和琳达·埃尔德（2013） | 三元结构模型 | 分为批判性思维元素（目的、问题、观点、信息、推理、概念、假设、启示）、批判性思维标准（清晰性、准确性、精准性、相关性、重要性、完整性、逻辑性、公正性、有广度、有深度）、批判性思维智力特质（谦虚、坚持、自主、自信、正直、同情心、勇敢和公正） |
| 文秋芳（2008） | 层级模型理论 | 元思辨能力（自我调控能力）为第一层；思辨能力为第二层，包括认知和情感，其中认知又包括技能（分析、推理、评价）和标准（清晰性、相关性、逻辑性、深刻性、灵活性）；情感包括好奇、开放、自信、正直和坚毅 |

## 一、批判性思维技能

批判性思维技能贯穿于批判性思维的认知过程中，是批判性思维的基础，更是批判性思维过程中的具体认知环节，包含了一系列具体的认知技能。表 1-2 为相关研究者提出的批判性思维技能的成分。尽管这些理论在关于批判性思维的一般技能的论述中各有侧重，但基本上都赞同批判性思维技能包括分析、论证、评估、抑制思维偏差四种一般技能。其中，分析指的是厘清陈述中的目的及其蕴含的推论关系，辨识概念、问题、描述或其他表达信息的表征形式（Facione，2011；武宏志，2016）。具体来说，首先，需要确定陈述在推理和论证等语境中所起到的作用，确定问题及识别问题之间的关联；其次，确定描述是否为意图支持或反对某个观点；最后，分析还包括辨识前提、假设、结论之间的关系，推理出未明确表达的预设，即隐含假设，需要厘清整体论证的结构和推理链。

表 1-2　相关研究者提出的批判性思维技能的成分

| 作者（年份） | 具体技能 |
| --- | --- |
| Ennis（1964） | 辨别证据来源、评估推理、评估词义、识别假设、做出推理、做出决定、得出结论 |
| Watson 和 Glaser（1980） | 识别假设、评估论断、逻辑解释、演绎推理、归纳推理 |
| Facione（1990） | 理解、分析、评估、推论、解释、自我调节 |
| Halpern（1998） | 语言推理、分析论题、检验假设、概率和统计、解决问题、自我监控 |

续表

| 作者（年份） | 具体技能 |
|---|---|
| 理查德·保罗和琳达·埃尔德（2013） | 制定目标、明确问题、搜集信息能力、推理能力、验证假设、澄清概念、理解能力、做出判断与得出结论 |
| Watson 和 Glaser（2008） | 识别假设、评估推论、得出结论 |
| Dwyer 等（2014） | 分析、评估、推理、反思评价 |

论证是受到关注最多的批判性思维技能，指的是对得出合理结论所需要的因素的把握和辨识，是从已有的相关信息如数据、原则、陈述等推导出一定结论的认知能力（武宏志，2016）。论证一般包括归纳论证和演绎论证两种逻辑形式。归纳论证是从个别的、过去的例子，推论到普遍的甚至适用未来情况的论断。归纳论证的结论是不确定的，即如果前提是真实的，只能在一定程度上保证结论的真实性。与归纳论证相反，演绎论证则是从普遍的陈述推理出更为具体的事实。演绎推理逻辑形式下的论证结论一般是确定的，即如果前提正确，结论一定正确。在个体进行论证时，首先需要寻求证据，了解推理需要的支持性前提、背景信息，并判断这些信息是否可利用。其次，推测出不同的可能，阐明解决问题的多种方案。最后，在合适的立场上，对一个陈述或一组前提，以恰当的逻辑推论出它们之间的联系或其支持的、蕴含的结论，最后判断并选择支持力最强的结论。

评估主要包括两个方面：一方面是评估前提中的陈述、意见、判断的可信性；另一方面主要是评价结论与前提的内在逻辑关系。识别一个论证前提的可信性，能够直接判断该论证的结论是否可接受为真的，所以评估前提的相关性和可接受性是十分有必要的。评估还包括确定论证是否建立在虚假隐含假设的基础上，评价前提为是否能够支持论证的结论。

批判性思维还包含了抑制思维偏差的技能或认知过程。人类有许多非理性行为，究其根本是因为人类的自我中心思维或错误信念导致的思维偏差。例如，理查德·保罗和琳达·埃尔德（2013）指出，人类天生倾向于非理性的思考，倾向于坚持自我信念，常常将自身非理性的信念判断成理性的，这是一种思想上的僵化。个体常常自然地相信自己的直觉，在思考时往往从自身已有的知识信念角度来决定相信什么、做什么，而且并不质疑这些信念的基础是否真实。然而，批判性思维却包含了合理地纠正个体基于信念的非理性思维的能力。理查德·保罗和琳达·埃尔德（2013）认为，具体来说，对于批判性思维而言，有 8 种措施可以纠正错误的自我中心化：①修正自我中心记忆，即主动搜寻并记住那些与自己的观点相悖的证据和信息，以克服只倾向于记住支持自己立场内容的本能偏向；②修正自我中心的目光短浅，常常以对立的观点和视角进行思考，帮助自己克服绝对化、单一、狭隘倾向的思考本能；③修正自我中心的自以为是，不断地提醒自己掌握的信息并不充分，虚心接受更多的信息；④修正自我中心的虚伪，比较对自己的标准和对他人的标准是否一致；⑤修正自我中心的过分简单化，更加关注复杂的事物和观点；⑥修正自我中心的盲目，找出不符合自身信念的事实，修正盲目相信自己的信念的本能；⑦修正自我中心的即时性，批判性思维能帮助个体理性看待当下的积极和消极事件，减小即时情绪对个体思考和行为的消极影响；⑧修正自我中心的荒谬，通过评价个人想法和观点的现实性，来纠正人们观念上的谬误。综上所述，理查德·保罗和琳达·埃尔德（2013）的观点从不同方面论述了批判性思维对已有知识信念的矫正功能，强调了批判性思维抑制信念偏差的能力。

## 二、批判性思维倾向

思维倾向是相对稳定的人格特质，包含个体对事物的态度、动机，是个体习惯的解决问题的方式。批判性思维倾向也被称为批判性思维品质，是个体相对稳定的独立于批判性思维技能的人格倾向。批判性思维倾向是个体持有的观念、态度、思维习惯，决定了个体运用批判性思维的意愿程度，会影响个体采用什么方式解释信息、分析信息及进行推理并得出结论（Facione P A & Facione N C，1992）。正如武宏志（2016）所述，如果个体拥有批判性思维技能但没有应用它的意愿，拥有这些能力就没有实际意义，可见批判性思维倾向对个体能否成功使用批判性思维有着决定性作用。

众多学者对批判性思维倾向的具体成分进行了讨论，目前意见尚不统一。本节对已有研究中关于批判性思维倾向的成分进行了梳理和总结，如表 1-3 所示。Facione P A 和 Facione N C（1992）提出了批判性思维倾向的 7 种重要特质，这是目前运用最广泛的批判性思维倾向的结构。其中，求真性表现为个体是否渴望寻求真相、是否勇于提出疑惑，以及是否愿意诚实、客观地进行探究。开放性表现为个体具有理解他人的意见、包容不同见解及正视自身偏见的思维品质。系统性有助于个体寻找真相相关信息，将注意力集中在当前任务信息，并有计划地处理复杂问题。分析性包含个体是否能机敏地发现潜在问题、能否预见行为与事件的后果，以及在推断过程中是否重视合理利用理由和证据。自信心是个体在问题情景中对自身运用批判性思维技能的自信程度。好奇心是个体遇到新奇事物或处在新情景中产生的注意、操作、追问的心理倾向，是使用批判性思维解决问题的重要内在动机。认知成熟度表现为对信息理解与推论过程的精准性要求，客观公正地评价自身推理过程的意愿，依据合理证据谨慎改变观点的倾向特质。虽然各个理论对批判性思维倾向的具体成分的表述有所不同，但通过梳理可以发现，开放性、好奇心、合理质疑性几乎包含在大部分理论中，学者几乎都认同这三个方面是重要的批判性思维倾向的成分。

表 1-3　相关研究者提出的批判性思维倾向的成分

| 作者（年份） | 具体成分 |
| --- | --- |
| Facione P A 和 Facione N C（1992） | 求真性、开放性、系统性、分析性、自信心、好奇心、认知成熟度 |
| Perkins 等（1993） | 冒险性、好奇心、寻求真相、计划和策略性、谨慎性、寻找和评估依据、元认知 |
| Halonen（1995） | 质疑性、模糊容忍度、差异认同性、尊重伦理规范 |
| Ennis（1996） | 开放性、正当性、知识渊博、思考多种观点、清除预设观点、关注结论和问题、寻找并提供理由、全面考虑问题情景、谨慎对待自身信念、聆听他人观点、考虑他人的感受和理解水平、考虑他人的利益 |
| Halpern（1998） | 愿意付出努力解决复杂问题、使用计划的习惯和对冲动行为的抑制、灵活性和开放性、在自我矫正的过程中及时放弃无用策略的意愿、行动时考虑现实情况的意识 |
| Paul 和 Elder（2012） | 思维正直、思维独立、思维坚毅、换位思考、思维谦逊、思维勇气、推理的自信、公正性 |
| Sosu（2013） | 反思质疑性、批判开放性 |

# 三、元认知

Flavell（1976）首先提出了"元认知"概念，认为元认知是关于自身认知过程相关的所有知识和意识，也可称为检验、调整和评价个体思维的能力。一般情况下，个体做元认知思考需要经过两个步骤：第一，需要意识到自己的认知和思维过程的存在；第二，有意识、有目的地将认知资源分配到学习或解决问题的过程中（Ward & Traweek, 1993）。从元认知的概念和过程来看，批判性思维过程与其有着明显的共同性。批判性思维的元认知成分指的是对思维过程进行监控，即时调整注意资源的分配和认知策略的使用，起到组织和指导的作用。元认知本质上就是对信息加工过程的控制与调整，这也反映了批判性思维与执行注意的密切联系。经典的批判性思维理论虽然没有明确元认知成分的存在，但都有所提及，例如，Paul 和 Elder（2012）强调批判性思维是一个反思过程，反思即对思维过程本身的认知和评估。Facione（2011）强调了思维的自我调节功能，即能够进行持续的监控与修正。Halpern（2001，1997）明确提出了批判性思维的元认知成分，将自我监控纳入批判性思维的范畴，明确了批判性思维的监控、调节、纠正自身思维过程的功能。Dwyer 等（2014）认为，元认知是批判性思维的核心成分，能起到自我调节批判性思维过程的作用，并决定了批判性思维一般技能的启动和合理运用。de Acedo Lizarraga 等（2012）明确了元认知在批判性思维过程中的地位，认为三个方面可以体现元认知的作用：第一，行动或思考前进行计划或预设；第二，对推论过程进行持续的监控和调节；第三，行动或推理结束之后进行的评估和纠正。这些研究者论述了将元认知纳入批判性思维理论的合理性，支持了批判性思维包含元认知成分。

## 第三节 批判性思维的评估

科学、有效地运用批判性思维评估方式和测量工具，对精确阐释批判性思维的概念，理解理论本质，以及评价批判性思维学习和教学效果是至关重要的。然而，批判性思维是复杂且多维的，因此在评估过程中需要综合考虑形式、质量和维度等多个因素，这使得精确评估批判性思维变得更加困难。目前，关于批判性思维的评估方法尚未达成广泛共识。通过对现有文献的梳理，可以将批判性思维行为指标的评估方式细分为三种：标准化量表评估、开放式内容分析评估和混合式测验。本节通过详尽回顾目前常用的测量工具，总结这些测试的一些基本原则和特点，分析它们如何在可用的测试范围内相互关联。

## 一、标准化量表评估

标准化量表的开发通常需要经历多个阶段，包括内容开发、试测、初测和正式测试等环节。在此过程中，还需要进行项目分析、探索性因子分析、验证性因子分析及信效度分析，以确保量表的科学性和可靠性。标准化量表的答题方式通常统一，具有较高的科学性。在设计上，其主要以多项选择题为主。例如，4种广为使用的批判性思维测试量表由多位哲学家共同研发，分别为沃森-格拉泽批判性思维量表（评估测验）（Watson-Glaser Critical Thinking Assessment，WGCTA）（Watson & Glaser，1980）、康奈尔批判性思维测验（Cornell Critical Thinking Tests，CCTT）（Ennis，1985），以及加利福尼亚批判性思维技能测验（California Critical Thinking Skills Test，CCTST）和加利福尼亚批判性思维倾向量表（California Critical Thinking Disposition Inventory，CCTDI）。这4种测验均源自传统哲学意义上的批判性思维衡量工具，在测量内容或维度上存在较高的重叠。

目前，已开发了20多种批判性思维测评工具（表1-4）。其中，使用最广泛的是CCTST和CCTDI。然而，在教学实践中，CCTST不一定是评估批判性思维增益的理想工具。例如，Jacobs（1995）的研究指出，CCTST各子测验的问题数量不均衡，难以有效衡量个体差异或测试前后批判性思维的发展。此外，这类测验的可靠性尚未得到一致认同，报告的数值差异较大。例如，CCTST和CCTDI的可靠性系数范围为0.31—0.89，这可能是因为各测验项目之间缺乏一致性，并且一些研究者在不同情境中使用这些工具时，未能对其进行充分的适应性测试。此外，倾向测试依赖被试的自我报告，可能会受到回忆偏差和社会期望效应的影响。

表1-4　批判性思维量表举例

| 量表名称 | 目的 | 题数（时长） | 维度 |
|---|---|---|---|
| WGCTA（Watson & Glaser，1980） | 测量批判性思维的逻辑和创造性，适用于9年级及以上人群 | 80题（40—50 min） | ①推断；②识别假设；③演绎推理；④解释；⑤评估论证<br>2009年版本"RED"模型维度：①识别假设（recognize assumption，R）；②评估论证（evaluate argument，E）；③得出结论（draw conclusion，D） |
| CCTT（Ennis，1985） | X版本：适用于小学高年级以上人群 | X版本：71题（50 min） | ①观察和可信度；②识别假设；③演绎；④归纳 |
| | Z版本：适用于大学生 | Z版本：52题（50 min） | ①演绎；②意义理解；③观察和可信度；④可信度；⑤归纳；⑥识别假设 |

续表

| 量表名称 | 目的 | 题数（时长） | 维度 |
|---|---|---|---|
| CCTST（Facione P A & Facione N C, 1992） | 评估大学生的入门或毕业水平和各种课程的学习成果 | 34 题（A、B 版）（45 min） | ①分析；②解释；③推论；④说明；⑤评估；⑥自我调节 |
| 信念偏差三段论测验（Markovits & Nantel, 1989） | 适用于成年人，测试推理过程中评估证据和论点的能力，而不考虑先前的信念 | 无特定题数（不限时） | ①从新的前提中抛开自己先前的知识进行推理；②开放性思维 |
| 启发式偏差测验（West et al., 2008） | 适用于大学生，测试当逻辑与先验信念发生冲突时进行逻辑推理的能力 | 无特定题数（不限时） | ①因果推理；②概率推理；③假设思维；④理论论证；⑤对事件共变的评估；⑥科学推理；⑦分析推理；⑧统计思考的倾向和思考替代解释的倾向 |
| CCTDI（Facione P A & Facione N C, 1992） | 适用于高中生、大学生，衡量一个人拥有批判性思考者的态度的程度 | 70 题（20—30 min） | ①寻求真理性；②思维开放性；③分析性；④系统性；⑤自信性；⑥好奇心；⑦思维成熟性 |

另外，两个使用较多的工具是 WGCTA 和 CCTT。WGCTA 是基于话语逻辑的批判性思维测验的代表，在批判性思维评估中发挥了一定作用（Watson & Glaser, 1980）。如表 1-4 所示，WGCTA 的每个测试项目通常都是由一系列陈述组成，必须判断各种结论的有效性。它的 5 个子量表中有 4 个强调了必要性的命题逻辑，而不是充分性。这些量表也运用了信念偏差三段论推理的范式，检验被试在评估信念和逻辑有效性时会不会受到先前经验或信念的影响。量表开发者认为，强烈的观点和信念有可能会对人们批判性思考的能力产生不利影响，因此 WGCTA 既包括中立的问题，也包括被认为可能引发偏见的问题。强调避免无偏见推理的重要性，也是其他基于话语逻辑的批判性思维测量的共同特征。WGCTA 的最新版本于 2009 年发布，并引入了"RED"模型，将批判性思维的结构简化成了 3 个维度，识别假设（R）、评估论证（E）两个维度得到保留，将推断、演绎推理和解释合并成了得出结论（D）维度。CCTT 是一项帮助教师、家长和管理人员预测学生未来在高阶课程、批判性思维课程、大学录取甚至职业生涯中表现的测试（Ennis, 1985）。CCTT 包括 3 种类型的推论（即归纳、演绎和价值判断），其中 X 级测验旨在评估批判性思维的 5 个相互依赖的方面（如观察和可信度、识别假设、演绎、归纳），专门为小学高年级以上人群而设计。CCTT 各子维度之间的一致性总体偏低。

一些认知心理学家也研发了一系列量表。其中，具有代表性的有信念偏差三段论范式（Belief-bias Syllogistic Reasoning Paradigm）（Markovits & Nantel，1989）和批判性思维的启发式偏差测验（Heuristics and Biases Tasks with Critical Thinking，HBCT）（West et al.，2008）。另外，还有剑桥思维能力测试，它是由剑桥大学的国际考试小组研发，自2001年一直沿用到现在，剑桥大学大部分学院已把它作为入学考试的一部分。信念偏差三段论范式用来衡量一个人在推理过程中评估证据和论点的能力，并同时抑制先前信念的影响，这是批判性思维中非常重要的技能（Markovits & Nantel，1989）。个体在运用批判性思维时，往往与自身已有的信念经验相互作用，而成功抑制信念偏差进而理性做出决策是批判性思维的核心认知过程之一。该测验以三段论推理的形式，设置结论与信念相冲突的条件，考察人们是否能够成功排除信念的影响而正确判断三段论的结论是否有效。West等（2008）通过分析批判性思维的概念和认知过程，认为信念偏差三段论推理是能够测查批判性思维的，其结果也显示该任务与SAT（scholastic assessment test，美国高中毕业生学术能力水平考试）分数的相关系数达到了0.44。批判性思维的启发式偏差测验通过评估个体避免启发式和偏差的能力来衡量批判性思维能力。完成该测验，需要一般性知识、适当的心理策略和元认知策略等（Stanovich & West，2008）。

总的来说，标准化测量工具虽然施测方便，但不能评估完成任务的过程中个体批判性思维的动态变化，它更关注静息状态下个体的形式逻辑和一般思维技能的测量，其可靠性的报告有限，这使得很难评估其在实践环境中的适用性。另外，标准化测验大部分属于商业测量量表，其经济成本可能会限制它们用于课堂教学有效性的常规评估，而且使用选择题测得的批判性思维的可迁移性差。Sternberg（1986）认为，在有备择选项提示的情况下进行评估，被试很容易受到选项的提示，不符合现实生活中的批判性思维场景。因为现实生活中需要同时使用多种批判性思维技能，而且并不存在选项提示。

## 二、开放式内容分析评估

为解决客观量表存在的相关问题，开放式测验的评估方式应运而生，主要分为案例讨论话语分析和作文测验。对批判性思维的评价不仅仅局限于一次静态的评估，因为批判性思维是动态变化的，在与其他个体或环境进行互动的过程中产生的批判性思维更具有真实性和适应性。基于此，研究者提出可以对真实情境互动过程中产生的话语进行批判性思维分析，并提出了不同的编码模型。Garrison 等（2001）提出的批判性思维四阶段内容分析框架模型，从触发事件、探究、综合和解决问题四个阶段对批判性思维进行了编码分析。Newman（1995）提出的批判性思维的五阶段模型涉及的主要技能包括识别问题（初步澄清技能，对应批判性思维的指标包括相关性、理解的广度）、定义问题（深入澄清技能，对应批判性思维的指标包括重要性、新颖性、拓展性、清晰性）、探索问题（推理技能，对应批判性思维的指标包括新颖性、合理性、观点间的联系、理解的广度）、评估/应用问题（判断技能，对应批判性思维的指标包括相关性、合理性、批判性的评论）、整合问题（策略形成技能，对应批判性思维的指标包括重要性、知识拓展性、实际运用）。Newman 和 Garrison 等的模型都关注高阶思维技能和学习过程，批判性思维技能通过解决问题和推理的不同步骤得到证明。此外，Murphy（2004）提出的批判性思维编码体系通过再认、理解、分析、评估、创造五个阶段对批判性思维进行了编码。这种基于话语的内容分析能够测得个体在真实情境互动中的批判性思维，更具有适应性和推广性，并且能够在课堂和对话中评估批判性思维的动态变化，塑造个体立体的批判性思维，在教育场景中的应用广泛。

开放式测验的另一大类是作文测验，其中最为著名的就是 Ennis-Weir 批判性思维论文测试（Ennis，1985）。这是一种批判性思维的开放式测试，应试者被要求生成和评估论点，在这个过程中批判性思维技能和倾向都会被评估到。这个测验的内容是一封由"有关公民"写给期刊编辑的信，背景是关于街头夜间停车的八段虚构内容，一共呈现八条具体原因，被试需要对每一条原因提出自己的逻辑和批判性推理（找到论点，找出理由和论据，陈述自己的观点，提供论据支持自己的论点，寻找其他可能性，最后做出恰当的回复或者避免用情绪化的语言支撑自己的论据）。整个测试大约需要 40 min，最高分为 29 分。该测试报告的内部一致性信度为 0.82—0.86（Ennis，1985）。然而，这种方式仍然摆脱不了主观评价的负面影响，其内部一致性信度尚未得到大规模的印证，同时该测试高度特定的背景和严格的结构会在一定程度上限制被试的批判性思维反应。

虽然批判性思维的开放式的评估具有一定的优势，例如，能够通过开放式问题和复杂情境，更全面、灵活地捕捉被测者的思维过程，展现其在具体情境中的批判性分析与判断能力，尤其是在表达被测者的复杂观点、进行辩证思考方面更具优势。然而，这类测验也存在一些问题：①开放式测验依赖于文本分析和主观评分，评分者的主观判断可能会导致评分不一致，影响测验的信度。即使使用标准化的评分模型或编码方法，编码者的背景和理解差异也可能导致结果偏差，难以确保跨个体和跨情境的一致性。②开放式测验的实施和评分通常涉及大量的数据处理，尤其是当被测者生成的文本较长时，转录、编码和分析的工作量会显著增加，操作成本较高，传统人工分析的效率和可行性也会受到挑战。因此，尽管开放式测验在批判性思维评估中具有独特的优势，但其实施过程中面临的信度、操作性和主观性问题仍需进一步解决。技术的不断进步，特别是自然语言处理和人工智能技术的应用，有望为未来批判性思维测评提供更加高效、客观的解决方案。

## 三、混合式测验

由于单一的客观题或主观题形式在评估批判性思维时各有其局限性，一些研究者尝试开发将两者结合的混合式测验，以弥补其不足。批判性思维领域的著名专家 Halpern 及其同事开发的批判性思维评估工具（Halpern et al., 2007）便是其中之一。该评估采用客观选择题和开放式内容分析相结合的方式，旨在克服两种题型的局限性，从而更全面、有效地评估被试的批判性思维能力。Halpern 批判性思维评估（Halpern Critical Thinking Assessment, HCTA）（Halpern, 1997）通过使用日常生活中的情境作为测试材料，帮助被试更自然地展示其批判性思维。HCTA 包括 A、B 两个平行版本，测试内容涵盖 25 个日常场景，测试过程预计需要 45—65 min，题型涵盖客观选择题和开放式问题。评估的维度包括口头推理、论证分析、假设检验、可能性和不确定性分析及问题解决能力等五大核心方面。HCTA 不仅在设计上兼顾了客观题的高效性和标准化优势，还通过开放题更深入地测量了被试的批判性思维倾向。该评估系统已被纳入维也纳测试系统，并且利用计算机进行测试，客观题部分的得分由计算机自动生成。这种计算机化的测评模式，有效提高了测试的效率和准确性。

研究表明，客观选择题和开放题实际上评估的是不同类型的认知能力（Bridgeman & Morgan, 1996）。HCTA 的开放题部分尤其适合评估被试在使用批判性思维技能时的倾向性,因为开放题要求被试主动从记忆中搜索、组织和运用相关知识和技能,而客观题则只需要从给定的选项中识别正确答案。因此,开放题更能够反映被试的自由回忆和对批判性思维的应用,而客观题则更多依赖再认能力。需要指出的是,尽管 HCTA 结合了客观题和主观题的优势,但它也不可避免地继承了这两类题型的部分缺点。例如,客观题可能无法充分捕捉被试的深层思维过程,而开放题则在评分时存在主观性,并且操作难度较大。此外,开放题需要更多时间完成并评分,增加了测试的时间成本。因此,尽管 HCTA 正逐渐成为受欢迎的批判性思维测试,但它在实际应用中仍需要平衡效率与全面性之间的矛盾。

# 第二章
# 批判性思维相关的认知理论

尽管当前对批判性思维的定义存在差异,但基本共识是:批判性思维是一个有目的、反思性的判断过程。这个过程包括合理运用和审查相关证据、背景因素、探究方法、知识标准和概念,以便做出相信什么或采取行动的决定。作为一种高阶思维技能,批判性思维的核心目标是通过逻辑推理与分析应对复杂问题并做出关键决策。围绕这一主题,学者提出了多种理论模型,并深入探讨了批判性思维的认知机制。本章旨在深入阐述和总结与批判性思维相关的认知理论,为开展批判性思维的认知神经研究提供理论支持。

本章共三节,第一节概述思维的双加工理论及其拓展模型,尽管该理论并非专门论述批判性思维的,但其中的系统2思维与批判性思维密切相关;第二节介绍哈珀恩的批判性思维理论,重点介绍该理论的核心内容及其对批判性思维元认知的见解;第三节探讨批判性思维的整合框架理论,初步阐明与批判性思维相关的认知过程。

# 第一节　思维的双加工理论

## 一、双加工理论的内容

双加工理论提出了两种基本的思维加工模式，通常被称为系统 1 加工（type 1 processing）和系统 2 加工（type 2 processing）。系统 1 也被称为直觉思维，它是快速的、启发式的、并行处理的，自动发生且不依赖工作记忆或有意识的思考。相反，系统 2 被称为分析思维，它是缓慢的、算法式的、连续进行的，需要投入认知资源和进行有意识的反思性思考（de Neys & Pennycook，2019；Evans & Stanovich，2013；Pennycook et al.，2015）。对两类思维特征的具体描述如表 2-1 所示。个体选择使用系统 1 还是系统 2，取决于其当前的认知资源水平（Evans & Stanovich，2013）。

表 2-1　对直觉思维和分析思维的描述

| 系统 1（直觉思维） | 系统 2（分析思维） |
| --- | --- |
| 快速的 | 缓慢的 |
| 无效的 | 有效的 |
| 独立于认知能力 | 依赖于认知能力 |
| 自动化 | 可控的 |
| 不需要工作记忆 | 需要工作记忆 |
| 自发的 | 认知解耦 |
| 无意识的 | 有意识的 |
| 有偏反应 | 正确的、规范化的反应 |
| 语境的 | 抽象的 |
| 联想的 | 基于规则的 |
| 情感化的 | 逻辑性的 |
| 内隐知识 | 外显知识 |
| 基于之前的信息 | 基于最近的信息 |

资料来源：de Neys 和 Pennycook（2019）

# 第二章
## 批判性思维相关的认知理论

双加工理论有效解释了启发式思维与分析性思维的差异（de Neys & Glumicic, 2008；Pennycook et al., 2014）。Halpern（1997）的研究指出，批判性思维的核心在于对论证的分析，而论证分析属于典型的系统2思维。Ennis（1996）将分析思维与反思思维视为批判性思维的关键功能。尽管双加工理论未明确提及"批判性思维"一词，但许多研究者强调，批判性思维主要归属于系统2的范畴（Stanovich K E & Stanovich P J, 2010；Tunjungsari & Takwin, 2021）。在某种程度上，批判性思维与分析思维可以被视为同义词，常互换使用（Bensley et al., 2016；Heijltjes et al., 2014）。这些观点进一步强调了批判性思维作为高阶认知技能的重要性，表明其依赖于系统2的深层思考和逻辑推理。

传统的双加工理论认为，解决基于规则的推理与信念偏差之间的冲突依赖于系统2，而非系统1。研究表明，工作记忆能力和批判性思维倾向的个体差异能够预测个体通过系统2解决推理冲突的能力（Stanovich & West, 2008）。一般的认知能力，尤其是工作记忆，有助于抑制系统1的过早反应，进而促进问题的有效解决，生成基于规则的反应（Stanovich, 2009）。批判性思维技能和倾向在推理过程中起到了关键作用，能帮助个体启动推理，并有效抑制系统1的影响。随着对双加工模型探讨的深入，出现了多个不同版本的模型和理论，具体如表2-2所示。总体而言，学者一致认为思维与推理涉及系统1和系统2两种思维过程，但主要的争论焦点在于这两类思维系统是如何相互作用的。

表 2-2 主要的双加工模型和理论汇总

| 作者 | 理论 | 主要观点 |
|---|---|---|
| Sloman | 平行竞争加工模型 | 两个推理的阶段是同时启动的，并且相互竞争；两种直觉反应同时被激活 |
| Evans | 双思维理论 | 大脑中同时存在两种思维，分别为旧的直觉思维和新的反省思维 |
| Verschueren 等 | 双策略模型 | 个体在某些情境下可以启动一种快速的统计策略，接受可能的结论。然而，在一些情况下，这种策略可以被一种更为缓慢的反例策略取代（在发现反例时拒绝结论） |
| Thompson | 双加工理论-元认知视角 | 元认知感受、两种反应范式 |
| Stanovich | 三过程理论 | 过程：自动式、算法式、反思式 |
| Pennycook | 三阶段双加工模型 | 一个刺激可以触发多个系统1过程（第一阶段），可能会导致潜在的冲突检测（第二阶段）。如果冲突检测成功，将引入系统2加工（第三阶段）。系统1代表直觉，系统2的功能包括合理化和认知解耦 |

续表

| 作者 | 理论 | 主要观点 |
|---|---|---|
| Bago 和 de Neys | 逻辑直觉模型 | 多个系统1加工可以提供直观线索。直觉推理受到竞争性直觉（启发式和逻辑直觉）的绝对和相对强度的影响。"偏见盲点"：具有偏见的人没有意识到他们的系统1的答案在逻辑上是值得质疑的。他们认为，别人会犯偏见，但不会是自己 |
| Evans | 默认干预模型-修订 | 认知努力的程度会受到不同因素（包括动机、情境和认知资源）的调节，重点是研究复杂的直觉加工和多个系统2思维系统 |

资料来源：Martín 和 Valiña（2023）

## 二、双加工理论的几种模型

双加工理论中的系统1和系统2加工过程，对于理解批判性思维的认知基础至关重要。人类推理的一个显著特征是，这两个系统之间是动态互动的（Evans，2008）。在推理过程中，批判性思维扮演着冲突监测者的角色，能够识别并质疑系统1的直觉性结论，从而激活系统2思维，减少有偏见的判断（Halpern，1997；Tunjungsari & Takwin，2021）。简而言之，成功的推理依赖批判性思维对系统1中潜在信念偏差的有效抑制。尽管如此，关于系统1和系统2在推理过程中的启动顺序，即批判性思维在思维加工过程中的具体阶段，学界尚未达成共识。不同研究者提出了多种模型来解释批判性思维（属于系统2）在思维过程中作用的顺序。这些模型包括默认干预模型（Evans & Stanovich，2013）、并行竞争模型（Sloman，1996）及混合双过程模型（Pennycook et al.，2015）。

### （一）默认干预模型

默认干预模型（图2-1）指出了系统1和系统2在推理过程中的作用顺序。根据这一模型，系统2在推理中扮演着关键角色，尽管系统1能够快速处理直觉反应，但深入的分析推理则必须依赖系统2（Evans，2008）。模型假设系统1首先自动且迅速地生成直观的启发式答案，随后可能触发系统2的深思熟虑且相对缓慢的处理过程，以对初步的启发式答案进行修正。也就是说，系统1提供了默认响应，而系统2则可能对其进行覆盖（Evans & Stanovich，2013）。当初始启发式响应与正确逻辑之间存在冲突时，系统2的处理对于得出正确的逻辑答案至关重要。

如果系统 2 的处理失败，那么启发式响应将不会被纠正，最终可能会导致给出错误的启发式答案。因此，该模型预期的时间进程是推理者首先生成启发式答案，然后根据需要，通过额外的系统 2 处理来纠正这一点，并最终形成正确的逻辑反应。这种模型解释了系统 2 如何受到早期系统 1 偏差的影响。

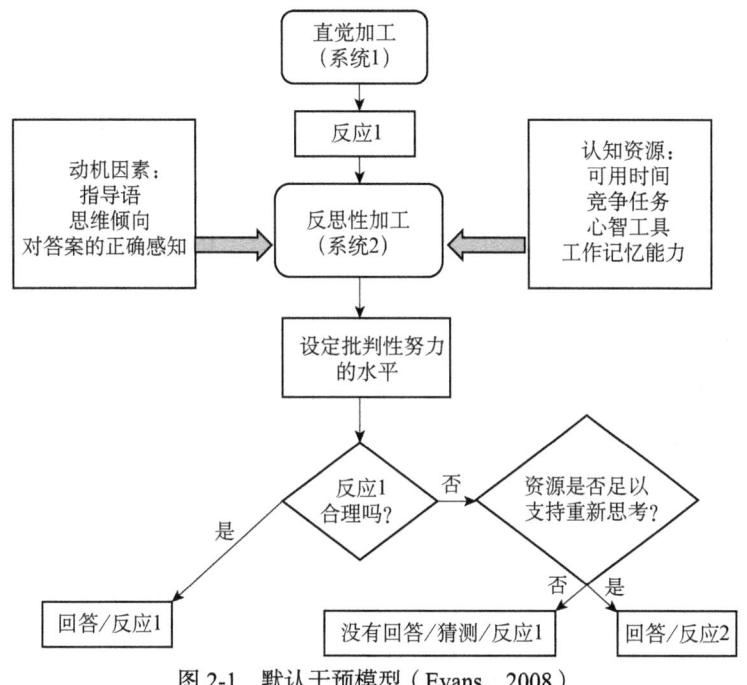

图 2-1　默认干预模型（Evans，2008）

需要指出的是，系统 1 的处理并不总是会导致错误，系统 2 的处理也并不总是正确。例如，推理者可能会因为过度思考而增加认知负担，从而得出错误结论。同样，即使推理者只是随机猜测，也可能偶然得出正确答案（Bago & de Neys, 2017）。默认干预模型认为，系统 2 抑制系统 1 的速度不同，导致了认知过程的差异。在脑电的事件相关电位（event-related potential, ERP）特征上，这种差异表现为高能力者的 ERP 潜伏期通常短于低能力者。

## （二）并行竞争模型

与默认干预模型中系统 1 和系统 2 的串行交互不同，并行竞争模型认为这两个系统是并行运行的。在这一模型中，系统 1 和系统 2 平行地处理诸如抑制信念偏差等推理任务，一旦两者之间出现冲突，就需要某种机制来解决这一冲突。并行竞争模型从根本上否定了默认干预模型的假设，即系统 1 和系统 2 从一开始就同时存在，且没有一个系统在另一个系统之前启动（Sloman，1996），这两个系统以竞争或互补的方式相互作用。尽管并行竞争模型增强了系统 1 的作用，但它并没有因此削弱系统 2 的重要性，因为该模型同样认为系统 2 在推理过程中扮演着关键的角色。

该模型提出，多个相关的问题特征（如逻辑和信念内容）可以同时被处理（Pennycook et al.，2014）。如果两个方面的问题都能以相对简单的方式进行评估，它们可能会相互干扰。然而，当一个或另一个反应需要更复杂的处理时，就会出现系统 1 和系统 2 之间的不对称性。根据并行竞争模型，相关问题特征的复杂性决定了响应的准确性和速度。Trippas 等（2017）通过改变逻辑任务的难度，并要求参与者评估逻辑的有效性和结论的可信度，发现在简单任务中，参与者更多依据逻辑进行判断；在中等难度任务中，由于干扰是对称的，对可信度和有效性判断的准确性相同；在复杂任务中，逻辑判断的正确率最低，参与者容易受到信念偏差的影响。该模型认为系统 1 和系统 2 的处理是同时发生并相互竞争的，这在脑电的 ERP 特征上表现为高能力个体的 ERP 潜伏期与低能力个体一致（Banks & Hope，2014）。

## （三）混合双过程模型

混合双过程模型在保留默认干预模型的基本假设的同时，融入了并行竞争模型的理念（Bago & de Neys，2017；de Neys & Pennycook，2019）。该模型认为，类似于默认干预模型，系统 2 的处理是可选的，并且启动时间晚于系统 1 的处理。同时，它也借鉴了并行竞争模型的观点，即在推理过程中，逻辑和启发式逻辑是并行存在的。不同之处在于，混合双过程模型认为直觉和逻辑两种处理方式都是由系统 1 产生的，如 de Neys（2012）提出的"逻辑直觉"概念，认为人们能够凭借直觉察觉到启发式偏差与逻辑之间的冲突。这一模型的核心观点是，冲突是由系统 1 同时激活逻辑和启发式响应引发的，其中一种响应基于基本逻辑知识，而另一种则基于信念启发式（de Neys & Pennycook，2019）。

在混合双过程模型中，Pennycook 等（2015）提出的三阶段双加工模型是一个颇具代表性的理论框架（图 2-2）。该模型将认知过程分为三个阶段：①直觉反应产生阶段，在这一阶段，系统 1 迅速生成直观反应，这些反应通常由刺激特征或线索提示触发，且不需要工作记忆或执行功能的参与。在这一时期，可能会产生多种反应，包括所谓的"逻辑直觉"。②冲突监测阶段，由于在第一阶段可能会产生多种相互竞争的想法，第二阶段的作用是监测这些系统 1 输出反应之间的潜在冲突（de Neys，2012）。如果未探测到冲突（无论是不存在冲突还是冲突监测失败），系统 1 的初始反应都将直接进入第三阶段，这往往是偏见形成的重要原因。相反，如果成功探测到冲突，就会触发系统 2 的深入推理。③最终反应/选择阶段，在这一分析思维阶段，区分了两种不同的反应形式。合理化是系统 2 加工的一种形式，即使监测到了冲突，但推理者倾向于最初的反应，没有进行深入分析，这可能会导致基于信念偏差的偏见反应。此外，认知解耦也是系统 2 加工的结果之一（Stanovich，2009），这种解耦指的是成功地抑制了直觉反应。三阶段双加工模型强调了冲突监测在分析自下而上的信息来源中的关键作用，以及系统 2 在抑制直觉反应中的重要性。这一模型为理解人类如何在直觉和逻辑之间进行权衡提供了一个清晰的框架。

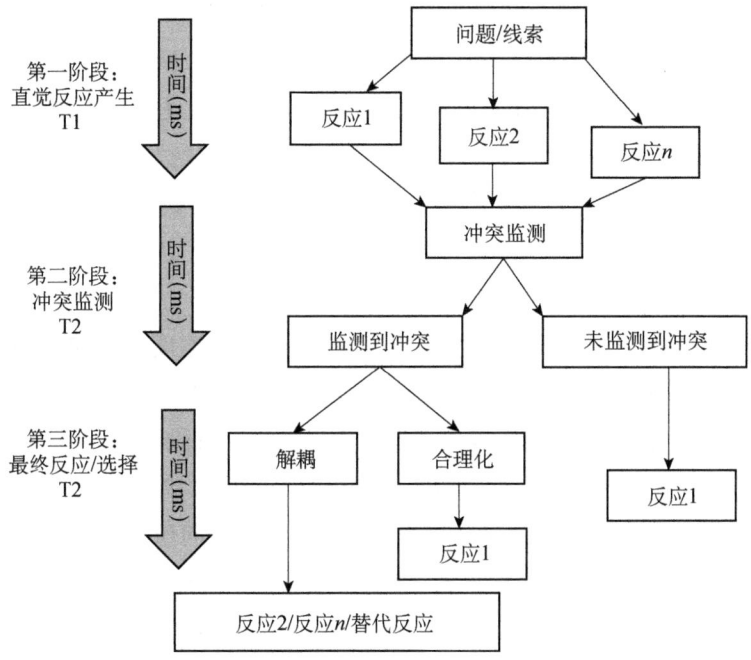

图 2-2　Pennycook 等提出的三阶段双加工模型（Pennycook et al.，2015）

## 三、批判性思维与双加工理论

在双加工理论框架下,许多学者认为批判性思维作为一种高阶思维能力,典型地代表了系统 2 的思维模式(Bonnefon, 2016; Heijltjes et al., 2014; West et al., 2008)。批判性思维不仅有助于人们分析和评估论据及观点,还能抑制由经验和先验知识引发的启发式思维及直觉思维带来的偏见。批判性思维的运用意味着对问题情境做出非自动反应,以减少并纠正由启发式思维和偏见导致的不当结果(Heijltjes et al., 2014; West et al., 2008)。综上所述,双加工理论强调了批判性思维在纠正直觉思维产生的错误结果方面的重要性,即能否成功地抑制先验知识引起的思维偏差,反映了个体批判性思维能力的高低,从而为批判性思维的评估提供了新的思路。此外,该理论指出,批判性思维是一种反思性思维,会消耗个体的认知资源,并高度依赖工作记忆、注意力等基本认知过程。

关于批判性思维在思维过程中的出现阶段,目前存在默认干预模型、并行竞争模型和混合双过程模型的争论。默认干预模型认为思维过程首先涉及系统 1 的加工,随后系统 2 意识到信念偏差并抑制不合逻辑的直觉思维,最终得出合理的结论。并行竞争模型则认为系统 1 和系统 2 是同时产生的,两者之间存在竞争关系。混合双过程模型认为系统 1 不仅包括传统的启发式思维,还包括逻辑直觉,并且逻辑直觉通常更明显地存在于高能力者中,系统 2 则是在启发直觉和逻辑直觉之后进行的思维。目前,关于系统 1 和系统 2 在思维过程中的顺序仍存在争议,批判性思维作为典型的系统 2 思维,其在思维过程中的出现顺序也尚未明确。脑电的时间分辨率高,可以作为一种有效的研究工具。

在日常批判性思考中,我们可以发现冲突出现的速度非常快。研究显示,冲突监测的反应时在 0—5.1 s(Pennycook et al., 2012)。基于此理论,研究者(Tunjungsari & Takwin, 2021)提出了批判性思维的三阶段理论。第一阶段主要是假设识别,属于系统 1 思维,此阶段需要开放性、创造力和专注力;第二阶段为冲突监测,主要涉及对假设的质疑,相关的批判性思维倾向包括好奇心、追求真相、怀疑和反思;第三阶段则涉及分析、评估和推理,此阶段需要依赖一定的认知能力,而灵活应变和毅力是不可或缺的。Pennycook 等(2012)的研究发现,批判性思维失败的原因在于懒惰而非思维偏见。此外,批判性思维的自我效能感贯穿于三个阶段。Tunjungsari 和 Takwin（2021）的研究指出，第二阶段即冲突监测阶段是批判性思维转化为实践的关键，当监测到冲突时，人们会对假设产生怀疑。批判性思维技能中的假设质疑、良好的思维感知，以及批判性思维倾向中的好奇心、求真性、怀疑和反思，都是进行批判性思维实践的重要途径。尽管该理论从思维双加工模型的角度探讨了批判性思维，但仅停留在理论层面的阐述，需要通过实证研究进一步验证（表2-3）。

表 2-3 批判性思维的过程

| 项目 | 第一阶段<br>（直觉反应产生） | 第二阶段<br>（冲突监测） | 第三阶段<br>（最终反应/选择） |
| --- | --- | --- | --- |
| 批判性思维技能 | 假设识别 | 怀疑假设 | 分析 |
|  |  |  | 评估 |
|  |  |  | 推理 |
| 批判性思维倾向 | 开放性 | 好奇心 | 智谋 |
|  | 创造性 | 求真性 | 毅力 |
|  | 注意力 | 怀疑论 | 内在目标导向 |
|  |  | 反思性 | 组织 |

资料来源：Dwyer 等（2014）

## 四、思维的三过程模型

思维的三过程模型是由 Stanovich K E 和 Stanovich P J（2010）提出的，旨在弥补双加工理论可能忽略的个体差异性。Stanovich K E 和 Stanovich P J（2010）认为，除了系统1加工的自动思维之外，系统2加工的内容可以分为算法思维和反思思维两种。如图2-3所示，系统1是自动化思维，指的是不需要认知资源就可以对刺激进行直接反应，其中包括后天练习而导致的自动化反应（过度学习的结果）、情绪调节和内隐学习；系统2加工过程包含算法思维和反思思维。算法思维指的是个体的一般认知能力，包括流体智力、执行功能等成分，主要负责认知控制，能够抑制自主思维过程，中断串行认知，并进行认知解耦。其中，认知解耦指的是抛开直觉想法，创建新的替代方案。然而，由于认知解耦需要较高的认知负荷，被试有时会套用较为简单的规则而导致推理错误。反思思维是整个认知模型的最高形式，主要指高层次的目标状态和认知风格，包括各种理性的思维倾向、信念和改变信念的态度及目标，主要负责深思熟虑的处理和理性行为（Stanovich，2009）。有研究认为，避免信念偏见所需的批判性思维技能是在思维的反思层面而非算法层面体现出来的。在抑制启发式偏差的研究中，研究者一致发现，在控制了一般认知能力的影响后，理性思维的倾向能力（包括批判性思维倾向）能预测不同个体在批判性思维任务中表现的差异（Stanovich & Toplak，2012）。

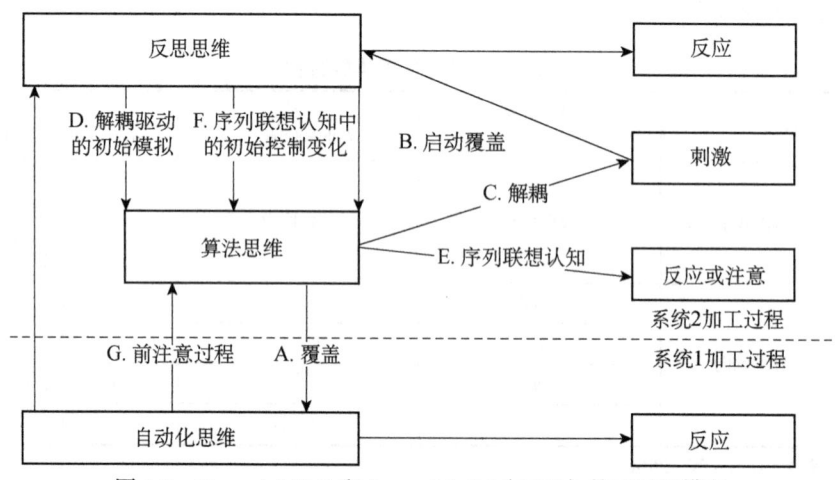

图 2-3 Stanovich K E 和 Stanovich P J（2010）的三过程模型

实证研究表明，流体智力的变化在很大程度上反映了算法思维处理效率的个体差异（Carroll，1993），而思维倾向则反映了反思思维的个体差异。因此，分析思维的差异主要体现在系统 2 思维的算法思维和反思思维之间。算法思维负责对数据的注意和编码、对工作记忆的操作，以及对长时记忆的提取和迁移。反思思维负责自我调节和落实目标，根据证据评价个体持有的信念。反思思维指导算法思维注意力的方向，以克服启发式思维的干扰。反思思维还可以指引算法思维进行简单的分析，如串联联想认知。串联联想认知涉及将已知信息或概念按照一定的逻辑顺序连接起来，以推导出新的信息或得出某种结论。在这个过程中，个体不断地将前一个想法或信息与当前正在处理的想法或信息进行比较、分析和连接，以达到更深层次的理解或解决问题的目的。反思思维还可以指引算法思维进行深入的分析，将信息与先前的信念进行解耦、模拟，或生成可供考虑的替代数据，经过深思熟虑后得出答案。系统 2 的处理特点是认知解耦，这是理解算法思维的关键计算功能。解耦操作本身由算法思维执行，但涉及的工作记忆和执行功能等更高阶认知控制过程则在反思思维水平完成。总之,思维的三过程理论弥补了双加工理论中对个体差异性忽略的不足。它明确区分了自动化反应和更高层次的反思性分析,为理解高阶思维能力提供了结构化框架。另外,该理论还强调了反思思维在自我调节和目标落实中的作用,凸显了元认知的重要性。但是,该模型较为复杂,难以直接应用到实证研究中。

## 第二节 哈珀恩的批判性思维理论

### 一、批判性思维五项认知技能

哈珀恩(Halpern,2001)提出的批判性思维概念包括批判性思维技能、批判性思维倾向及元认知成分。批判性思维指的是运用能够增加期望结果可能性的认知技能或策略。这是一种有目的、理性且以目标为导向的思维方式,主要用于解决问题、进行推理、评估可能性和做出决策。批判性思维者在不同情境中独立且恰当地应用这些技能,通常具有明确的意图,即倾向于运用批判性思维。换句话说,他们在进行批判性思维时表现出一种倾向性。在批判性思维过程中,不仅要评估思维过程的结果,如决策的质量和问题解决的程度,还要审视思考过程本身,包括推导结论的方法和决策中要考虑的各种因素。这里的"批判"并不意味着"挑错",旨在通过评估或判断提供有用且准确的反馈,从而改善思考过程。虽然一些人对"批判"一词感到不适,倾向于使用"清晰和有效"这样的表达来替代"批判性思维",但批判性思维本质上是对思维过程的反思和改进。批判性思维技能被视为一个多维的层次结构,涵盖5个关键维度:言语推理技能、论证分析技能、假设检验技能、利用概率和不确定性及决策和问题解决技能(Halpern,1997)。

1)言语推理技能。该技能涉及理解和抵制日常语言中嵌入的说服技巧,反映了思维与语言之间的密切关系。个体的思维决定了表达的语言,而使用的语言又会塑造思维。这种相互关系使得言语推理技能不仅是一种理解语言的能力,更是对语言背后的意图和潜在偏见的敏锐感知,能帮助个体在沟通中辨别真伪。

2）论证分析技能。论证是由一组陈述构成的，至少包括一个结论及其支持理由。在现实生活中，论证往往较为复杂，涉及明示和隐含的假设、无关信息的干扰，以及连接结论与支持证据的中间步骤。论证常见于广告、教科书等场合，其可以试图说服读者或听众相信结论的真实性。哈珀恩指出，大学课程应培养学生识别结论、评估理由质量和判断论证整体强度的能力，以增强学生的批判性思维。

3）假设检验技能。这一技能的基本理念是，人们日常思维的很大一部分与科学假设检验方法相似。在日常互动中，人们通常会像科学家那样经过观察、推测和控制生活中的事件来解释和预测结果。假设检验思维所需的技能与科学推理相同，包含观察的积累、信念或假设的制定，以及使用收集的信息来验证或反驳这些假设，从而提高个体的决策能力。

4）利用概率和不确定性。生活中的许多事件并非绝对确定的，因此正确运用概率和可能性，在每一决策过程中都至关重要。这一技能在批判性思维中扮演着重要角色，能帮助个体在面对不确定性时做出更合理的判断和选择，增强对未来事件的预见性和适应性。

5）决策和问题解决技能。所有批判性思维技能都旨在帮助个体做出明智的决策和有效地解决问题。该技能特别关注使用多个问题陈述来界定问题，确定可能目标，生成和选择备选方案，并对选项进行判断。这些技能在定量推理中显得尤为重要，使个体能够分析数据并做出基于证据的决策，从而更有效地应对复杂问题。

图2-4呈现了哈珀恩描述的批判性思维过程，包括个体变量和情境变量。个体变量和情境变量会影响个体对情境的解读，以及是否需要进行深入的批判性思维的判断。当批判性思考变得必要时，个体会选择最适合特定情境的批判性思维技能。图2-4呈现了前文提及的5种批判性思维技能。卓越的批判性思考者拥有丰富的技能储备，能够灵活地选择适当的工具来应对各种情境。元认知监测在这个过程中扮演着关键角色，个体会持续评估使用的技能是否有效地增加了实现期望结果的可能性，或者是否需要转向其他技能。一旦达到一个"足够好"的结果，这一循环过程就会终止。图2-4还表明，批判性思维技能的选择和应用，依赖个体对其向理想结果发展的监测。哈珀恩强调，优质的教育能够提高各个阶段批判性思维的效率，从而增加成功的可能性。因此，培养元认知能力及灵活运用多种批判性思维技能的能力，对提高个体在复杂情境中做出明智决策至关重要。

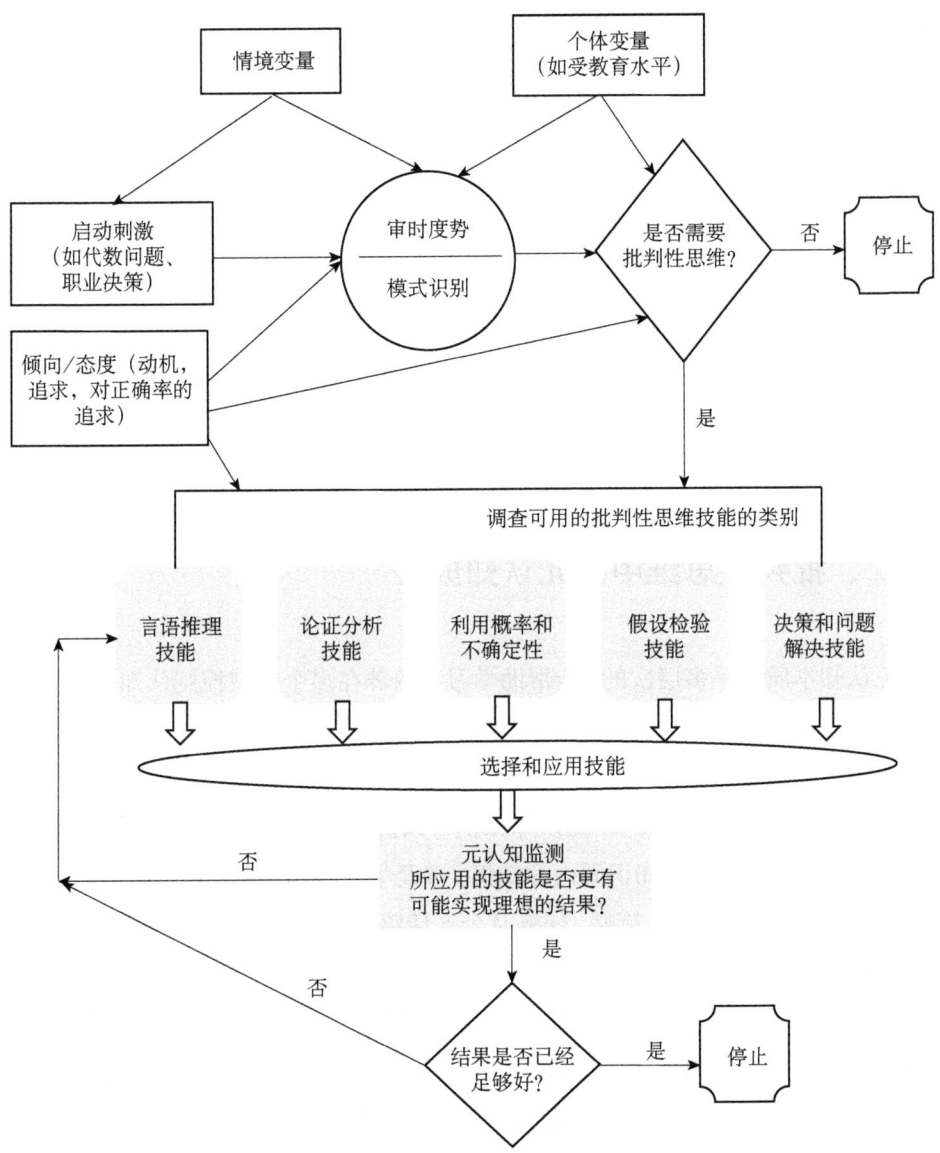

图 2-4　哈珀恩的批判性思维过程示意图（Halpern，1997）

哈珀恩（Halpern，2001，2013）指出，培育批判性思维需要做到四步。第一，培训批判性思维所需的技能和指导，并认为需要从 5 种子技能开始进行批判性思维技能的指导和训练。第二，培养进行批判性思维识别和应用的倾向性，因为有些具备高水平批判性思维技能的个体缺乏主动使用这些技能的意愿。哈珀恩认为，对于批判性思维倾向,可以从以下四方面进行描述:①在复杂的任务中变得坚定和坚持的倾向性;②制定计划和抑制冲动行为的倾向性;③灵活和公正性;④放弃不切实际策略的倾向性。第三,设置增加迁移概率的批判性思维学习活动。哈珀恩认为,批判性思维的迁移学习需要工作记忆等认知能力的参与。第四,使用元认知来监控和反思调节批判性思维的表现。近年来,Halpern 和 Dunn(2021)提出了批判性思维是解决现实世界问题的智能模型的观点,进一步突出了批判性思维的现实作用。他们认为,智能批判性思维模型由两部分组成:①在深入、有意义的水平上理解信息;②适当地利用批判性思维。总体来说,批判性思维是可以进行识别、教授、学习和迁移的,当批判性思维在新环境中被识别和应用时,说明个体正在使用智能思维。

## 二、批判性思维中的元认知成分

元认知本质上是多层次的,能帮助学习者培养在多个领域控制认知的技能。学者通常认为元认知框架包含两个主要组成部分:知识部分和执行调节部分。元认知知识是指个体自身作为认知主体,以及存储的与各种认知任务、目标、行动和经验相关的知识(Flavell,1976)。元认知知识可以进一步分为陈述性知识、程序性知识和条件性知识。陈述性知识即内容知识,涉及学习者的事实知识,涵盖与处理能力相关的技能、智力资源、策略、任务及个人情感因素。程序性知识或称任务知识,关注执行元认知策略和技能,以完成任务所需的过程。这种知识使学习者能够运用策略以有效解决问题。条件性知识,又称战略性知识,反映了学习者确定何时、何地及为什么选择特定策略并分配资源以执行任务的能力。条件性知识最初可能源于陈述性知识(了解何时及为何采取特定行动),但随着经验的积累,最终与程序性知识相融合,形成更高层次的理解。执行调节部分则涉及个体在认知活动中的调控能力,包括计划、监控和评估三个主要环节。在计划阶段,个体制定目标并选择适当的策略;在监控阶段,个体对学习进程进行自我监督,以确保策略的有效性;在评估阶段,个体反思自己的表现,识别成功与不足,从而在未来的学习中进行调整。

哈珀恩的批判性思维理论着重强调了元认知的监测作用。哈珀恩认为,元认知不仅是对自身知识的认知（即对自己知道的事情有意识），也是利用这些知识来指导进一步学习的能力。在进行批判性思维时，个体需要持续监测自己的思维过程，确保其朝正确的目标发展，保持思维的准确性，并有效分配时间和认知资源。通过培养自我监控理解的习惯及评估学习质量的能力，个体可以成长为更出色的思考者。这一过程涉及如何指导学习者使用不同的学习策略并分配有限的认知资源。优秀的学习者和思考者会比那些表现较差者从事更多的元认知活动。这些技能和态度是可以通过教学习得的，以便学习者能够更好地管理自己的学习策略，并判断投入到认知任务中的努力程度。总之，哈珀恩的批判性思维理论强调了元认知成分在批判性思维中的重要性。通过监测和反思调节，元认知成分凸显了批判性思维需要工作记忆刷新和抑制等认知成分的参与。批判性思维在解决现实问题中起着举足轻重的作用，其重要性甚至超过了一般认知能力。

## 第三节　批判性思维的整合框架理论

### 一、批判性思维的认知基础与主要成分

Dwyer 等（2014）指出，批判性思维是一个包含多种子技能（如分析、评估和推理）和思维倾向的复杂过程。通过有目的的、自我调节的反思性判断，这一过程显著增加了得出有效结论或合理解决问题的可能性。他们整合了现有的理论和实证研究，提出了批判性思维的整合框架理论（integrative framework of critical thinking），如图 2-5 所示。

#### （一）批判性思维的认知基础

Dwyer 等（2014）认为，记忆是高阶思维技能尤其是批判性思维的认知基础。一个人如果无法获取或记住应当思考的信息，就无法运用高阶思维过程。批判性思维一方面需要从工作记忆和长时记忆中提取信息，另一方面也需要利用这些记忆

中的信息对新信息进行加工和理解。具体来说，工作记忆是一个由语音回路、视觉空间模板和情景缓冲器组成的系统，负责在短时间内处理、编码和检索信息。通过操作这些信息，工作记忆可以将其转移到长时记忆中，而长时记忆则是一种相对永久的存储信息的区域，其中的信息以知识的形式进行表征。Sweller（1994）提出，知识的获取依赖图式构建，只有建立了图式（即知识结构）之后，信息才能被有效理解。

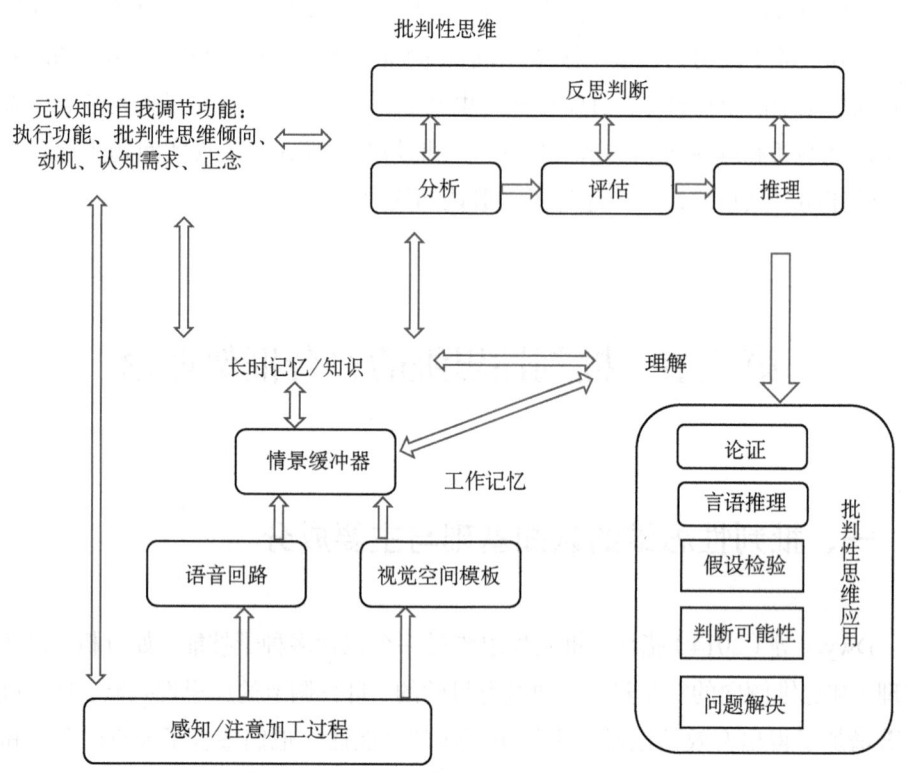

图 2-5　批判性思维的整合框架理论（Dwyer et al.，2014）

研究表明，记忆和理解是密切关联的过程，而这些过程对于应用批判性思维技能至关重要（Halpern，1997）。为了提高学习效果并减轻认知负荷，应通过多次接触和处理信息来实现吸收。首先，是为了理解信息；其次，是为了将信息有效存储在长时记忆中。通过这种反复的操作，不仅能够巩固知识，还能为批判性思维的进一步发展提供更牢固的基础。此外，记忆不仅是信息存储的工具，还会直接影响批判性思维的效率。批判性思维要求个体在处理复杂问题时能够迅速从记忆中提取相关信息，并将其整合到新的情境中。在解决现实问题、构建逻辑推理和做出判断时，这种能力显得至关重要，因此提升记忆和理解能力，可以显著促进批判性思维的应用效果。

## （二）批判性思维的主要成分

整合框架理论强调，批判性思维的核心要素包括分析、评估和推理。反思性判断则进一步涵盖了这些要素，因为它是充分运用批判性思维技能的前提。分析的目的是识别、审查并区分论证中的不同命题，不仅包括命题的来源，如普遍信念、个人体验，还包括它们在论证中扮演的角色，例如，作为主要结论、支持结论的理由或对结论的反驳。此外，分析还涉及命题之间的逻辑联系。在分析个人信念的基础上，个体可以通过检查支持或反驳信念的论点，进一步寻找支持这些论点的论据，从而从对话和文本中提取论证的结构。这一过程有助于构建一个层级结构，该结构允许我们单独分析每个命题，并识别他人在试图说服我们接受其观点时使用的论证的类型。

评估是批判性思维中一个至关重要的环节，它专注于衡量论点和主张在多个维度上的表现，如可信度、相关性、逻辑性（即它们与其他命题的关联），以及潜在的遗漏、偏见和不平衡。这一过程对于揭示观点的真实性至关重要，因为它涉及对支持性论证的细致审查，以确定其真实性和可靠性。在评估一种观点时，人们的主要目标是剖析论证的整体优势和劣势。这包括对论证中的各个命题进行深入分析，评估它们在可信度上的强度、与主题的相关性、逻辑上的一致性，以及证据的平衡性。通过这种全面的评估，可以更准确地判断论证的强度和弱点，从而对其整体说服力有一个清晰的认识。此外，评估过程还应该考虑到可能的反例、未被充分考虑的替代解释，以及可能影响论证公正性的偏见。这要求思考者不仅要关注显而易见的证据，还要挖掘那些可能被忽视或故意省略的信息。通过细致的审查，可以更全面地理解论证的复杂性，并识别出可能影响人们判断的潜在因素。

推理是批判性思维的核心技能之一，它要求个体对现有的证据进行深入的分析和评价。这一过程涉及收集具有高可信度、相关性及逻辑性的证据，以便得出合理且有根据的结论。推理不仅包括接受研究者基于其提供的证据推导出的结论，也包括在相同的证据基础上提出其他逻辑上同样站得住脚的结论。尽管推理与评估（即对现有证据的质疑）在某些方面有重叠，但高效的推理能力是建立在精确评估的基础之上的，这确保了所得出的结论具有充分的合理性。通过运用正式和非正式的逻辑策略，推理能力不仅能够得出结论，还能帮助人们推导出中间结论及主要论点。在得出某一结论之后，对结果的论证进行重新评估是至关重要的。值得注意的是，推理技能的运用呈现出一种循环模式：从推理出发，经过评估，再从评估回到推理，如此循环往复，直到对最终结论有了充分的信心。在这个过程中，个体的思维方式变得更加具有条理性和逻辑性。

反思性判断贯穿于分析、评估和推理的每一个阶段。这种判断要求个体以逻辑性和有序性为基础，收集并评估自身的证据，进而推导出解决问题的结论。这一过程不仅仅是简单的思考，而是需要个体以清晰和条理化的方式表达自己的推理过程。反思性判断承认个体在面对各种问题时，不可避免地会遇到不确定性，这既适用于学术场景，也同样适用于日常生活情境。在处理那些结构不明确的问题时，可能不存在单一的、绝对正确的答案，因此考虑多个备选方案是合理的选择。然而，在众多可能的解决方案中，有些方案因为基于对问题事实的深入考量被视为更优。因此，在反思性判断中，重要的不是得出最终结论，而是如何通过有结构、有序的思维过程得出某个结论。

## 二、元认知对批判性思维的调节

整合框架理论重点阐述了元认知在批判性思维活动中的调节作用。个体通过意识到自身的认知过程（即自我调节）并运用相应的认知策略，来学习或构建问题的解决方案这种自我调节能力及对高级认知过程的有效运用，正是批判性思维的重要组成部分。虽然批判性思维技能很重要，但是使用批判性思维技能的意愿最终决定了批判性思维的表现（Ennis, 1996; Facione, 1990）。自我调节的意愿可以用批判性思维倾向、动机、执行功能和在解决问题时使用特定认知过程的感知需求、正念等进行描述。拥有批判性思维倾向，是指个体倾向于执行特定思维技能的程度（Valenzuela et al., 2011）。此外，还包括具体的性格特质，如求真、思想开放、分析性、系统性、自信、好奇心和成熟度（Facione P A & Facione N C, 1992）。大量研究表明，批判性思维倾向和批判性思维技能之间存在显著相关性（Dwyer et al., 2014; Facione, 2000）。许多研究者还强调了动机在激活批判性思维所需的认知与元认知资源方面的重要作用（Ennis, 1996）。例如，思考与学习的动机包括调节认知努力、思维过程和学习信念的意愿。研究表明，批判性思维技能通常与学习动机及个体对思维过程的认知需求呈显著相关（Dwyer et al., 2014）。

　　整合框架理论模型为理解批判性思维的认知过程提供了清晰的阐释，强调批判性思维不仅涉及逻辑和分析技能的运用，还包括对这些技能使用过程的自我意识和自我调节。这种自我意识和自我调节能力，使个体能够根据任务需求和情境变化灵活调整思维策略。尽管该理论明确指出记忆和理解是批判性思维的认知基础，但关于这些认知过程如何具体影响个体的批判性思维表现，并没有做出详尽的说明。此外，虽然整合框架理论为理解批判性思维提供了有力工具，但在实际应用中如何将这些理论概念转化为具体的教学实践，以及如何评估这些认知过程对批判性思维表现的影响，仍是教育领域亟待深入探讨的问题。该理论还提醒我们，培养元认知能力，对于提高个体在复杂情境中做出明智的决策具有关键作用。

# 第三章
# 批判性思维能力的认知基础

在批判性思维领域，一个备受关注的问题是批判性思维与传统智力的区别和联系，尤其是高智商个体是否具备出色的批判性思维能力（Halpern & Butler, 2018; Halpern & Dunn, 2021）。尽管已有研究初步探讨了传统智力与批判性思维之间的关联（Stanovich K E & Stanovich P J, 2010），但这种关系的基本机制仍不够明确。以往研究表明，执行功能在促进复杂思维活动（如流体智力和批判性思维）方面可能发挥着关键作用。因此，有必要深入探讨执行功能对批判性思维、智力（特别是流体智力）及二者关系的影响。

本章共四节，第一节总结和分析了批判性思维与执行功能的关系；第二节介绍了执行功能在批判性思维中的作用；第三节阐述了批判性思维与流体智力关系的相关理论和研究；第四节介绍了从执行功能角度探究批判性思维与流体智力关系的实证研究。

# 第一节　执行功能的含义及其与批判性思维的关系

## 一、执行功能的含义

执行功能（executive function），也称为执行控制（executive control）或认知控制（cognitive control），是指个体在完成复杂任务或实现特定目标时，以灵活优化的方式控制各种认知过程的协同运作。作为复杂的认知过程，执行功能涵盖了一系列自上而下的心理过程，是个体进行推理、计划及问题解决等心理过程的重要基础（Diamond，2013）。早期研究者认为，执行功能是单一的认知结构（Duncan & Miller，2002），但随着研究方法的发展，大量证据表明执行功能是可以分离的，包含多个基于共同心理机制的独立成分。其中，Miyake等（2000）的观点得到了广泛支持，他们通过结构方程模型指出，执行功能主要包括刷新、抑制和转换3个核心过程。

刷新是执行功能的核心成分之一，即个体在各种认知过程中暂时存储、加工和操纵信息的有限容量系统，是推理、学习、智力活动和问题解决的重要基础（Baddeley，2012）。刷新具有两个重要功能：识别信息与任务目标的相关性；保持新信息的高度活跃状态（Nijstad & Stroebe，2006）。Baddeley（2012）指出，工作记忆反映了个体同时保持和处理信息的能力，而刷新能力的个体差异限制了其在其他认知活动中的表现，因此刷新是基础性认知过程，对高级认知活动起到了决定性作用。

抑制是个体抑制内部心理定式或外部刺激引发的自动化反应，是执行功能的核心成分之一，表现为个体有意识地控制自身的注意、行为、思维或情绪（Diamond，2013）。抑制包含三个主要方面：首先是注意的抑制，个体将注意集中于目标信息并抑制与任务无关信息的干扰；其次是对心理优势反应的抑制，防止自动化反应影响当前任务；最后是前摄抑制和后摄抑制，是指抑制与当前任务无关的信息进入工作记忆的过程，与工作记忆紧密相连（Diamond，2013）。Miyake等（2000）发现，工作记忆、抑制和转换的共同成分主要是抑制功能，这意味着各种执行功能任务均需要抑制功能的参与，因此抑制在整个执行功能系统中发挥着基础性的作用。

转换又称为认知灵活性，是指个体将注意在不同的任务或心理状态之间切换的心理过程，反映了个体在目标、任务或者心理状态之间的灵活转换能力。例如，当个体执行两个基于相同认知资源的任务时，需要控制这两个认知任务之间的相互转换过程。Diamond（2013）强调转换是灵活地改变思维角度，需要抑制先前的思维视角，并在工作记忆中激活新的想法。这也意味着转换建立在抑制和工作记忆的基础上。通常情况下，研究者采用任务转换范式来研究个体的转换过程，以"转换代价"作为衡量认知灵活性的重要指标，即执行需要转换的任务时，相较于完成重复相同任务产生的反应时的时间损失。

大量研究证明了执行功能在各个领域的重要性。例如，执行功能的缺陷与学习障碍、成瘾行为、注意缺陷障碍、抑郁、品行障碍、强迫行为及精神分裂症显著相关（Diamond，2013）。此外，研究还发现，个体的执行功能对心理健康、身体健康、学业成就、家庭幸福、财富收入、事业成功、人际关系、生活质量及社会问题等方面有重要影响（Borella et al.，2010；Eakin et al.，2004；Karbach et al.，2015）。因此，执行功能是人类核心的认知过程，是生活、学习、工作等不可或缺的基础认知能力。

## 二、执行功能与批判性思维的关系

思维的双加工理论（见第二章）为理解批判性思维与执行功能的关系提供了理论参考。Bonnefon（2016）和 Halpern（1997）认为，批判性思维属于系统 2 思维，它有意地调动执行注意，以应用推理技能和批判性思维策略。由于系统 1 思维是默认发生的，批判性思维可能需要通过抑制优先的"自然"反应来覆盖它，从而激活分析思维（Bonnefon，2016）。正如 Noone 和 Hogan（2018）指出的，执行功能，尤其是执行功能的抑制过程，能够覆盖自动化思维过程。Kahneman（2011）指出，启发式和偏见问题涉及批判性思维的一些关键技能，要求个体抑制由系统 1 加工引起的习惯性行为。此外，双加工理论强调了与批判性思维相关的刷新过程的重要性。例如，Barrett 等（2004）指出，更新与在系统 2 加工中利用注意力搜索和激活相关信息（即刺激和目标状态的表征）有关。因此，当个体执行系统 2 加工任务时，那些在刷新功能上效率较高的人比效率较低的人更容易检索与目标相关的信息。Halpern（1997）还指出，批判性思考特定信息的过程可能需要个体具备在工作记忆中操控和监控已激活信息的能力。

虽然批判性思维相关理论阐述了执行功能对批判性思维过程的重要作用，但相关的实证研究还处在初步探索阶段，通过文献搜索发现目前仅有3项行为研究直接考察了执行功能与批判性思维的关系。Toplak等（2014）采用信念偏差三段论等任务考察了学生的思维水平，测量了个体的抑制、转换及工作记忆。结果发现，3个执行功能任务的合成$z$分数能够预测个体的思维表现，标准化回归系数为0.37，能解释学生思维10.4%的变异。Noone等（2016）探索了执行功能的转换、抑制、刷新与批判性思维的关系。该研究采用Halpern批判性思维量表测量了大学生的批判性思维水平，采用了加减任务、字母数字任务测量转换功能，通过音调监控任务和数字会议任务测量了刷新，对抑制功能则采用线索抑制任务和信号停止任务进行测量。通过建立结构方程，结果显示，刷新和抑制对个体批判性思维有显著的预测作用，而转换功能与批判性思维的关系并不显著。Lin等（2018）进行的一项研究，采用中国初中生执行功能指数测验（Chinese Executive Function Index for Junior High Students，CEFI-J）测查了学生的执行功能，联合华生-格拉泽批判性思维测验（Watson-Glaser Critical Thinking Assessment，WGCTA），基于信念偏差三段论范式共同测量学生的批判性思维。结果显示，执行功能的自陈量表分数与批判性思维的相关系数为0.31。研究还发现，基于阅读和计算的执行功能训练有助于提升学生在批判性思维测试中的表现。上述研究为执行功能与批判性思维的关系提供了初步的实证证据，一方面验证了思维的双加工理论关于执行功能在批判性思维过程中的重要性；另一方面，为探索执行功能的核心成分如何参与批判性思维提供了参考。

总体来说，在批判性思维认知机制的实证研究方面，关于执行功能与批判性思维关系的研究非常匮乏，仍需要结合相关理论验证已有的结果，明确执行功能在批判性思维中的作用，更加全面、清晰地了解批判性思维的认知加工机制。随着认知神经研究方法的发展，对批判性思维认知机制的研究还可以深化到神经层面。认知神经领域成熟的实验范式使批判性思维的研究具有了可行性，不仅有助于深入了解批判性思维与其他重要认知能力的关系，更有利于从认知加工的角度描绘批判性思维的具体过程。

# 第二节　执行功能在批判性思维中的作用

## 一、研究目的

尽管相关理论（如双加工理论）已经明确指出执行功能在批判性思维中扮演着调节者、指导者和监控者的角色，但由于执行功能是一个复杂且多元的认知体系，涵盖了刷新、抑制和转换等核心执行控制过程。目前，关于批判性思维的理论尚未明确阐述哪些具体过程参与了批判性思考。因此，本节在执行功能理论的基础上，旨在深化和拓展现有的批判性思维认知模型。我们认为，在批判性思维过程中，执行功能的抑制作用主要体现在两个方面：其一，它能够阻止无关信息干扰思维过程；其二，它能够抑制由直觉思维引发的、带有偏见的思维结果。此外，刷新过程构成了批判性思维信息处理的基础，涉及对进入思维过程的信息进行保存、操作和更新，即批判性思维的解释和推理过程是建立在个体工作记忆对信息进行处理的基础之上的。最后，转换过程可能涉及批判性思维过程中各个子技能或策略之间的灵活切换，确保个体能够灵活且恰当地运用不同策略或技能解决问题。

另外一个不容忽视的问题是，在研究执行功能与批判性思维之间的联系时，执行功能是否能够独立于流体智力和思维倾向预测批判性思维的个体差异？流体智力和思维倾向已被广泛认为是批判性思维的重要相关因素（Clifford et al., 2004；Heijltjes et al., 2014；Stanovich K E & Stanovich P J, 2010；Toplak et al., 2014）。流体智力通常指的是推理和解决新问题的能力。一方面，由于流体智力和批判性思维都涉及推理过程，它们被认为存在一定的重叠（Stanovich K E & Stanovich P J, 2010）。众多研究已经揭示了流体智力测验与批判性思维测试之间存在中等程度的相关性（例如，Clifford et al., 2004；Toplak et al., 2014）。另一方面，实证研究显示，刷新和抑制等核心执行功能过程对流体智力也有预测作用，而流体智力被视为一种更高级的认知能力。从这个角度来说，有必要探讨执行功能与批判性思维之间的联系是否仅仅来自二者与流体智力的共同变异。

思维倾向指的是个体参与思维活动的倾向性（Facione，2000），它会影响人们进行批判性思考的深度（Heijltjes et al.，2014）。有学者认为，使用批判性思维技能的倾向最终决定了这些技能的表现（例如，Facione，2000；Halpern，1997）。这一观点得到了大量实证研究的支持，这些研究显示思维倾向与批判性思维表现之间存在显著的相关性（例如，Heijltjes et al.，2014；West et al.，2008）。同时，也有研究发现，执行功能与开放思维和认知需求等思维倾向存在相关性（例如，Toplak et al.，2014）。因此，执行功能与批判性思维之间的关系是否受到它们与思维倾向的共同变异的影响，也是一个值得深入研究的问题。

本节主要探讨执行功能对批判性思维的影响是否独立于流体智力和批判性思维倾向，以及厘清执行功能的三个核心成分对批判性思维的具体作用。研究将通过经典的实验任务和量表收集个体的执行功能、批判性思维、流体智力及批判性思维倾向方面的行为数据。在统计层面控制流体智力和批判性思维倾向之后，对刷新、抑制及转换对批判性思维的独特作用进行分析，进而确定执行功能是否为批判性思维独特的认知基础。

## 二、研究方法

### （一）研究对象

共 226 名在校大学生（其中，男生 88 人，$M_{年龄}$ = 19.70，$SD_{年龄}$ = 1.22）参与了本次研究，研究对象来自武汉两所学校。在参与研究之前，所有被试均签署了知情同意书。在完成研究之后，每名被试获得 30 元人民币作为报酬。

### （二）研究工具

**1. 批判性思维测验**

采用中文版 CCTST 评估大学生的批判性思维能力。该测验由罗清旭和杨鑫辉（2002）基于原 CCTST，结合中国文化背景进行了修订，包括测量分析、评估、演绎推理、归纳推理及推断等维度。每道题目均有 4 个选项，只有 1 个正确选项。最后，统计个体选择正确的题目。罗清旭和杨鑫辉（2002）的研究表明，批判性思维测验的分半信度和重测信度分别为 0.80、0.65。Lin（2018）的研究结果显示，各分量表与总量表的相关系数均大于 0.50，证明该量表有较好的结构效度。本研究中，该量表的内部一致性系数为 0.68，并且该量表与基于信念偏差三段论的批判性思维测验的相关系数为 0.64，表明该量表有较好的信效度，可用于测量中国大学生的批判性思维能力。

**2. 执行功能任务**

（1）Visual-spatial updating 任务

该任务由 4×4 矩阵图形组成，计算机按顺序依次呈现一定数量的红色小方块，红色小方块位于矩阵图形的某一个位置。要求被试记住每个方块的位置和出现顺序，并在最终的空白方格图中用鼠标按红色方块的出现顺序点击。被试需要更新工作记忆中的信息，以记住所有方块的位置和顺序信息。每个红色方块出现的时间为 750 ms，刺激间隔为 500 ms。该任务包含 4 个练习试次及 12 个正式测验试次。任务包括 4 个难度水平，即出现的红色小方块数量分别为 4 个、5 个、6 个、7 个。该任务记录被试正确回忆红色方块的数量。

（2）Running memory 任务

Running memory 任务是经典的刷新任务（Miyake et al., 2000）。依次呈现一定数量的字母，并要求被试按顺序呈现最后 4 个字母。任务难度分为 4 个水平，即呈现的字母数量分别为 5 个、7 个、9 个、11 个。每个字母的呈现时间为 800 ms，刺激之间的间隔为 800 ms。为保证被试持续地更新工作记忆中的信息，任务要求被试不停地复述最后 4 个数字，例如，某试次的数字依次为"3729426"，被试则复述"3…37…372…3729…7294…2942…9426"，并最终输入"9426"为正确答案。4 种难度水平随机分布，以避免被试形成习惯化的反应倾向。任务包括 5 个练习试次和 12 个正式测验试次，每个难度水平包括 3 个试次。该任务记录个体正确回忆的试次数量。

（3）Antisaccade 任务

该任务主要用于测量执行功能的抑制成分（Miyake et al., 2000）。每个试次开始，会呈现注视点"+"，注视点的呈现时间在 300—1100 ms 范围内随机变化。随后，一个黑色方块快速出现在注视点的左边或者右边，呈现时间为 300 ms。黑色方块消失之后，在它相反的方向会出现一个箭头（箭头的指向为朝上、朝左或者朝右），箭头呈现的时间为 80 ms。箭头立即会被一个灰色的方块（掩蔽刺激）遮挡。被试需要抑制黑色方块的干扰，迅速判断箭头的指向。该任务包括 10 个练习试次和 30 个正式试次，实验任务最终记录被试正确判断的试次数量。

（4）Dots-triangles 任务

该任务用于测量大学生的转换能力。该任务包含 3 个条件：条件一是在 4×4 的方格图形中呈现红色圆点，要求被试判断红色圆点的数量是左边多还是右边多；条件二是在 4×4 的方格图形中呈现绿色的三角形，要求被试判断三角形的数量是上方多还是下方多；条件三是以上两类图片交替出现，要求被试在两类任务中进行转换。每张图片的呈现时间为 3500 ms，被试按键反应之后，图片消失，每张图片的时间间隔为 150 ms。研究要求被试在保证正确率的情况下尽快判断。条件一和条件二各包括 8 个练习试次和 20 个正式试次，条件三包括 8 个练习试次和 30 个正式试次。条件一和条件二为基线条件，条件三为转换条件。由于该任务较为简单，条件一到条件三的正确率介于 0.92—0.96。采用条件三与基线条件（条件一和条件二）的平均反应时之差作为该任务的反应指标。同时，对反应时指标进行反向转化，转换后的反应指标越大，表明被试的转换能力越强。

**3. 流体智力**

（1）瑞文高级推理测验

瑞文高级推理测验（Raven's Advanced Progressive Matrices，APM）用来评估大学生的流体智力（Raven et al.，1997），即将原纸笔测验转换成计算机程序测验的方式。为了将整个测验实验控制在大学生可以接受的水平，选取该测验的奇数题号的试题用于研究。测验项目按难度逐渐增加的顺序呈现。每个题目由 3×3 的图形矩阵组成，且右下角有一个图形缺失。要求被试按照图形排列的规律，从 8 个选项中选出一个填入题目中的空白处，最终记录被试回答正确的题目数量。

（2）Leistungsprüfsystem（LPS）推理测验

该测验为 Leistungsprüfsystem 第 Ⅳ 版量表（Horn，1983）的推理测验。被试以纸笔的方式完成测验。测验包括 40 个题目，按难度递增的顺序排列。每个项目由一行共 9 个数字或字母组成，要求被试首先推测该行数字或者字母的出现规律，并找出不符合规律的那个数字或者字母。测验限时 8 min 完成，记录每名被试判断正确的题目数量。

### 4. 思维倾向测验

采用中文版 CCTDI（彭美慈等，2004）评估大学生的思维倾向。本研究选取求真性、分析性、批判性思维自信心及求知欲 4 个分量表进行分析。求真性是指个体在摒弃自身观点和利益干扰的前提下，客观地评判事实真相的倾向；分析性是指个体运用推理规则和客观证据解决问题的倾向性；批判性思维自信心是指个体对自己推理过程的信任程度；求知欲则是个体学习新知识的意愿程度。每个分量表由 10 个项目组成，每个项目均采用利克特 6 点计分。要求被试根据自身的实际情况判断每个项目的符合程度，1 代表完全不同意，6 代表完全同意。根据彭美慈等（2004）的报告，该量表的内部一致性系数为 0.90，由专家判断的内容效度为 0.89。本研究中，该量表的内部一致性系数为 0.83。

### 5. 研究程序

研究在安静的实验室完成。LPS 测验采用纸笔测验的方式进行，其他所有的测验任务均在计算机上完成。被试完成任务的顺序为：中文版 CCTST 和 CCTDI、Visual-spatial updating 任务、Antisaccade 任务、Running memory 任务、Dots-triangles 任务、APM 及 LPS 测验。被试完成所有测试的时间大约为 120 min，被试在任务之间可以根据自身情况进行短暂休息。

## 三、研究结果

表 3-1 报告了本研究所有变量的描述性统计数据及相关结果。结果显示，刷新的两个任务 Visual-spatial updating 和 Running memory 与批判性思维能力显著相关，相关系数分别为 0.26 和 0.21。抑制成分的 Antisaccade 任务与批判性思维能力显著相关，相关系数为 0.32。流体智力的 APM 及 LPS 测验均与批判性思维能力显著相关，相关系数分别为 0.33 和 0.25。思维倾向的 3 个分量表（分析性、批判性思维自信心及求知欲）与个体的批判性思维能力显著相关。

**表 3-1　各变量描述性统计数据及相关结果**

| 变量 | $M$ | $SD$ | $\alpha$ | 1 | 2 | 3 | 4 | 5 | 6 | 7 | 8 | 9 | 10 |
|---|---|---|---|---|---|---|---|---|---|---|---|---|---|
| 1. 批判性思维能力 | 20.89 | 4.30 | 0.68 | — | | | | | | | | | |
| 2. Visual-spatial updating 任务 | 0.72 | 0.14 | 0.67 | 0.26** | — | | | | | | | | |

续表

| 变量 | M | SD | α | 1 | 2 | 3 | 4 | 5 | 6 | 7 | 8 | 9 | 10 |
|---|---|---|---|---|---|---|---|---|---|---|---|---|---|
| 3. Running memory | 0.78 | 0.17 | 0.58 | 0.21** | 0.13* | — | | | | | | | |
| 4. Antisaccade 任务 | 0.83 | 0.15 | 0.84 | 0.32** | 0.38** | 0.09 | — | | | | | | |
| 5. Dots-triangles 任务 | 295.71 | 182.02 | 0.90 | 0.03 | 0.04 | 0.03 | 0.08 | — | | | | | |
| 6. APM | 11.84 | 2.47 | 0.57 | 0.33** | 0.42** | 0.01 | 0.39** | 0.07 | — | | | | |
| 7. LPS 测验 | 32.46 | 3.37 | 0.77 | 0.25** | 0.35** | 0.20** | 0.30** | 0.04 | 0.31** | — | | | |
| 8. 求真性 | 38.89 | 5.47 | 0.59 | 0.09 | 0.10 | 0.02 | 0.02 | −0.01 | 0.07 | 0.07 | — | | |
| 9. 分析性 | 43.62 | 5.03 | 0.61 | 0.27** | 0.14* | 0.15* | 0.19** | −0.04 | 0.17** | 0.11 | 0.16** | — | |
| 10. 批判性思维自信心 | 39.39 | 6.14 | 0.75 | 0.26** | 0.13 | 0.06 | 0.19** | −0.09 | 0.16** | 0.20** | 0.08 | 0.59** | — |
| 11. 求知欲 | 43.54 | 5.89 | 0.69 | 0.16** | 0.05 | 0.06 | 0.13 | −0.07 | 0.02 | 0.16* | 0.12 | 0.48** | 0.62** |

注：Visual-spatial updating 任务和 Running memory 任务计算平均分采用的指标为正确率。*$p<0.05$，**$p<0.01$，***$p<0.001$，下同

采用线性回归考察执行功能的三成分对批判性思维能力的影响。当执行功能的所有任务同时进入回归方程对批判性思维进行预测时，解释了批判性思维能力 14.8%的变异（表 3-2 中的 Model 1）。其中，刷新能力能显著预测批判性思维能力表现（Visual-spatial updating 任务：$\beta=0.14$，$t=2.08$，$p=0.04$，Running memory 任务：$\beta=0.17$，$t=2.65$，$p=0.009$）。抑制能力也能够显著预测批判性思维能力（Antisaccade 任务：$\beta=0.25$，$t=3.67$，$p<0.001$）。但是，转换能力（Dots-triangles 任务）对批判性思维的预测并不显著，$\beta=-0.01$，$t=-0.02$，ns。

表 3-2  各变量对批判性思维能力预测模型表

| | 预测变量 | Model1（$\beta$） | Model2 Step1（$\beta$） | Model2 Step2（$\beta$） | Model2 Step3（$\beta$） |
|---|---|---|---|---|---|
| 思维倾向 | 求真性 | | 0.05 | 0.04 | 0.04 |
| | 分析性 | | 0.18* | 0.15 | 0.11 |
| | 批判性思维自信心 | | 0.18* | 0.12 | 0.12 |
| | 求知欲 | | −0.05 | −0.02 | −0.02 |
| 流体智力 | APM | | | 0.24** | 0.19** |
| | LPS | | | 0.14* | 0.06 |
| 执行功能 | Visual-spatial updating 任务 | 0.14* | | | 0.04 |
| | Running memory 任务 | 0.17** | | | 0.16* |
| 执行功能 | Antisaccade 任务 | 0.25** | | | 0.15* |
| | Dots-triangles 任务 | 0.01 | | | −0.01 |

续表

| 预测变量 | Model1（$\beta$） | Model2 | | |
|---|---|---|---|---|
| | | Step1（$\beta$） | Step2（$\beta$） | Step3（$\beta$） |
| 结果 | $R^2 = 0.148$ | $R^2 = 0.094$ | $\Delta R^2 = 0.090$ | $\Delta R^2 = 0.046$ |
| | $F = 9.61**$ | $F = 5.72**$ | $\Delta F = 12.05**$ | $\Delta F = 3.25**$ |

为了进一步探明在控制流体智力与思维倾向之后，执行功能是否仍对批判性思维能力具有独特的预测作用，本研究进行了分层线性回归分析（表3-2中Model 2的三步回归）。第一步，思维倾向进入回归方程，分析性和批判性思维自信心能显著预测批判性思维能力。第二步，流体智力的两个测验进入回归方程，此时APM和LPS量表均能显著预测个体的批判性思维能力，流体智力与思维倾向共同解释了批判性思维18.8%的变异。最后，执行功能的4个任务同时进入回归方程，结果显示，执行功能解释了批判性思维4.6%的独特变异。标准化回归系数显示，即使控制了流体智力和思维倾向，Running memory 任务（$\beta = 0.16$，$t = 2.48$，$p = 0.01$）和 Antisaccade 任务（$\beta = 0.15$，$t = 2.19$，$p = 0.03$）的分数也能显著预测个体批判性思维能力测验的表现。Visual-spatial updating 任务的回归系数不显著，$\beta = 0.04$，$t = 0.58$，ns，可能是因为该任务与流体智力的共变较大。同时，转换任务的回归系数并不显著，$\beta = 0.01$，$t = 0.02$，ns，表明转换不能显著预测个体的批判性思维能力表现。

最后，为厘清执行功能、流体智力及思维倾向对批判性思维的独特作用和共同作用，采用方差拆分的方法进一步对数据进行分析。该方法基于一系列回归方程生成自变量（执行功能、流体智力、思维倾向）对固定变量（在本研究中是批判性思维能力）变异的解释率 $R^2$，计算每个变量对批判性思维能力的解释率。本研究进行了一系列的回归方程计算，以获得执行功能、流体智力及思维倾向不同组合情况的 $R^2$。通过计算，将3个自变量对批判性思维的独特解释率、共同解释率的百分比（解释率/总解释率 × 100%）分别表示出来（图3-1）。方差拆分结果显示，执行功能、流体智力、思维倾向能够预测批判性思维总共23%的变异量。在批判性思维能力被解释的总变异量中，执行功能独立解释了批判性思维能力20%的变异量。此外，执行功能与流体智力共同解释了批判性思维能力24%的变异量；执行功能与思维倾向共同解释了批判性思维能力7%的变异量；执行功能、流体智力及思维倾向共同解释了批判性思维能力13%的变异量。该方差分析结果表明，在控制了流体智力和思维倾向之后，执行功能仍然能够显著预测批判性思维能力的变异。

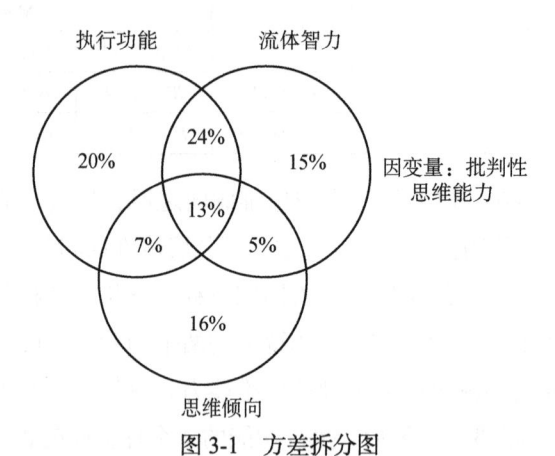

图 3-1　方差拆分图

注：该图中的百分比结果基于表 5-3 中的回归模型得出

## 四、结果讨论

本研究结果表明，执行功能的两个核心成分——刷新和抑制——能够显著预测批判性思维表现。回归分析和方差拆分结果显示，在控制了流体智力和思维倾向的影响后，刷新和抑制功能依然能显著预测批判性思维能力。这一结果验证了思维的双加工理论，即批判性思维属于分析思维，需要消耗注意资源并高度依赖个体的工作记忆和执行功能。同时，研究也支持了批判性思维的整合框架理论，确认了执行功能对批判性思维的调控作用。此外，这些发现与以往的实证研究结果一致（Noone et al., 2016；Toplak et al., 2014），表明执行功能与批判性思维之间存在密切联系。然而，迄今为止，在控制流体智力和思维倾向后考察执行功能核心成分对批判性思维影响的实证研究仍然很少。如前所述，流体智力、思维倾向与执行功能可能在批判性思维过程中发挥了相似的作用，因此对两者进行控制以厘清执行功能是否为批判性思维独特的认知基础至关重要。本研究的方差拆分结果显示，执行功能与流体智力或思维倾向共同解释了近一半（44%）的批判性思维变异量。更重要的是，研究结果显示，在排除流体智力和思维倾向的影响后，执行功能依然可以预测批判性思维的独特变异量。这一发现证实了执行功能对个体批判性思维能力的重要性。在本节行为研究的基础上，第三章将采用 ERP 研究方法，为执行功能与批判性思维的关系研究提供神经证据。

## 第三节 批判性思维与流体智力的区别和联系

### 一、批判性思维与流体智力的关系

#### （一）批判性思维与流体智力的区别

传统的智力研究主要围绕斯皮尔曼（Spearman，1961）提出的一般智力理论展开。在这一框架下，研究者认为智力包含流体智力、晶体智力及加工速度等核心要素。其中，流体智力是最受关注的，涉及问题解决、复杂思维和应对新情境的认知能力，包括推理、解决新问题等过程（Horn & Cattell，1967）。流体智力在心理测量模型中扮演着重要角色，通常被视为测量一般智力的主要指标。大量研究表明，流体智力与很多认知活动紧密相关，有助于预测学术和职业成功（Dodonova & Dodonov，2012）。

智力是一个多维度且复杂的构念，在心理学和教育学领域占据着核心地位。传统上，智力研究主要集中在 Spearman（1961）提出的一般智力（或称为 g 因素）概念上。这一理论认为存在一种普遍的智力能力，贯穿于各种特定的智力活动中。在这个框架下，智力的不同方面，如流体智力、晶体智力和加工速度被视为构成一般智力的关键要素。这些要素不仅在传统理论中占有一席之地，也被现代智力理论采纳，尤其是在卡特尔-霍恩-卡罗尔认知能力理论中得到了详细的阐述和应用。在这些智力成分中，流体智力因其在问题解决、复杂思维和适应新环境方面的能力而备受关注。它涉及推理、解决新问题等认知过程，这些过程不依赖先前学习的具体知识，而是依赖个体的抽象推理能力（Horn & Cattell，1967）。在心理测量学模型中，流体智力被认为是衡量一般智力的一个重要指标，它在预测个体的认知能力和未来的学术及职业成就方面发挥着关键作用。流体智力较高的个体在解决复杂问题时往往更为高效，他们能够快速适应新情况，提出创新的解决方案。这些能力在快速变化的现代社会中显得尤为重要，因为它们能够使个体在不断变化的环境中保持竞争力。

批判性思维通常被划分为两个核心组成部分：技能和倾向。在技能方面，如分析、评价和推理等，是批判性思维的实践性维度，涉及对信息和论点的评估与分析，以形成合理的判断。这不仅包括对信息来源的可靠性进行评估，识别潜在的偏见，还包括通过复杂的数据得出明智结论的能力。在倾向方面，如追求真理、思想开放和系统性等，反映了个体在运用批判性思维时的内在动机和习惯性态度。这种倾向会影响个体对信息、论点及复杂情境的处理，对塑造个体的批判性思维过程具有决定性作用。尽管批判性思维的倾向和技能是两个不同的维度，但它们之间存在着密切的关系。一个人的实际思维表现，不仅取决于他运用批判性思维技能的水平，还取决于他应用这些技能的倾向（Facione et al., 2002; Halpern, 2013; Ku, 2009）。换句话说，即使一个人具备了批判性思维技能，如果没有运用这些技能的倾向，那么他在实际情境中的表现也可能不尽如人意；反之亦然，如果强烈的倾向没有相应的技能支撑，批判性思维也很难有效。

批判性思维的应用已经远远超出了教育的范畴，它在日常生活中的各个层面都发挥着重要作用。无论是在社会互动、人际关系还是信息处理等场景中，个体都需要依赖批判性思维进行正确的决策和解决问题（Ku, 2009）。批判性思维通过增强个体的判断力与决策能力，在帮助其克服信念偏差、激发更深层次的思考方面发挥着关键作用（Halpern, 2013）。它的一个重要功能是解决由于信念偏见和启发式思维引发的冲突，这一点在大多数批判性思维评估工具中得到了体现（West et al., 2008）。根据Stanovich和West（2008）的研究，即便是认知能力较强的个体，也难以完全避免偏见的影响。他们可能更倾向支持与自己立场一致的观点，以及片面的论证而非客观公正的论点。因此，相较于传统智力，批判性思维在帮助个体识别和克服这些认知偏差方面发挥着更加关键的作用。它不仅是一种分析和评估信息的技能，更是一种能够促使个体从不同角度审视问题、挑战既有信念和假设的思维方式，使个体能够识别和抵御误导性的信息，避免盲目从众。

### （二）作为实用智力的批判性思维

综合以往研究的成果，可以发现传统的智力概念并不足以全面分析智力在现实世界中的应用和表现。因此，一些学者开始探索智力的其他维度，例如，Sternberg

（2019）提出的适应性智力和批判性思维，这些被视为与传统智力模型相区别的智力表现形式（Halpern，2013）。尽管学界对批判性思维的定义尚未完全统一，但普遍认为它是一个有目的、自我调节的判断过程，涉及解释、分析、评价、推理，以及对判断依据的证据、概念、方法、标准或背景因素的深入理解（Facione，1990）。Halpern（2013）将批判性思维定义为运用认知技能提高实现预期结果的可能性，以及个体具备这些技能的倾向。此外，Halpern强调了批判性思维在现实世界中的实际作用，如其在决策过程中的重要性，包括投票、金融投资、储蓄或职业选择等方面（Halpern & Butler，2018）。基于这一观点，Halpern和Dunn（2021）进一步提出了一个专注于解决实际问题的批判性思维智能模型。他们认为，在面对现实世界的挑战时，批判性思维不仅是一种重要的智力形式，而且是一种能够指导个体有效应对复杂问题和挑战的能力。这种能力使个体能够识别问题、收集和评估信息、制定解决方案，并在实施过程中进行反思和调整。在这个模型中，批判性思维被视为一个动态的认知过程，不仅包括逻辑和分析技能，还包括元认知技能，如自我监控和自我评估。从这一角度来看，对批判性思维的研究不仅填补了传统智力研究的空白，而且丰富了对智力内涵的理解。传统智力理论往往侧重分析逻辑推理能力，而忽视了在现实世界中解决问题时所需的其他认知技能。批判性思维的引入，强调了个体在面对复杂情境时的决策能力、问题解决能力和反思能力，这都是传统智力测试未能充分捕捉的。

综上所述，流体智力主要涉及抽象推理和问题解决，而批判性思维包括特定的思维技能和指导个体处理信息和复杂情境的思维倾向或态度。尽管在概念上存在差异，但批判性思维和流体智力之间存在相关性。根据Dwyer等（2014）提出的整合批判性思维框架，批判性思维技能如分析、评价和论证，是建立在记忆和理解等认知过程基础上的。先前的研究也证实了流体智力的表现在很大程度上依赖工作记忆和执行控制等认知过程（Frischkorn et al.，2019）。这些相似的认知过程表明批判性思维技能与流体智力之间存在联系，并且这一联系在实证研究中得到了进一步支持。Clifford等（2004）的研究显示，以韦氏智力量表分数代表的语言智力能力与批判性思维技能显著相关。Toplak等（2014）的研究发现，韦氏智力量表作为测量语言和非语言智力的工具，与信念偏差三段论推理问题的表现呈显著相关。此外，个体的批判性思维倾向与其智力表现呈正相关（Perkins et al.，2000）。

## 二、批判性思维与流体智力的联系：执行功能的角度

如前文所述，执行功能是大脑对个体思维的控制和调节过程，是思维活动的控制中心，并在目标导向行为中调节个体的思想和行为（Miyake et al., 2000）。一些理论观点认为，执行功能对有效的批判性思维表现至关重要。其中之一是前述的双加工理论，该理论假设存在两种不同的心理加工类型：系统 1 加工和系统 2 加工（Evans & Stanovich, 2013）。系统 1 加工是快速、自动的，几乎不占用注意力资源，而系统 2 加工则具有反思性、可控性，并且严重依赖工作记忆和执行功能等认知资源（Evans & Stanovich, 2013）。Halpern（2013）和 Bonnefon（2016）认为，批判性思维是典型的系统 2 加工，需要执行功能的参与来抑制直觉反应，从而做出合乎逻辑的判断。另一个理论观点是整合批判性思维框架理论，该框架理论认为批判性思维的反思和判断功能是由参与调节思维活动的执行功能实现的（Dwyer et al., 2014）。实证研究结果也提供了相关的证据，Noone 等（2016）关于个体差异的研究发现，抑制和刷新功能能够显著预测 Halpern 测评测量的批判性思维。执行功能与批判性思维倾向也存在相关性，因为具有良好思维倾向以使用批判性思维技能的个体能够充分利用涉及执行控制的心理过程和策略来解决问题（Halpern, 2013）。

执行功能在完成复杂的认知任务中发挥着重要作用，是流体智力方面个体差异的认知基础之一（Ardila, 2018；Jewsbury et al., 2016）。以往研究表明，刷新功能与流体智力密切相关（Friedman et al., 2006；Jewsbury et al., 2016）。刷新功能由工作记忆过程和特定更新效率组成。工作记忆过程包括在短时间内保存和检索一组表征的能力，而特定更新效率则涉及用新的记忆内容替换先前记忆内容的能力（Oberauer et al., 2005）。从这个角度来看，刷新功能与流体智力紧密相关，主要是因为它在维持需要快速、同时和持续调整的临时联结方面发挥着重要作用。关于抑制功能，尽管 Friedman 等（2006）的研究没有发现它与智力之间的显著关系，但也有研究表明它们之间的相关性较高（Ren et al., 2017）。至于转换功能，一些研究报告了转换与智力之间的显著联系（Biesmans et al., 2019），而其他研究结果则不支持这种关系。

# 第四节 批判性思维与流体智力关系的实证研究

## 一、研究目的

本研究旨在探讨批判性思维与流体智力之间的关系，并分析执行功能在预测两者及其关系方面的作用。本研究招募了一个相对数量较大的大学生样本，并收集了批判性思维、流体智力和执行功能的相关数据。同时，为全面了解批判性思维与执行功能及流体智力之间的关系，将批判性思维技能和倾向同时纳入了研究范围。批判性思维和流体智力是通过标准化测试来评估的。对执行功能（包括刷新、抑制和转换）的测量，采用了典型的实验范式，通过结构方程模型表征每个变量，并分析它们之间的关系。

## 二、研究方法

### （一）研究对象

共 226 名大学生（其中，88 名男生，$M_{年龄}=19.70$，$SD_{年龄}=1.22$）参与了这项研究。所有被试的视力或矫正视力正常，没有药物史和神经系统疾病。所有被试都签署了知情同意书。

### （二）研究工具

**1. 批判性思维技能**

详见本章第二节关于中文版 CCTST 的介绍。

**2. 批判性思维倾向**

详见本章第二节关于中文版 CCTDI 的介绍。

**3. 流体智力**

采用 APM 和 LPS 推理测验评估流体智力，详见本章第二节相关介绍。

## 4. 执行功能

**刷新**：采用 Visual-spatial updating 任务，详见本章第二节相关介绍。

**抑制**：使用 Antisaccade 任务，详见本章第二节相关介绍。

**转换**：采用 Dots-triangles 任务和 Local-global 任务。对 Dots-triangles 任务的介绍详见本章第二节。Local-global 任务要求被试确定图形的形状（三角形或圆形）。每个试次开始时，计算机屏幕呈现一个 2×2 的网格。网格中依次出现两种图形：由几个小圆组成的大三角形和由几个小三角形组成的大圆。任务有三个条件。第一个条件：图形只出现在最上面的两个网格中，被试必须确定大图形是三角形还是圆形。第二个条件：图形只出现在底部的两个网格中，被试判断构成大图形的小图形是三角形还是圆形。第三个条件：图形逆时针出现在四个象限中，被试需要在两个任务之间快速转换。每个图形出现的时间为 3500 ms，每两个图形出现的时间间隔为 150 ms。前两个条件各包含 20 个试次，条件三包含 40 个试次。计算第三个条件与第一个条件和第二个条件中的试次之间的平均反应时的差异。本研究中，该任务的内部一致性信度为 0.91。

### （三）研究程序

被试在安静的实验室中完成测试，任务之间可以休息。在实验开始之前，向被试简要介绍了研究的性质、目的及需要完成的任务，同时强调了诚实作答的重要性。被试在练习测试中的准确率至少要达到 80% 才能进行正式实验，以确保他们对任务要求的完全理解。除 LPS 量表外，所有测量均由计算机完成。

### （四）统计分析

模型分析以协方差矩阵为基础，均采用最大似然法进行估计。根据 DiStefano（2016）的研究，如果 $\chi^2/df \leqslant 2$（3），RMSEA$\leqslant$0.05（0.08），SRMR$\leqslant$0.08（0.10），CFI$\geqslant$0.95（0.90），GFI$\geqslant$0.95（0.90），NNFI$\geqslant$0.95（0.90），则该模型被认为可以接受（良好）。

## 三、研究结果

表 3-3 列出了各变量的平均值、标准差等。批判性思维技能和倾向都与流体智

力显著相关。结果表明，所有变量的偏度均远低于±2，各量表的峰度值大部分低于±3，总体上处于正态分布范围内。将 APM 和 LPS 这两项流体智力测量的 z 分数合并在一起，批判性思维技能与流体智力 z 分数的相关性为 0.35（$p<0.01$）。相比之下，批判性思维倾向与流体智力的相关性低于批判性思维技能（$r=0.17, p<0.01$）。流体智力的测量与刷新（$r=0.48, p<0.01$）和抑制（$r=0.42, p<0.01$）相关显著。此外，批判性思维技能与刷新（$r=0.26, p<0.01$）和抑制（$r=0.32, p<0.01$）也有明显的相关，批判性思维倾向与抑制的相关较小（$r=0.18, p<0.01$）。

表 3-3 描述性统计与相关分析结果

| 变量 | 平均值 | 标准差 | 偏度 | 峰度 | 1 | 2 | 3 | 4 | 5 | 6 | 7 | 8 |
| --- | --- | --- | --- | --- | --- | --- | --- | --- | --- | --- | --- | --- |
| 1. Visual-spatial | 47.75 | 9.14 | −0.84 | 1.56 | — | | | | | | | |
| 2. Antisaccade | 24.85 | 4.40 | −1.87 | 3.31 | 0.38** | — | | | | | | |
| 3. Dots-triangles | 204.29 | 182.01 | 0.00 | 0.10 | −0.00 | −0.08 | — | | | | | |
| 4. Local-global | 526.63 | 231.12 | −0.27 | 1.98 | 0.07 | −0.02 | 0.13* | — | | | | |
| 5. APM | 11.84 | 2.47 | −0.48 | 2.03 | 0.42** | 0.39** | −0.07 | 0.02 | — | | | |
| 6. LPS | 32.46 | 3.37 | −0.35 | −0.33 | 0.35** | 0.30** | −0.04 | −0.02 | 0.31** | — | | |
| 7. CCTST | 20.89 | 4.30 | −0.54 | 0.36 | 0.26** | 0.32** | −0.03 | 0.05 | 0.33** | 0.25** | — | |
| 8. CCTDI | 209.87 | 18.52 | 0.17 | 0.29 | 0.12 | 0.18** | 0.05 | −0.13 | 0.12 | 0.16* | 0.28** | — |

首先，采用两步建模法，分别考察预测变量和被预测变量的测量模型。建立一个包括批判性思维技能、批判性思维倾向和流体智力的潜变量相关模型，批判性思维技能由 CCTT 的奇数和偶数项目的分数来表示，批判性思维倾向由 CCTDI 的各分测验分数表示，流体智力由 APM 和 LPS 的分数表示。该测量模型的拟合效果良好，$\chi^2(24)=54.83$，$\chi^2/df=2.28$，RMSEA=0.08，SRMR=0.06，CFI=0.94，GFI=0.95，NNFI=0.91。批判性思维技能与流体智力之间的相关系数为 0.62（$t=5.53$，$p<0.01$），表明这两个变量共享约 38% 的变异。批判性思维倾向与流体智力显著相关（$r=0.31$，$t=2.84$，$p<0.01$），共享约 10% 的变异。

其次，建立一个执行功能测量模型。该模型包括刷新、抑制和转换 3 个潜变量。刷新由 Visual-spatial updating 任务的 4 个水平得分表示，抑制由 Antisaccade 任务的两个组块得分表示，转换由 Dots-triangles 任务和 Local-global 任务的得分表示。需要注意的是，转换任务的分数是反向的，已进行正向转化。执行功能测量模型的拟合较好，$\chi^2(17)=15.09$，$\chi^2/df=0.89$，RMSEA=0.00，SRMR=0.03，CFI=1.00，GFI=0.98，NNFI=1.01。

在以上测量模型的基础上，建立执行功能对批判性思维和流体智力的预测模型。该模型与数据拟合良好，$\chi^2(108)=129.06$，$\chi^2/df=1.20$，RMSEA = 0.03，SRMR = 0.05，CFI = 0.98，GFI = 0.94，NNFI = 0.98。图 3-2 的结果显示，刷新对流体智力的作用较大（$\beta=0.74$，$t=4.60$，$p<0.01$），对批判性思维技能的预测作用较小（$\beta=0.28$，$t=2.74$，$p<0.01$）。抑制对批判性思维技能（$\beta=0.33$，$t=3.43$，$p<0.01$）和流体智力（$\beta=0.31$，$t=2.46$，$p<0.05$）都有显著影响。抑制和刷新对批判性思维倾向没有显著影响。另外，转换与流体智力、批判性思维技能和倾向之间没有明显的相关关系。

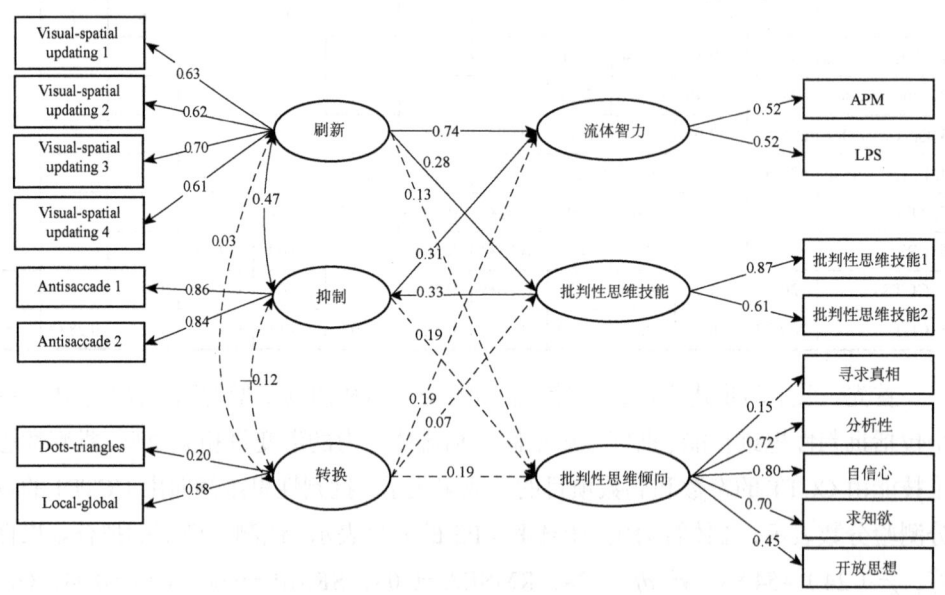

图 3-2　执行功能（刷新、抑制和转换）预测流体智力和批判性思维的潜变量模型

考虑到执行功能可以同时预测批判性思维技能和流体智力，本研究进一步检验了批判性思维技能和流体智力的共同变异在多大程度上由执行功能解释。通过在预测模型中自由估计批判性思维技能的残差与流体智力的残差之间的相关性（Friedman et al.，2006），对模型重新进行估计。该模型的拟合效果同样良好，$\chi^2$（105）= 114.75，$\chi^2/df=1.09$，RMSEA = 0.02，SRMR =0.05，CFI = 0.99，GFI = 0.94，NNFI =0.99。批判性思维技能的残差与流体智力的残差的相关系数为 0.24（$t=2.44$，$p<0.05$），小于原始相关系数（$r=0.62$）。进一步计算表明，执行功能解释了流体智力和批判性思维技能共同变异的85%。

## 四、结果讨论

批判性思维和流体智力反映了人类智力的相关但不同的方面,前者更关注具备良好思维特征的技能和倾向,后者则更关注逻辑推理和得出结论的能力。实证研究表明,个体在批判性思维和流体智力方面的差异并不完全相关,这说明批判性思维和流体智力之间存在分离的可能性(Stanovich K E & Stanovich P J, 2010)。本研究的主要目的是通过分析执行功能在批判性思维和流体智力中的作用及其关系,阐明批判性思维与流体智力的联系。结果显示,流体智力和批判性思维(包括技能和倾向)之间存在显著的相关关系。执行功能的刷新和抑制过程均能显著预测流体智力与批判性思维技能,而且执行功能解释了批判性思维与流体智力之间大部分的共同变异。

流体智力与批判性思维的关系是相关,但并非完全相同。流体智力与批判性思维的相关主要归因于批判性思维技能,这意味着批判性思维技能代表了批判性思维的认知成分。流体智力和批判性思维倾向之间的相关性相对较小,表明它们是相互独立的概念。这些发现与先前的实证研究一致(Bates & Shieles, 2003)。Butler等(2017)的研究也支持流体智力和批判性思维倾向的差异,并提出批判性思维倾向可能解释了批判性思维在现实世界表现差异的不同部分。这与关于批判性思维特质中涉及理性、反思和自动性的理论相吻合,这些特质被认为在高水平认知控制中扮演着重要角色,以确保有出色的智力表现(Stanovich K E & Stanovich P J, 2010)。

刷新和抑制对流体智力的贡献与之前的研究结果相一致,该研究强调了执行功能在智力表现中的作用(Ren et al., 2017)。刷新对流体智力的贡献结果解释了在成功完成流体智力任务时保留任务相关信息、消除过时信息和纳入新信息的能力的重要性。抑制与流体智力之间的关系表明,抑制偏离当前信息的能力及将认知资源用于完成计划的能力,对完成各种智力项目至关重要。刷新和抑制对批判性思维技能的重要预测证实了双加工理论和批判性思维的整合框架理论(Dwyer et al., 2014; Evans & Stanovich, 2013),说明执行功能在监控批判性思维或调节批判性思维技能使用方面有突出作用。从本质上讲,批判性思维源于对信息的主动保留和对记忆的控制性检索,反过来,这又促进了批判性思维技能的运用(Noone et al.,

2016）。抑制显著预测批判性思维技能的结果，凸显了抑制自动化的直觉反应的必要性（Evans & Stanovich, 2013; Li et al., 2023）。批判性思维技能的使用要求抑制受先前假设影响的认知偏差和启发式思维，从而将其与批判性思维任务中的推理活动分离开来（Stanovich K E & Stanovich P J, 2010）。

刷新与流体智力的相关性略高于其与批判性思维技能的相关性。这可能是因为流体智力测验需要在有限的时间内完成，因此对认知能力的要求比批判性思维测试更高。在移除执行功能导致的共同方差后，批判性思维技能与流体智力之间的原始相关性显著减小，这表明执行功能在很大程度上解释了批判性思维与流体智力之间的共变。批判性思维技能和流体智力都涉及复杂的思维过程，如分析、评价、推理，这些过程均需要执行功能参与。

本研究推动了对批判性思维与流体智力关系的理解。尽管批判性思维和流体智力属于广义智力概念的范畴，但目前尚缺乏一个完美地将二者结合的智力模型。本研究发现，批判性思维技能和批判性思维倾向与流体智力呈显著相关，这一发现将批判性思维的概念与斯皮尔曼（Spearman）提出的以 g 因素为核心的传统智力理论联系了起来（Halpern & Dunn, 2021）。可以说，本研究为未来构建一个整合批判性思维与流体智力的综合性智力模型提供了理论线索。此外，当前研究将执行功能纳入流体智力与批判性思维的研究框架，揭示了包括工作记忆刷新与抑制在内的关键认知过程，这些过程在调节和监控批判性思维活动及智力表现中发挥着重要作用。这些发现为制定旨在提高学生批判性思维技能的认知干预措施提供了实证支持。通过明确界定批判性思维涉及的具体执行控制过程，研究人员和教育工作者能够设计更具针对性的干预方案，以有效促进个体批判性思维能力和智力水平的提升。

综上所述，本研究从执行功能的角度探究了批判性思维、流体智力及其关系。研究结果显示，批判性思维技能和倾向与流体智力之间存在显著相关，但二者之间仍有差异。刷新和抑制功能在两者的表现中均具有显著作用，并在较大程度上解释了二者的共同变异。本研究结果不仅深化了对批判性思维与流体智力关系的认识，也为开发针对性认知干预策略以提升学生的批判性思维能力提供了理论依据。

# 第四章
# 批判性思维与执行功能关系的脑电研究

批判性思维作为一种高阶能力，包含的成分较多，思维过程也很复杂，如何考察批判性思维的神经特征成为该领域的难点。已有理论显示，执行功能可能起到了调控批判性思维的作用，是批判性思维过程的认知基础。本书第三章的行为研究证实了刷新和抑制两种执行功能成分对个体批判性思维具有显著的预测作用。因此，本章主要利用执行功能的 ERP 实验范式，分析批判性思维的认知神经特征。

本章共三节，第一节概述执行功能的神经基础及其与批判性思维的关系，为后续研究提供理论及实证基础。第二节的实证研究将采用 ERP 方法，专注于考察不同批判性思维水平的大学生在刷新任务中的脑电特征，以揭示批判性思维在认知神经层面的具体表现。第三节的实证研究同样运用 ERP 方法，重点关注不同批判性思维水平的大学生在抑制任务中的脑电特征，以深入了解执行控制在批判性思维中更详细的作用机制。

# 第一节　执行功能的神经基础

## 一、执行功能相关的神经活动特点

执行功能一直是认知神经心理学的研究热点，相关研究成果也非常丰富。众多研究已证实前额叶皮层是执行功能的神经机制，更有研究者称前额叶皮层为"执行控制的脑中心"，认为执行功能是前额叶皮层认知功能的反应。例如，Brunoni 和 Vanderhasselt（2014）的研究表明，通过重复性经颅磁刺激（repetitive transcranial magnetic stimulation, rTMS）增强个体的背侧前额叶皮层活动，可以显著提升其在执行功能任务中的表现。多项研究（Araneda et al., 2017；McKenna et al., 2017）证实，执行功能的 3 个核心成分（刷新、抑制和转换）均与大脑的前额叶皮层存在显著相关。因此，可以认为大脑前额叶皮层是执行控制的神经基础。

现有很多研究采用 ERP 技术探讨了执行控制过程相关的电生理活动特点，例如，在 N-back 范式中，研究发现，0-back 包含匹配过程，占用个体的工作记忆资源较少，而 2-back 除了包括与 0-back 相同的认知过程之外，个体还需要不停地刷新工作记忆中的刺激内容，并在短时存储中将信息维持在高度活跃的状态，完成下一步匹配过程，需要占用较多的工作记忆资源（Chen et al., 2008）。个体在完成 N-back 任务中，P1 成分反映了认知过程的早期注意，是个体对刺激的物理特征的最初加工，P3 则表示了较为高级的认知加工过程，是测量工作记忆更新过程的指标，其振幅大小与任务难度和个体花费的认知资源有着密切的联系（Covey et al., 2017）。抑制研究领域较多使用 Go/NoGo 任务探索相关的 ERP 成分，其中 NoGo-N2 与 NoGo-P3 是反映抑制的重要指标。NoGo-N2 是一组在 250 s—350 ms 达到波峰值的负成分，个体对需要抑制的刺激进行监测，反映了抑制过程的初始阶段。NoGo-P3 则反映了抑制过程的较后阶段，对应抑制行为的完成及对抑制过程的评估，其振幅大小与任务的冲突程度和占用的认知资源相关（Bedoin et al., 2019）。

也有研究探讨了与执行功能相关的神经振荡机制。神经振荡是中枢神经系统中普遍存在的一种重复性、连续性、节律性的神经元活动，是人类大脑精准控制神经活动的生物机制，各个脑区间的振荡同步化则反映了神经元之间的信息交流。因此，探索神经振荡模式，有助于深入了解人类神经活动的规律，以及神经振荡在各种认知活动中的重要作用（Friston et al., 2015）。神经振荡是人类大脑不同脑区相互协作的基础，也是探索各种认知活动脑功能网络基础的重要方法之一。目前，研究发现，与执行功能相关的神经振荡频段主要集中在 θ（4—8 Hz）、α（8—13 Hz）、β（13—30 Hz）和 γ（>30 Hz）。大多数研究更多关注的是任务态下的神经振荡活动，即个体在完成相关认知任务时大脑的神经振荡模式。例如，Sauseng 等（2005）的研究发现，θ 节律与工作记忆相关，额叶和顶叶脑区 θ 节律的同步性会随着任务需求的增加而增强，而且随着任务难度的加大，θ 频段的能量值增大。Liebe 等（2012）的研究发现，个体的 θ 节律在额叶皮层与感觉皮层 V4 区域之间的耦合指数可以预测其在工作记忆任务中的表现。另外，θ 频带的能量变化与冲突监测和抑制相关，例如，Nigbur 等（2011）运用 Flanker 任务、Simon 任务和 Go/NoGo 任务考察了抑制的神经振荡机制。结果发现，在抑制条件下均发现了 θ 节律能量的增强，表明大脑 θ 节律能量的变化反映了任务中冲突监测和抑制的神经活动。

研究还表明，额-顶大脑网络的神经活动对人类的执行控制、注意等认知过程尤为重要（Cocchi et al., 2013；Diamond, 2013）。例如，Fellrath 等（2016）利用脑电（electroencephalography，EEG）方法分析了右脑损伤病人在注意任务中的额-顶叶的功能连接与任务表现之间的关系。结果显示，与正常被试相比，脑损伤病人的右侧额-顶叶之间的功能连接较低，而且在注意任务中的表现较差。无论是正常被试还是脑损伤被试，额-顶叶的大脑活动均与任务表现存在显著的相关关系。研究还发现，在认知灵活性任务中，额-顶叶大脑网络的激活增强，表明额-顶叶的信息交流对认知资源的控制有着重要的作用，可能是认知控制重要的神经机制（Braem et al., 2013）。Martín-Signes 等（2021）结合经颅磁刺激（transcranial magnetic stimulation，TMS）技术和弥散加权成像（diffusion-weighted imaging，

DWI）方法分析了额-顶脑网络与执行功能和知觉加工的关系，结果表明，额-顶脑神经网络是抑制过程和知觉过程共同的神经基础。Popov 等（2018）团队的研究表明，额-顶叶的功能连接与个体工作记忆的表现显著相关。该研究采用经典的 N-back 范式采集了任务态 EEG 数据，使用格兰杰因果分析（Granger Causality Analysis, GCA）方法分析了任务态的 θ 节律和 α 节律下额-顶叶的功能连接。结果表明，额-顶叶的功能连接越强，个体的工作记忆表现越好，证实了额-顶叶信息连接可能是执行功能重要的脑网络。

## 二、批判性思维与执行功能相关的神经活动

现有研究表明，个体在推理过程中对信念偏差的抑制激活了大脑的前额叶区域。Tsujii 等（2010）采用 rTMS 抑制个体的前额叶皮层活动，导致个体在信念偏差三段论推理方面的表现较差。另一项 fMRI 研究证实了前额叶与抑制信念偏差的关系（Luo et al., 2014）。在该研究中，被试经过一些逻辑规则的训练，在行为表现改善的同时，其额下回（inferior frontal gyrus，IFG）的激活增强。这一结果表明，前额叶的脑区活动可能与个体是否能够成功抑制推理过程的信念偏差存在显著相关。以上证据表明，批判性思维可能依赖大脑的前额叶皮层相关的认知功能。此外，相关 ERP 研究也证明了 P3 成分可能与执行功能和批判性思维有关。P3 成分是执行功能相关研究中最为经典的成分（Polich, 2007），例如，与青年人相比，中年人在 N-back 任务中的表现较差，而且 P3 的振幅较小（Wild-Wall et al., 2011）。研究还发现，P3 的振幅与 Go/NoGo 任务中的抑制行为有关（Gajewski & Falkenstein, 2013）。也有研究证实，个体的抑制信念偏差会诱发振幅更大的 P3（Banks & Hope, 2014）。这些结果证实 P3 不仅反映了执行控制过程，还可能与批判性思维相关。

综上所述，研究表明，执行功能与批判性思维有着相似的神经活动特点。执行功能是前额叶的核心功能，从执行功能的角度探讨批判性思维的神经特点，有助于了解批判性思维与大脑前额叶的关系。但是，目前并没有研究利用神经方法直接讨论执行功能和批判性思维的关系，关于不同批判性思维能力个体在执行功能任务中的神经特征，尚不清楚。

## 第二节　批判性思维与刷新的事件相关电位研究

### 一、研究目的

本研究有两个目的：①为第三章行为研究的结果提供神经证据，证实刷新与批判性思维的关系；②通过考察不同水平批判性思维 ERP 特征的差异，探明批判性思维的神经特征。N-back 实验任务是经典的测量刷新过程的 ERP 范式。研究表明，在实验过程中，出现在 100 ms 左右时间窗口范围内的 P1 表明了个体早期知觉加工的过程，而出现在 400—600 ms 的 P3 成分则表明了信息更新和操纵的过程（Covey et al., 2017）。同时，研究还表明，P3 的振幅与任务中消耗的认知资源和个体大脑的网络效率相关（Covey et al., 2017）。研究显示，能力水平较低的学生表现出较大的振幅，是由于个体采用了补偿策略（compensatory strategy）。补偿策略的理论假设认为，相对于认知能力较高的个体，认知能力较低的个体的大脑网络效率较低，因此在认知过程中需要消耗更多的认知资源（Kropotov et al., 2016）。但是，不同批判性思维能力的学生在刷新功能任务中的 ERP 究竟表现出怎样的差异特征，尚不清楚。

本研究采用 N-back 实验范式，考察不同水平批判性思维能力学生在刷新过程中 ERP 的特征，进一步分析批判性思维的神经特征。

### 二、研究方法

#### （一）研究对象

本研究首先采集了 239 名大学生批判性思维能力的数据，根据两个批判性思维测验（详见研究工具部分）的 $z$ 分数之和，筛选出批判性思维高分组被试和批判性思维低分组被试。最终，有 41 名大学生（其中，男生 17 人，$M_{年龄}= 19.44$，$SD_{年龄}= 1.23$）参与了本研究。批判性思维能力高分组（$n = 21$，其中，男生 8 人）是从分数高于中位数的被试群体进行筛选（为了保证高分组被试与低分组被试的差异，95.23% 的高分组被试的批判性思维 z 分数之和位于群体的前 27%）。批判性思维能力低分组被试（$n = 20$，其中，男生 9 人）是从低于中位数的群体中进行筛选。另外，为了控制流体智力和批判性思维倾向，两组被试在流体智力量表和批判性思维倾向量表的得分尽可能地保持一致。如表 4-1 所示，独立样本 t 检验结果显示，批判性思维能力高分组被试的中文版批判性思维能力测验得分显著高于低分组（批判性思维能力高分组=26.48 ± 2.09，批判性思维能力低分组=18.00 ± 2.99，$t = 10.56$，$p < 0.01$，Cohen's $d = 3.38$）；批判性思维能力高分组被试的基于信念偏差三段论的批判性思维测验的得分也显著高于批判性思维能力低分组（批判性思维能力高分组= 19.29 ± 0.78，批判性思维能力低分组=15.50 ± 3.61，$t = 4.59$，$p < 0.01$，Cohen's $d = 1.47$）。两组被试在流体智力（APM：批判性思维能力高分组= 13.76 ± 2.14，批判性思维能力低分组= 12.35 ± 2.60，$t = 1.90$，ns，Cohen's $d = 0.61$；LPS：批判性思维能力高分组= 35.05 ± 3.06，批判性思维能力低分组= 33.35 ± 2.70，$t = 1.88$，ns，Cohen's $d = 0.60$）和思维倾向（批判性思维能力高分组= 171.19 ± 13.31，批判性思维能力低分组= 167.80 ± 15.43，$t = 0.75$，ns，Cohen's $d = 0.24$）上的得分均没有显著差异。

表 4-1 批判性思维能力高分组和低分组各变量的差异分析

| | 项目 | 高分组（$n = 21$） | 低分组（$n = 20$） | $t$ | Cohen's $d$ |
| --- | --- | --- | --- | --- | --- |
| 批判性思维 | 中文版批判性思维能力测验 | 26.48 ± 2.09 | 18.00 ± 2.99 | 10.56** | 3.38 |
| | 基于信念偏差三段论的批判性思维测验 | 19.29 ± 0.78 | 15.50 ± 3.61 | 4.59** | 1.47 |
| 流体智力 | APM | 13.76 ± 2.14 | 12.35 ± 2.60 | 1.90 | 0.61 |
| | LPS | 35.05 ± 3.06 | 33.35 ± 2.70 | 1.88 | 0.60 |
| 思维倾向 | 求真性 | 39.90 ± 5.67 | 39.55 ± 6.10 | 0.19 | 0.06 |
| | 分析性 | 43.52 ± 6.01 | 43.50 ± 5.80 | 0.01 | 0.00 |
| | 思维自信心 | 44.19 ± 7.12 | 41.50 ± 7.87 | 1.15 | 0.37 |
| | 求知性 | 43.57 ± 3.67 | 43.25 ± 6.41 | 0.20 | 0.06 |

注：高分组为批判性思维能力高分组，低分组为批判性思维能力低分组。下同

## （二）研究工具

### 1. N-back 实验任务

该任务在屏幕中央呈现一系列字母，被试需要判断字母是否为目标刺激，并进行按键反应。每个字母的呈现时间为 500 ms，刺激间隔为 1000 ms。实验任务包括两种实验条件：0-back 实验条件和 2-back 实验条件。在 0-back 实验条件下，被试需要在刺激呈现时间内判断呈现的字母是否为"M"，该条件为基线条件，只涉及刺激辨认过程，不需要被试对字母刺激进行刷新。在 2-back 条件下，被试需要判断呈现的字母是否与前两个字母保持一致，该任务为刷新条件，被试需要不断刷新工作记忆中存储的字母刺激。当判断刺激为目标刺激时，按"F"键；当判断刺激为非目标刺激时，按"J"键。每个实验条件包含 2 个 block，每个 block 包含 80 个试次。被试首先完成 25 个练习试次，正确率达到 80% 以上则进行正式实验任务。整个任务采用 E-Prime 3.0 专业版呈现。

### 2. 批判性思维能力测验

研究采用两个测验对被试的批判性思维能力进行测量。第一个为中文版 CCTST（详见第三章），第二个为改编自基于信念偏差的三段论推理任务。

信念偏差三段论推理测验（Syllogistic Reasoning Problems with Belief Bias，SRPBB）改编自 Markovits 和 Nantel（1989）的信念偏差问卷。该任务主要用来测量个体评估证据和在推断过程中抑制已有信念的能力。根据思维的双重理论和思维的三阶段理论抑制已有信念的消极影响，同时也是批判性思维的核心过程（Evans & Stanovich，2013；Pennycook et al.，2015）。因此，该范式可用来测量个体的批判性思维能力。

目前的测验主要采用 4 种逻辑形式的三段论，这些三段论的结论有效性和可信性是相互冲突的。①前提 1：所有 A 是 B；前提 2：C 是 A；结论：因此，C 是 B（有效结论，例如，"所有烟雾都是对身体健康有益的，香烟是有烟雾的，因此，香烟对身体健康有益"）。②前提 1：所有 A 是 B；前提 2：C 不是 B；结论：因此，C 不是 A（有效结论，例如"所有动物都需要饮水，猫不饮水，因此，猫不是动物"）。③前提 1：所有 A 是 B；前提 2：C 是 B；结论：因此，C 是 A（无效结论，例如，"所有的花都有刺，玫瑰花有刺，因此，玫瑰花是花"）。④前提 1：所有 A 是 B；前提 2：C 不是 A；结论：因此，C 不是 B（无效结论，例如，"所有装有发动机的车都需要燃烧汽油，自行车没有发动机，因此，自行车不需要燃烧汽油"）。每种逻辑形式都包含 5 个项目。此外，测验还设置了 4 个不冲突的题目（即逻辑有效性和可信性相一致），避免个体的习惯化反应。被试需要在假设所有前提为真的情况下，判断每一项目的结论是否能够从两个前提推论出来。在本研究中，该测验的内部一致性系数为 0.83，该测验与中文版批判性思维测验得分的相关较强（$r = 0.64$，$p < 0.001$），表明该测验的信效度较好。

### 3. 流体智力和思维倾向测验

流体智力测验和倾向测验与第三章第二节内容相同。

### （三）研究设计

采用两因素混合实验设计，被试间因素为批判性思维能力高、低分组，被试内因素为 N-back 实验的 0-back 实验条件和 2-back 实验条件，控制条件为被试的流体智力和思维倾向水平。自变量是被试的批判性思维和刷新任务的实验条件，因变量是被试在实验任务 N-back 中的行为表现和神经表现，行为指标为任务的正确率和反应时，神经指标为 ERP 成分的波峰和潜伏期。

### （四）研究程序

在正式参与 ERP 实验之前，每名被试均完成了 CCTST、SRPBB、思维倾向测验、APM 和 LPS 量表。在确定批判性思维高分组和低分组之后，邀请符合要求的个体来实验室参加正式的 ERP 实验。被试在实验室完成 N-back 任务和 Go/NoGo 任务，在进行任务的同时，采集其脑电数据。每名被试在安静的实验室内，坐在舒适的椅子上，与计算机屏幕的距离约为 70 cm，视觉刺激的视角约为 2.5°。实验中，要求被试尽量放松且不要在刺激呈现期间眨眼，在不同的 block 之间，被试可以根据自身情况进行适当休息。整个实验任务持续时间约为 60 min。

### （五）EEG 数据采集与处理

采用国际标准 10-20 系统扩展的 64 通道的电极帽（Easycap GmbH，Herrsching-Breitbrunn, Germany），以 Brain Products 系统记录 EEG 信号。实验在线参考电极为 FCz，参考电极 IO（infraorbital）置于右眼下方。滤波带通设置为

0.01—100 Hz，采样率为 500 Hz/导（即每秒采集 500 个数据点）。为了减少数据搜集过程中的噪声，每个电极与头皮之间的电阻都降至 5 kΩ 以下。

主要采用 EEGLAB 对数据进行离线预处理。原始 EEG 数据将通过去除伪迹并得到与事件相关的脑信号。本研究采用以下步骤对所有被试的 EEG 数据进行预处理：重参考、滤波、基于独立成分分析（independent component analysis，ICA）的伪迹矫正、分段及基线矫正、通过极值去除坏段、视检去除伪迹。首先，将 EEG 数据转化为以双侧乳突 TP9 和 TP10 为参考的平均电位。随后，进行 1—30 Hz 的带通滤波。然后，运用 ICA 算法和 EEGLAB 的 Adjust 插件去除眼电成分。其次，以字母刺激为分段的标记，字母刺激出现前的 200 ms 为基线，字母刺激出现后的 600 ms 为主要分析的时间窗口。在基线矫正之后，删除了振幅超过±80 μV 的数据段。所有数据段都经过了人工视检，删除明显的数据漂移和伪迹。

在 EEG 数据经过预处理之后，根据实验条件分别进行叠加平均。根据平均波形图，N-back 任务主要诱发了两个 ERP 成分，一个是 P1 成分（大约出现在刺激呈现后 100—300 ms 的时间窗口内），另外一个是 P3 成分（大约出现在刺激呈现后 300—550 ms 的时间窗口内）。根据以往的研究（如 Covey et al., 2017），本研究主要分析大脑中线三个电极点（Fz、Cz、Pz）的脑电数据，P1 成分主要分析 100—300 ms 时间窗口内的波峰和潜伏期，P3 成分主要分析 300—550 ms 时间窗口内的波峰和潜伏期。

## 三、研究结果

### （一）行为结果

为了考察批判性思维能力高分组与低分组在 N-back 任务中行为表现的差异，首先进行独立样本 $t$ 检验，统计结果如表 4-2 所示。批判性思维能力高分组和低分组在 0-back 条件下并没有显著差异。在 2-back 条件下，批判性思维能力高分组的正确率显著高于批判性思维能力低分组，两组之间的反应时并没有显著差异。同时，研究还计算了 N-back 任务中的正确率和反应时的相关系数，结果显示，正确率和反应时之间不存在相关关系，$r = -0.01$，$p = 0.95$，表明在该任务中，被试没有表现出明显的速度-正确率平衡效应，正确率的实验数据较为可靠。

表 4-2　批判性思维能力高分组和低分组在 N-back 实验中行为表现的差异

| 项目 | | 高分组（$n=21$） | 低分组（$n=20$） | $t$ | Cohen's $d$ |
|---|---|---|---|---|---|
| 0-back 条件 | 正确率（%） | 96.52±2.11 | 96.45±2.84 | 0.10 | 0.03 |
| | 反应时（ms） | 401.36±26.70 | 416.86±53.53 | -1.18 | -0.37 |
| 2-back 条件 | 正确率（%） | 90.48±3.75 | 84.50±10.43 | 2.42* | 0.76 |
| | 反应时（ms） | 482.87±52.96 | 480.32±74.35 | 0.13 | 0.04 |

## （二）批判性思维能力高分组和低分组的 ERP 差异

图 4-1 显示了批判性思维能力高分组和低分组在 N-back 任务中在三个电极点（Fz、Cz、Pz）上的波形图和组平均地形图。从图 4-1（a）的波形图可以看出，本研究中的 N-back 的确诱发了 P1 成分和 P3 成分。从波形图看出，批判性思维能力高分组与低分组在 2-back 条件下 P3 成分的振幅上可能存在差异，批判性思维能力低分组 P3 成分的振幅更大。在 0-back 条件下，波形图显示两组之间可能没有明显差异。波形图还显示，无论是在 0-back 条件还是 2-back 条件下，批判性思维能力高分组和低分组的 P1 成分的激活都没有明显的差异。

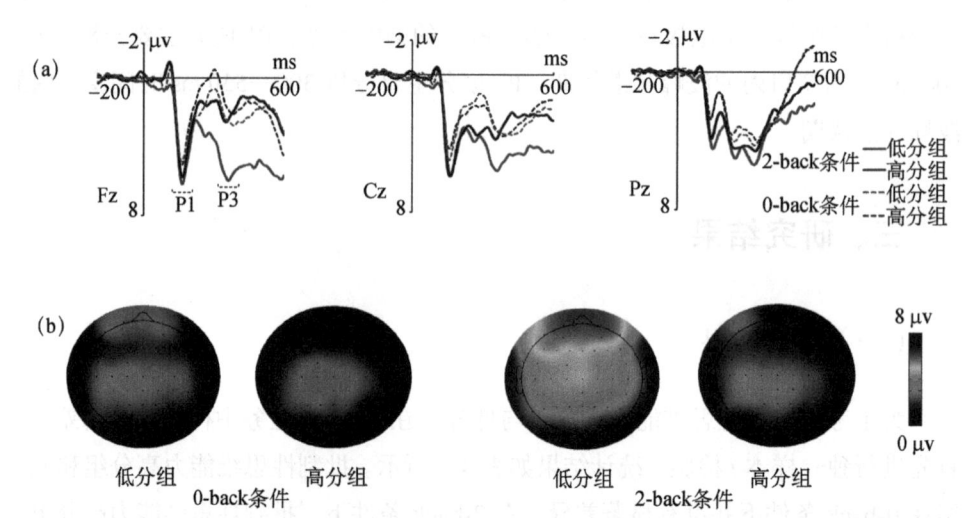

图 4-1　批判性思维能力高分组和低分组在 N-back 任务中 ERP 的组平均图。（a）两组在不同实验条件下 Fz、Cz、Pz 三个电极点的波形图。（b）两组在不同实验条件下 P3 成分（300—550 ms）的地形图（见文后彩图 4-1）

图 4-1（b）显示了两组 P3 成分的地形图，在 2-back 条件下，相对于批判性思

维能力高分组，批判性思维能力低分组在额叶区域的激活更强。高、低批判性思维能力组在 0-back 条件下的大脑激活强度没有明显差别。

表 4-3 显示了批判性思维能力高、低分组 P1 成分和 P3 成分的平均数与标准差。研究将进一步进行统计分析，考察不同组别被试的 ERP 是否存在显著差异。

表 4-3　批判性思维能力高分组和低分组在 N-back 实验中 P1 成分和 P3 成分的描述性数据

| 条件 | 组别 | 项目 | 振幅（$M \pm SD$） ||| 潜伏期（$M \pm SD$） |||
|---|---|---|---|---|---|---|---|---|
| | | | Fz | Cz | Pz | Fz | Cz | Pz |
| 0-back | 高分组 | P1 | 6.36 ± 2.94 | 5.72 ± 2.28 | 4.99 ± 1.95 | 168.67 ± 26.11 | 176.76 ± 39.03 | 191.14 ± 52.41 |
| | | P3 | 3.96 ± 1.93 | 4.87 ± 1.22 | 4.87 ± 1.12 | 418.38 ± 65.52 | 404.95 ± 57.50 | 367.33 ± 35.18 |
| | 低分组 | P1 | 6.84 ± 2.94 | 5.87 ± 2.23 | 6.01 ± 2.24 | 179.30 ± 39.95 | 186.60 ± 52.31 | 218.30 ± 53.57 |
| | | P3 | 4.97 ± 2.33 | 5.15 ± 2.45 | 5.31 ± 3.00 | 422.90 ± 62.07 | 423.50 ± 54.54 | 391.90 ± 57.43 |
| 2-back | 高分组 | P1 | 6.40 ± 2.81 | 6.62 ± 2.62 | 4.62 ± 2.47 | 164.19 ± 13.37 | 162.48 ± 13.43 | 156.76 ± 23.03 |
| | | P3 | 4.80 ± 2.24 | 4.82 ± 2.17 | 4.93 ± 2.04 | 431.90 ± 88.36 | 433.14 ± 84.61 | 376.19 ± 62.23 |
| | 低分组 | P1 | 6.94 ± 3.27 | 6.62 ± 3.00 | 5.37 ± 3.04 | 163.80 ± 17.51 | 162.00 ± 18.55 | 156.50 ± 20.18 |
| | | P3 | 8.24 ± 3.08 | 7.49 ± 2.69 | 6.26 ± 2.90 | 412.30 ± 74.04 | 399.60 ± 68.00 | 362.10 ± 52.37 |

为了进一步考察批判性思维能力高分组、低分组 P1、P3 的振幅和潜伏期是否存在差异，进行了三因素重复测量方差分析，其中组别（高分组、低分组）为被试间变量，任务条件（0-back、2-back）和电极点（Fz、Cz、Pz）为被试内变量。当数据不符合球形检验时，采用 Greenhouse-Geisser 方法对统计结果进行矫正。表 4-4 展示了 P1 和 P3 的重复测量方差分析结果。本研究主要关注批判性思维能力高分组和批判性思维能力低分组之间的差异。重复测量方差分析结果显示，P1 成分的振幅和潜伏期的组间差异不显著。本研究同时进行了单因素方差分析，详细检验两组在 0-back 和 2-back 条件下 P1 的差异。结果显示，批判性思维能力高分组和低分组在 0-back 条件下 P1 的振幅不存在显著差异，$F(1, 39) = 0.78$，ns，$\eta^2 = 0.02$，在 2-back 条件下 P1 的振幅的组间差异也不显著，$F(1, 39) = 0.29$，ns，$\eta^2 = 0.01$。P1 潜伏期的结果显示，0-back 条件下的 P1 潜伏期和 2-back 条件下的 P1 潜伏期的组间差异均不显著[0-back 条件：$F(1, 39) = 1.94$，ns，$\eta^2 = 0.05$；2-back 条件：

$F(1, 39) = 0.01$, ns, $\eta^2 = 0.00$]。以上结果表明，批判性思维能力高分组和低分组的 P1 的振幅与潜伏期均不存在显著差异。

表 4-4  N-back 任务中 ERP 指标的重复测量方差分析

| 项目 | 效应 | 振幅 F | 振幅 p | 振幅 $\eta^2$ | 潜伏期 F | 潜伏期 p | 潜伏期 $\eta^2$ |
|---|---|---|---|---|---|---|---|
| P1 | 三因素交互 | 0.05 | 0.90 | 0.001 | 0.92 | 0.40 | 0.023 |
| | 组别 × 条件 | 0.02 | 0.88 | 0.001 | 2.09 | 0.16 | 0.051 |
| | 组别 × 电极点 | 1.26 | 0.29 | 0.031 | 0.77 | 0.47 | 0.019 |
| | 条件 × 电极点 | 3.08 | 0.07 | 0.073 | 15.54 | <0.001 | 0.285 |
| | 组别主效应 | 0.68 | 0.42 | 0.017 | 1.35 | 0.25 | 0.033 |
| | 条件主效应 | 0.10 | 0.75 | 0.003 | 21.10 | <0.001 | 0.351 |
| | 电极点主效应 | 15.54 | <0.001 | 0.285 | 4.67 | 0.01 | 0.107 |
| P3 | 三因素交互 | 1.49 | 0.23 | 0.037 | 0.65 | 0.53 | 0.016 |
| | 组别 × 条件 | 11.32 | 0.002 | 0.225 | 3.78 | 0.06 | 0.088 |
| | 组别 × 电极点 | 2.90 | 0.06 | 0.069 | 0.42 | 0.66 | 0.011 |
| | 条件 × 电极点 | 4.70 | 0.01 | 0.107 | 0.66 | 0.52 | 0.017 |
| | 组别主效应 | 8.92 | 0.005 | 0.186 | 0.06 | 0.81 | 0.002 |
| | 条件主效应 | 18.82 | <0.001 | 0.326 | 0.05 | 0.82 | 0.001 |
| | 电极点主效应 | 0.37 | 0.69 | 0.010 | 20.05 | <0.001 | 0.340 |

重复测量方差分析结果显示，P3 振幅存在显著的条件效应，$F(1, 39) = 18.82$，$p < 0.001$，$\eta^2 = 0.33$，2-back 条件下的 P3 振幅显著大于 0-back 条件下的 P3 振幅。方差分析结果还显示，组别的主效应显著，$F(1, 39) = 8.92$，$p = 0.005$，$\eta^2 = 0.19$，表明批判性思维能力低分组的 P3 振幅显著大于批判性思维能力高分组。同时，组别和实验条件的交互作用显著，$F(1, 39) = 11.32$，$p = 0.002$，$\eta^2 = 0.23$。进一步的简单效应分析显示，2-back 条件下的 P3 振幅的组间差异显著。具体来说，电极点 Fz[$F(1, 39) = 16.84$，$p < 0.001$，$\eta^2 = 0.30$]和 Cz[$F(1, 39) = 12.33$，$p = 0.001$，$\eta^2 = 0.24$]的 P3 振幅存在显著的组间差异，而 0-back 条件下三个电极点 P3 振幅的组间差异均不显著。P3 潜伏期的重复测量方差分析结果显示，批判性思维能力高分组和低分组之间不存在显著差异。具体表现为在 0-back 条件下，批判性思维能力高分组和低分组的潜伏期不存在显著差异，$F(1, 39) = 1.33$，ns，$\eta^2 = 0.03$。同样地，在 2-back 条件下，批判性思维能力高分组和低分组的 P3 潜伏期也不存在显著差异，$F(1, 39) = 1.39$，ns，$\eta^2 = 0.03$。

## （三）相关分析和回归分析

上述方差分析显示，批判性思维能力高分组和低分组在 2-back 条件下的 P3 成分的振幅存在显著差异。为了更加深入地研究个体批判性思维能力与 P3 成分之间的关系，研究在 41 名被试数据的基础上进行了相关分析。图 4-2 是 2-back 条件下批判性思维能力测验 z 分数与各个电极点 P3 振幅之间关系的散点图。根据散点图的模式，个体批判性思维能力与 Fz 和 Cz 的 P3 振幅存在显著的负相关关系。

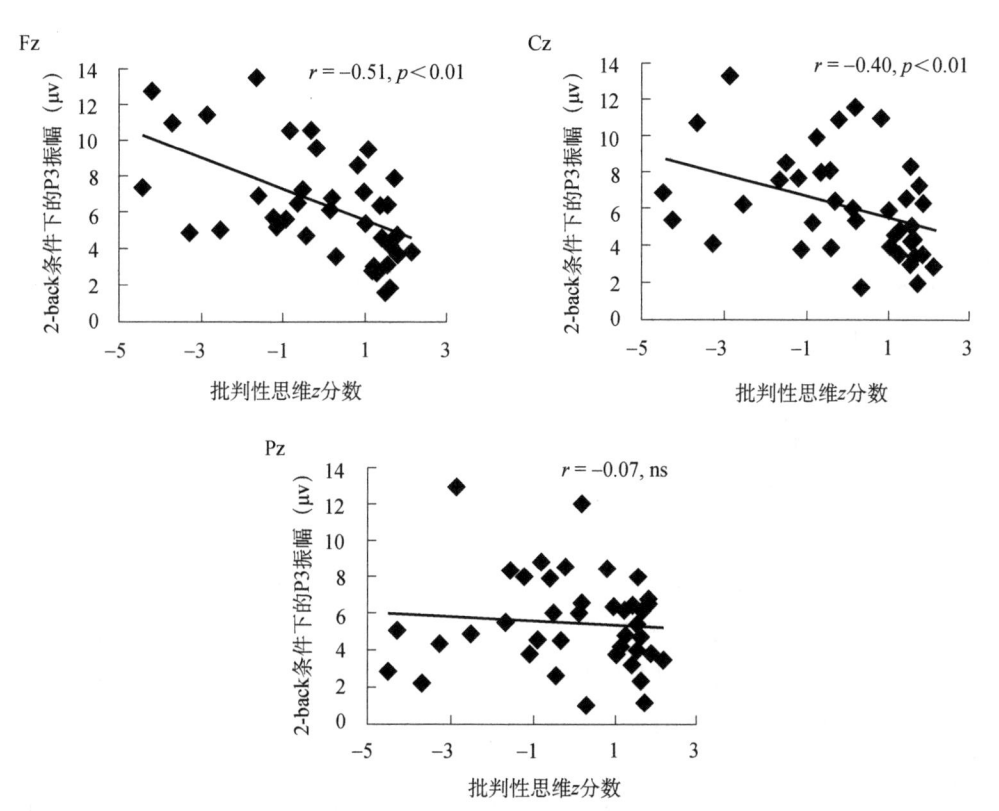

图 4-2  批判性思维能力与 2-back 条件下 P3 振幅关系散点图

如表 4-5 所示，批判性思维能力测量（SRPBB 和 CCTST）与 Fz 和 Cz 电极点的 P3 均存在显著相关关系。相反，P3 振幅与流体智力和思维倾向的相关系数不显著。相关结果还显示，0-back 条件下 P3 与批判性思维能力、流体智力及批判性思维倾向均不存在显著相关。

表 4-5　N-back 任务中 P3 振幅与行为变量的相关分析结果

| 项目 | | 批判性思维能力 | | 流体智力 | | 批判性思维倾向 | | | |
|---|---|---|---|---|---|---|---|---|---|
| | | CCTT | SRPBB | APM | LPS | 求真性 | 分析性 | 批判性思维自信心 | 求知欲 |
| 0-back | Fz | −0.13 | −0.25 | −0.02 | 0.10 | −0.11 | 0.22 | −0.21 | 0.30 |
| | Cz | −0.05 | 0.01 | 0.02 | 0.00 | −0.12 | −0.03 | −0.13 | −0.06 |
| | Pz | −0.19 | 0.08 | −0.16 | −0.15 | 0.25 | −0.11 | −0.09 | −0.28 |
| 2-back | Fz | −0.52** | −0.40** | −0.03 | −0.04 | 0.03 | −0.02 | 0.04 | −0.08 |
| | Cz | −0.46** | −0.27 | −0.08 | 0.05 | −0.10 | −0.02 | 0.00 | −0.26 |
| | Pz | −0.17 | 0.04 | 0.09 | 0.19 | −0.21 | 0.01 | −0.22 | −0.21 |

本研究在相关分析的基础上进行了线性回归分析，以探明在控制流体智力和批判性思维倾向之后，刷新任务的 P3 成分（电极点 Fz 和 Cz 的 $z$ 分数之和）对批判性思维测验的 $z$ 分数的预测。结果显示，在控制了流体智力和批判性思维倾向之后，P3 振幅独立解释了个体批判性思维能力 24.9% 的变异，$\Delta F(1, 37) = 14.41$，$p = 0.001$。这一结果表明，在排除流体智力和批判性思维倾向的影响之后，刷新的神经指标 P3 振幅依然能够显著预测批判性思维能力的个体差异。

## 四、结果讨论

本研究首先依据两个批判性思维能力测验筛选出批判性思维能力高分组和低分组被试。采用 N-back 实验任务测查了大学生执行功能的刷新功能，在被试完成实验任务的同时，采集了其脑电数据。为了更好地考察批判性思维和刷新功能的独特关系，同样控制了流体智力和思维倾向，即保证了高、低分组在流体智力和批判性思维倾向量表的得分没有显著差异。

首先，本研究分析了批判性思维能力高分组和低分组在 N-back 任务中的行为表现的差异。结果显示，高分组在 2-back 条件下的正确率显著高于低分组，而两组在 0-back 条件下的正确率没有显著差异。该行为结果验证了第三章行为研究的结果，即个体刷新功能与批判性思维存在密切联系。同时，也证实了思维的双加工理论对批判性思维涉及的认知过程的解释（Bonnefon, 2016; Evans & Stanovich, 2013; Pennycook et al., 2015），即批判性思维是高度依赖个体工作记忆的认知过程，个体对信息的操纵和更新能力是引起批判性思维个体差异的重要认知因素。

其次，本研究通过比较批判性思维能力高分组和低分组 ERP 成分的差异，探讨了不同批判性思维个体的脑电特征。方差分析显示，在 N-back 两个实验条件下，P1 振幅均没有显著差异。以往研究显示，P1 表示任务过程中个体早期对刺激因素的知觉加工过程（Covey et al., 2017），因此该结果表明批判性思维能力高分组、低分组在早期知觉加工过程中没有显著差异。P3 振幅的方差分析结果显示，在 2-back 条件下，相对于批判性思维能力高分组，低分组被试的 P3 振幅更大，表明批判性思维能力低的个体在完成刷新任务时的大脑激活程度更强。根据补偿理论的假设，当个体能力较低时，在完成任务时，为了保证任务的正确率，会消耗更多的神经资源，具体表现为脑电成分的振幅更大（Kropotov et al., 2016）。因此，本研究的结果验证了补偿理论，表明批判性思维能力较低的个体在完成认知任务时需要消耗更多的认知资源。

最后，本研究进行了相关分析和回归分析。相关分析结果表明，个体的批判性思维能力水平与刷新任务中的 P3 振幅存在显著关系。进一步的回归分析结果显示，在控制了流体智力和思维倾向之后，P3 成分依然能够显著预测个体批判性思维能力的表现。该结果证实了刷新是批判性思维的独特认知基础，同时 P3 振幅与个体批判性思维能力的高低存在显著关系。

本研究结果有着重要的意义，首先，证实了批判性思维的相关认知理论，即刷新功能参与了个体的批判性思维过程，是批判性思维个体差异的重要认知基础。其次，研究结果再次表明了前额叶执行功能可能是批判性思维的重要认知基础。最后，研究的 ERP 结果初步揭示了批判性思维可能存在的神经特征，为进行批判性思维的神经机制研究提供了参考。

# 第三节　批判性思维与抑制的事件相关电位研究

## 一、研究目的

本研究的目的有三个：①验证抑制功能与批判性思维的关系，深化第三章第二节行为研究的结果，为抑制和批判性思维的密切关系提供神经证据；②验证已有的批判性思维的认知理论观点，即执行功能调控批判性思维的认知过程通过抑制无关信息对批判性思维的干扰，减小已有信念偏差对思维结果的消极影响；③进一步揭示批判性思维的神经特征，考察批判性思维与抑制功能神经指标的关系，不仅可以初步探明批判性思维的脑电活动特征，研究结果还可以在一定程度上揭示批判性思维能力与前额叶的关系。

Go/NoGo 是测量抑制的经典实验范式，具有设计简单、诱发的脑电成分稳定等优势，是认识领域常用的 ERP 实验范式。已有研究显示，Go/NoGo 任务可以诱发 N2 和 P3 成分，其中，NoGo 条件下的 N2 成分表征探测刺激或者发现认知冲突的过程，P3 成分代表了抑制反应的发生和抑制过程的效率（Donkers & van Boxtel, 2004）。认知的补偿理论认为，相对于认知能力强的个体，认知能力较低的个体大脑处理信息的效率较低，因此需要消耗更多的认知资源来完成相同难度的任务。目前，不同批判性思维能力个体在完成抑制任务时的 ERP 特征的差异究竟如何还不清楚，因此本研究采用 Go/NoGo 任务测量抑制过程，分析相关的脑电 ERP 指标，考察其与批判性思维能力的关系。

## 二、研究方法

### （一）研究对象

研究对象与本章第二节相同。从 239 名大学生中预筛选出批判性思维能力高分组和低分组被试。两组被试的流体智力和思维倾向没有显著差异。

### （二）研究工具

本研究使用的批判性思维能力测验、流体智力测验和批判性思维倾向测验与本章第二节相同，以下主要介绍测查抑制过程的 Go/NoGo 实验任务。

该实验任务包括两个字母刺激，屏幕中央会随机出现字母"Y"或者字母"X"，字母"Y"是 Go 刺激，需要被试进行按键反应，字母"X"是 NoGo 刺激，需要被试抑制按键反应。每个试次开始，会在屏幕中央出现注视点"+"，持续时间为 500 ms，注视点消失之后，会出现字母"Y"或者字母"X"，持续时间为 100 ms。

在字母消失之后，会随机出现 700—900 ms 的空屏。被试需要尽可能快地对字母"Y"进行按键反应，同时在看见字母"X"时抑制按键反应。实验任务包含一个练习 block，共有 20 个试次。正式任务包含 4 个 block，每个 block 包含 70 个 Go 刺激和 30 个 NoGo 刺激，共 100 个字母刺激，其中 Go 条件占比 70%，NoGo 条件占比 30%。为了避免 NoGo 条件刺激连续出现，实验任务的刺激采用伪随机方式进行排列。当被试的练习正确率达到 80% 时，则开始正式任务。采用 E-Prime 呈现实验任务。

### （三）研究设计

采用两因素混合实验设计，被试间因素为批判性思维能力高、低分组，被试内因素为 Go/NoGo 实验的 Go 和 NoGo 条件。控制条件为被试的流体智力和批判性思维倾向水平。研究的自变量是被试的批判性思维能力水平和抑制任务的实验条件，因变量是实验任务 Go/NoGo 的行为表现和神经表现，具体行为指标为任务的正确率和反应时，神经指标为 ERP 成分的波峰和潜伏期。

### （四）研究程序

与本章第二节介绍的研究程序相同。

### （五）EEG 数据采集与处理

EEG 数据预处理流程与本章第二节的处理流程相似。在 EEG 数据经过预处理之后，通过对不同实验条件分别进行叠加平均，观察诱发的 ERP 成分。从平均波形图可以看出，Go/NoGo 任务主要诱发了 N2 成分和 P3 成分。本研究中的 N2 成分主要出现在 200—300 ms 时间窗口，P3 成分主要出现在刺激呈现后的 300—500 ms 时间窗口。研究主要分析电极点 Fz、Cz 和 Pz 的 N2 和 P3 成分，最后导出 N2 和 P3 成分的波峰值与潜伏期进行数据统计分析。

## 三、研究结果

### （一）行为结果

本研究对 ERP 任务的行为数据进行了分析。首先，计算 Go/NoGo 任务中的正确率和反应时之间的相关系数，结果显示，Go 条件下的正确率和反应时不存在相关关系，$r = -0.19$，$p = 0.22$，表明不存在明显的速度-正确率权衡效应。NoGo 条件下不要求个体进行按键反应，因此本研究仅对该条件下行为数据的正确率进行分析。其次，为了考察批判性思维能力高分组与低分组在 Go/NoGo 任务中的正确率和反应时是否存在显著差异，进行了独立样本 $t$ 检验，统计结果如表 4-6 所示。批判性思维能力高分组和低分组在 Go 条件下的正确率和反应时不存在显著差异。在 NoGo 条件下，批判性思维能力高分组的正确率显著高于批判性思维能力低分组，表明批判性思维能力高分组在抑制任务中的行为表现更好。

表 4-6 不同批判性思维能力个体在 Go/NoGo 实验中行为表现的差异分析

| 项目 | | 高分组（$n = 21$） | 低分组（$n = 20$） | $t$ | Cohen's $d$ |
|---|---|---|---|---|---|
| Go 条件 | 正确率（%） | 99.44 ± 1.38 | 98.86 ± 2.29 | 0.99 | 0.32 |
| | 反应时（ms） | 329.46 ± 30.24 | 346.04 ± 50.48 | 1.27 | −0.41 |
| NoGo 条件 | 正确率（%） | 87.86 ± 8.03 | 82.00 ± 8.87 | 2.22* | 0.71 |

## （二）批判性思维能力高分组和低分组的 ERP 差异

图 4-3（a）展示了 Go/NoGo 任务中 Fz、Cz、Pz 三个电极点的 ERP 波形图。图中黑色实线表示批判性思维能力高分组在 NoGo 条件下的 ERP 波形，黑色虚线表示批判性思维能力高分组在 Go 条件下的 ERP 波形。灰色实线表示批判性思维能力低分组在 NoGo 条件下的 ERP 波形，灰色虚线表示批判性思维能力高分组在 Go 条件下的 ERP 波形。从图 4-3（a）的波形图可以看出，Go/NoGo 诱发了 N2 成分和 P3 成分。在 NoGo 条件下，批判性思维能力高分组与低分组 P3 的振幅可能存在差异，批判性思维能力低分组 P3 的振幅更大，而在 Go 条件下，波形图显示两组的 P3 成分没有明显差异。波形图还显示，无论是在 NoGo 条件还是 Go 条件下，批判性思维能力高分组和低分组的 N2 成分的激活情况可能不存在明显的差异。

图 4-3（b）显示了两组被试 P3 成分的地形，展示了在 300—550 ms 时间窗口内两种任务条件下批判性思维能力高分组和批判性思维能力低分组的大脑激活情况。左侧是 Go 实验条件下两组的地形图，右侧是 NoGo 实验条件下两组的地形图。从中可以看出，在 NoGo 条件下，相对于批判性思维能力高分组，批判性思维能力

低分组在额叶区域的激活更强。但是，批判性思维能力高分组和批判性思维能力低分组在 Go 条件下的大脑激活强度差异并不是非常显著。

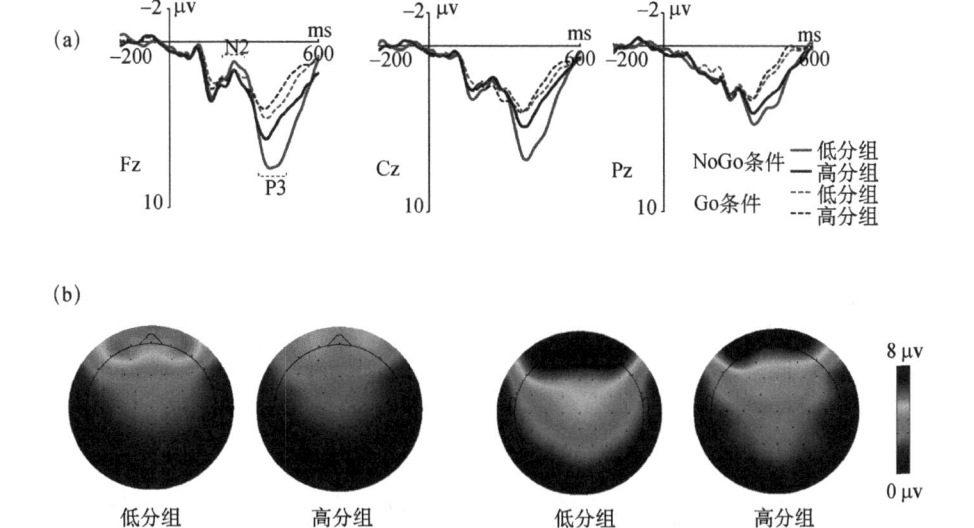

图 4-3　批判性思维能力高分组和低分组在 Go/NoGo 任务中 ERP 的组平均图。(a) 两组在不同实验条件下 Fz、Cz、Pz 三个电极点的波形图。(b) 两组在不同实验条件下 P3 成分（300—550 ms）的地形图（见文后彩图 4-3）

表 4-7 显示了批判性思维能力高分组和低分组在 Go/NoGo 实验任务两种实验条件下 N2 成分和 P3 成分的描述性数据，包括振幅和潜伏期的平均数与标准差。研究将进一步统计分析不同组别被试 ERP 的振幅和潜伏期是否存在显著差异。

**表 4-7　批判性思维能力高分组和低分组在 Go/NoGo 实验中 N2 成分和 P3 成分的描述性数据**

| 项目 | | | 振幅（$M \pm SD$） | | | 潜伏期（$M \pm SD$） | | |
|---|---|---|---|---|---|---|---|---|
| | | | Fz | Cz | Pz | Fz | Cz | Pz |
| Go 条件 | 高分组 | N2 | 1.32 ± 1.46 | 1.88 ± 1.28 | 1.31 ± 0.77 | 246.00 ± 28.46 | 228.67 ± 23.74 | 234.29 ± 33.78 |
| | | P3 | 4.77 ± 1.97 | 4.31 ± 1.67 | 3.49 ± 1.58 | 388.10 ± 40.13 | 375.52 ± 37.12 | 345.90 ± 17.03 |
| | 低分组 | N2 | 1.29 ± 1.07 | 1.62 ± 1.10 | 0.93 ± 1.27 | 247.80 ± 26.72 | 229.80 ± 20.73 | 243.60 ± 30.40 |
| | | P3 | 5.37 ± 1.33 | 4.40 ± 1.89 | 3.58 ± 1.61 | 418.00 ± 60.44 | 388.50 ± 57.59 | 364.00 ± 41.16 |
| NoGo 条件 | 高分组 | N2 | 1.27 ± 1.46 | 1.44 ± 1.55 | 1.53 ± 1.89 | 258.29 ± 28.38 | 250.76 ± 28.67 | 236.95 ± 30.18 |
| | | P3 | 6.70 ± 2.91 | 5.21 ± 2.41 | 4.35 ± 2.52 | 407.43 ± 55.40 | 373.81 ± 39.07 | 377.62 ± 40.18 |
| | 低分组 | N2 | 0.97 ± 2.09 | 1.75 ± 1.99 | 1.35 ± 1.79 | 255.10 ± 22.22 | 246.00 ± 24.94 | 240.60 ± 28.49 |
| | | P3 | 8.69 ± 2.92 | 6.88 ± 2.76 | 4.89 ± 2.63 | 437.80 ± 54.21 | 415.00 ± 50.26 | 398.30 ± 56.98 |

为了进一步考察批判性思维能力高分组、低分组 N2 和 P3 的振幅与潜伏期是否存在差异，进行了三因素重复测量方差分析，其中组别（高分组，低分组）为被试间变量，任务条件（NoGo 条件、Go 条件）和电极点（Fz、Cz、Pz）为被试内变量。若方差齐性检验结果显示数据不符合球形检验，采用 Greenhouse-Geisser 方法对统计结果进行矫正。

表 4-8 展示了 N2 成分和 P3 成分的重复测量方差分析结果。本研究主要关注不同水平批判性思维的 ERP 特征，因此主要探讨方差分析的组间效应，以探明批判性思维能力高分组和低分组是否存在差异。N2 振幅和潜伏期的重复测量方差分析结果均显示，组别的主效应并不显著。为了进一步详细比较不同条件下两组的差异，对每个条件下的振幅和潜伏期进行了方差分析。振幅的方差分析结果显示，在 Go 条件下，组间差异不显著 $[F(1, 39)=0.61, ns, \eta^2=0.02]$，在 NoGo 条件下，两组 N2 的振幅也不存在显著差异 $[F(1, 39)=0.02, ns, \eta^2=0.00]$。潜伏期的方差分析结果显示，Go 条件 $[F(1, 39)=0.46, ns, \eta^2=0.01]$ 和 NoGo 条件 $[F(1, 39)=0.05, ns, \eta^2=0.00]$ 下 N2 的潜伏期的组间效应均不显著。以上结果表明，批判性思维能力高分组和低分组的 N2 成分无统计学意义上的差别。

表 4-8　Go/NoGo 任务中 ERP 指标的重复测量方差分析

| 项目 | 效应 | 振幅 F | 振幅 p | 振幅 $\eta^2$ | 潜伏期 F | 潜伏期 p | 潜伏期 $\eta^2$ |
| --- | --- | --- | --- | --- | --- | --- | --- |
| N2 | 三因素交互 | 3.04 | 0.05 | 0.072 | 0.00 | 0.99 | 0.000 |
| | 组别 × 条件 | 0.09 | 0.77 | 0.002 | 0.61 | 0.44 | 0.015 |
| | 组别 × 电极点 | 0.26 | 0.67 | 0.007 | 0.60 | 0.55 | 0.015 |
| | 条件 × 电极点 | 5.76 | 0.01 | 0.129 | 4.51 | 0.01 | 0.104 |
| | 组别主效应 | 0.25 | 0.62 | 0.006 | 0.07 | 0.79 | 0.002 |
| | 条件主效应 | 0.00 | 0.98 | 0.000 | 7.38 | 0.01 | 0.159 |
| | 电极点主效应 | 2.74 | 0.07 | 0.066 | 6.68 | 0.002 | 0.146 |
| P3 | 三因素交互 | 3.24 | 0.04 | 0.077 | 1.31 | 0.28 | 0.032 |
| | 组别 × 条件 | 3.67 | 0.06 | 0.087 | 0.56 | 0.46 | 0.014 |
| | 组别 × 电极点 | 2.40 | 0.12 | 0.058 | 0.95 | 0.39 | 0.024 |
| | 条件 × 电极点 | 21.47 | <0.001 | 0.355 | 2.40 | 0.10 | 0.058 |
| | 组别主效应 | 2.14 | 0.15 | 0.052 | 5.62 | 0.02 | 0.126 |
| | 条件主效应 | 36.98 | <0.001 | 0.487 | 9.61 | 0.004 | 0.198 |
| | 电极点主效应 | 52.55 | <0.001 | 0.574 | 53.67 | <0.001 | 0.579 |

注：为论述方便，$\eta^2$ 数值在表中保留三位小数，正文保留两位小数

对 P3 振幅的重复测量方差分析结果显示，实验条件主效应显著，$F(1, 39) = 36.98$，$p < 0.001$，$\eta^2 = 0.49$，NoGo 条件下的 P3 振幅比 Go 条件下的 P3 振幅更大。电极点的主效应也显著，$F(2, 38) = 52.55$，$p < 0.001$，$\eta^2 = 0.57$。事后分析显示，P3 振幅在 Fz 电极点达到最大。重复测量方差分析结果显示，三因素的交互作用显著，$F(2, 38) = 3.24$，$p = 0.04$，$\eta^2 = 0.08$。简单效应分析表明，在 NoGo 条件下，批判性思维能力低分组在电极点 Fz[$F(1, 39) = 4.74$，$p = 0.04$，$\eta^2 = 0.11$] 和 Cz[$F(1, 39) = 4.25$，$p = 0.04$，$\eta^2 = 0.10$] 的振幅显著大于批判性思维能力高分组。然而，批判性思维能力低分组在 Go 条件下的 P3 振幅与高分组并没有显著差别。P3 潜伏期的组间效应显著，$F(1, 39) = 5.62$，$p = 0.02$，$\eta^2 = 0.13$，表明批判性思维能力低分组的潜伏期比批判性思维能力高分组更长。

## （三）相关分析和回归分析

方差分析结果显示，不同批判性思维能力个体主要在 NoGo 条件下的 P3 振幅存在显著差异，因此本研究进一步在 41 名被试行为数据和 ERP 数据的基础上进行相关分析和回归分析，以考察 P3 成分与批判性思维能力个体差异的关系。如表 4-9 所示，个体批判性思维技能测验量表的得分与 NoGo 条件下电极点 Fz 和 Cz（$r = -0.37$，$p = 0.02$；$r = -0.32$，$p = 0.02$）的 P3 均存在显著相关关系。SRPBB 的得分与 NoGo 条件下 Fz 电极点的 P3 振幅存在显著相关（$r = -0.37$，$p = 0.04$）。相反，NoGo-P3 振幅与流体智力和批判性思维倾向的相关系数不显著。相关结果还显示，Go 条件下的 P3 振幅与批判性思维能力、流体智力及批判性思维倾向均不存在显著相关。

表 4-9　Go/NoGo 任务中 P3 振幅与行为变量的相关分析结果

| 项目 | | 批判性思维能力 | | 流体智力 | | 批判性思维倾向 | | | |
|---|---|---|---|---|---|---|---|---|---|
| | | CCTT | SRPBB | APM | LPS | 求真性 | 分析性 | 批判性思维自信心 | 求知欲 |
| Go-P3 | Fz 电极点的 P3 | −0.20 | −0.18 | −0.08 | −0.15 | 0.03 | −0.05 | 0.17 | −0.02 |
| | Cz 电极点的 P3 | −0.03 | −0.17 | −0.12 | −0.04 | −0.05 | 0.16 | 0.06 | 0.06 |
| | Pz 电极点的 P3 | −0.02 | 0.20 | −0.27 | −0.04 | 0.00 | −0.03 | 0.00 | 0.11 |
| NoGo-P3 | Fz 电极点的 P3 | −0.37* | −0.37* | −0.09 | −0.07 | −0.11 | 0.03 | −0.01 | −0.14 |
| | Cz 电极点的 P3 | −0.32* | −0.19 | −0.06 | −0.21 | −0.23 | −0.11 | −0.11 | −0.14 |
| | Pz 电极点的 P3 | −0.15 | −0.08 | −0.03 | −0.14 | −0.25 | −0.08 | −0.08 | −0.09 |

最后，进行了线性回归分析，控制个体流体智力和批判性思维倾向的变异，考察抑制任务的 P3 对批判性思维能力的预测情况。回归结果显示，在减去流体智力和批判性思维倾向对批判性思维的解释量之后，NoGo-P3 依然能够显著预测个体批判性思维能力 12.9% 的变异，$\Delta F(1, 37) = 6.29$，$p = 0.02$。该结果表明，表征抑制过程的 P3 与批判性思维的个体差异密切相关。

## 四、结果讨论

独立样本 $t$ 检验结果显示，抑制条件 NoGo 下批判性思维能力高分组的正确率显著高于批判性思维能力低分组，两组在基线条件 Go 下的正确率不存在显著差异。脑电实验的行为结果表明，个体的抑制功能能够显著预测其批判性思维表现，验证了双加工理论的观点（Bonnefon, 2016; Evans & Stanovich, 2013; Pennycook et al., 2015），即批判性思维属于分析思维。批判性思维不仅需要消耗个体的认知资源，还依赖个体的抑制功能。个体在运行批判性思维的过程中，抑制功能一方面会阻止无关信息进入个体的思维中，减少无关信息对思维过程的干扰；另一方面，还需要避免个体固化的、错误的知识信念对思维过程的消极影响，防止在批判性思维过程中出现由信念偏差导致的思维错误。

随后，本研究采用方差分析比较了批判性思维能力高分组和低分组 ERP 振幅与潜伏期的差异。通过对波形图的观察得知，Go/NoGo 任务主要诱发了 N2 和 P3 成分。统计结果显示，无论是在 Go 条件还是 NoGo 条件下，N2 的振幅和潜伏期都不存在显著的组间差异，表明批判性思维能力高分组和低分组在探测冲突刺激阶段没有显著差别。P3 振幅的方差分析结果显示，在 NoGo 实验条件下，相对于批判性思维能力高分组，批判性思维能力低分组的 P3 振幅更大，表明批判性思维能力较低的被试在完成抑制过程中的大脑激活更强，需要消耗更多的认知资源完成同样难度的抑制任务。该结果与认知过程的补偿策略的理论解释相一致（Kropotov et al., 2016），即当个体的认知能力较低时，相同的认知过程需要耗费更多的认知资源。

最后，通过相关分析和回归分析考察了批判性思维能力的个体差异与表征抑制过程中 P3 振幅的关系。相关结果显示，NoGo 条件下的 P3 振幅与个体的批判性思维水平存在显著相关，个体的批判性思维能力水平较差时，在完成抑制任务时，P3 的振幅较大。线性回归结果显示，在控制流体智力和批判性思维倾向的变异之后，NoGo-P3 振幅依然能够显著预测批判性思维能力的个体差异。该结果一方面验证了抑制功能在批判性思维中的重要作用，另一方面也证实了认知任务中 P3 振幅的表现与个体的批判性思维能力水平存在密切联系。

　　本研究结果具有重要的理论意义。本研究从行为层面和神经层面共同验证了执行功能对批判性思维独特的重要作用，支持双加工理论对批判性思维相关认知过程的解释。研究结果验证了执行抑制是批判性思维独特的认知基础，它的作用独立于流体智力和批判性思维倾向。另外，这一结果证实了前文提出的抑制在批判性思维过程中发挥的两个作用，一是抑制无关信息进入思维过程，二是抑制信念偏差的消极影响。本研究对未来的批判性思维认知神经研究具有一定的启发意义。研究者可以利用其他 ERP 实验范式，并结合多种测量方式考察批判性思维的神经特征，深入揭示批判性思维的认知神经机制。

## 第五章

# 批判性思维与信念偏差推理：脑电研究

相关理论和行为研究表明，对推理中的信念偏差的抑制是批判性思维的一个关键功能，但在神经认知研究中缺乏支持性证据。尽管如此，仍有研究探索了抑制信念偏差推理的神经特征，为进一步探讨其与批判性思维的关联提供了线索。这些研究通常运用抑制信念偏差三段论推理范式来测量推理的抑制功能。该范式包括一致的三段论，逻辑有效性与信念一致、不一致或冲突的三段论，逻辑有效性与结论的信念相冲突。在一致条件下，信念会促进逻辑推理；在不一致条件下，信念会阻碍逻辑推理（West et al., 2008）。有研究使用神经影像工具（如功能性磁共振成像或近红外光谱法）揭示了与抑制信念偏差三段论推理相关的脑区。这些研究表明，在推理过程中，右额叶和双侧顶叶参与抑制信念偏见（Goel & Dolan, 2003；Tsujii & Watanabe, 2009）。本章研究主要采用脑电技术，探索信念偏差推理的 ERP 和神经振荡特征，并考察其与批判性思维能力的联系。

本章共三节，第一节阐述批判性思维神经活动的相关理论，回顾与批判性思维相关的脑电研究；第二节介绍批判性思维个体差异相关的事件相关电位特征的研究；第三节介绍批判性思维个体差异相关的事件相关电位振荡特征的研究。

# 第一节 批判性思维神经活动的理论与脑电研究

## 一、批判性思维神经活动的相关理论

一般来说，认知能力越强的个体，在进行认知任务时，ERP（如P3）振幅越小（Li et al., 2023），然而也有研究得出了相反的结论（Luo & Zhou, 2020）。同样，额叶皮层中的 θ 频率与认知负荷的增加呈正相关，呈现事件相关同步化（event-related synchronization, ERS），顶叶皮层的 α 频率随着认知负荷的增加而降低，呈现事件相关去同步化，但是这种状态也并不总是在文献中得到一致证实。例如，θ 频率的增加通常与认知负荷的增加有关（Jensen & Tesche, 2002），但也有研究表明，认知负荷增加，则 θ 频率降低（Brzezicka et al., 2019）。另外，α 产生了更不一致的结果，一些研究表明，α 频率的增加与工作量的增加有关（Klimesch et al., 2007），而其他研究报告了相反的结果（Palva S & Palva J M, 2007）。为了解释这种差异，研究者提出了不同的理论，主要有神经效率假说、注意力资源分配假说和综合控制假说。

### （一）神经效率假说

神经效率假说指出，高认知能力个体在执行任务时会分配较少的认知资源，表现为相应脑区的激活水平较低，同时伴随着较低的 ERP 振幅和神经振荡（Brzezicka et al., 2019）。相较之下，低认知能力个体在执行简单的认知任务时展现出较高的大脑激活水平（Neubauer & Fink, 2009）。例如，Onton 等（2005）的研究表明，额叶中线 θ 功率随着记忆负荷的增加而升高，这暗示额叶中线 θ 功率可能反映了投入当前记忆任务所需的认知资源量，间接反映了任务难度的主观感知。例如，熟练的棋手在额叶大脑区域的激活水平通常低于新棋手，表明通过训练或练习，其对额叶执行功能的需求减少，使相关脑区的信息处理相对自动化（Grabner et al.,

2006）。

## （二）注意力资源分配假说

注意力资源分配假说表明，具有较高认知能力的个体在任务中能够调动额外的资源，体现为相应脑区的较高激活水平，同时伴随着较大的 ERP 振幅和神经振荡（Haier et al., 1992）。在复杂任务中，顶叶区域的 P3 振幅反映了个体在当前执行功能任务中的专注程度和注意力资源的分配（Polich, 2007）。因此，增加的 P3 振幅被认为是认知资源充沛的体现，并且与更出色的 N-back 性能相关。Dong 等（2015）让具有不同工作记忆能力的个体参与不同难度的 N-back 任务。研究结果显示，相较于批判性思维能力高组被试，批判性思维能力低组被试表现出更小的 P3 振幅和更小的 θ 事件相关同步，而在最难的任务中则呈现出更大的 α 事件相关去同步。这说明高工作记忆能力的个体更愿意投入更多的认知资源，集中应对当前任务。Luo 和 Zhou（2020）选取了 62 名年龄在 9—12 岁的健康儿童进行智力、执行功能和短时记忆测验，结果显示，智力高分组在执行功能任务中的 P3 振幅较大，且在短时记忆任务中，智力高分组的 θ 事件相关同步较高，支持了注意力资源分配假说。

## （三）综合控制假说

为了解决神经效率假说和注意力资源分配假说之间的矛盾，Hayes 和 Petrov（2016）提出了综合控制假说，即任务需求（探索性与利用性）会影响人们的资源分配策略，对神经效率假说和注意力资源分配假说进行了统一。他们发现，智力较高的人在利用性任务（exploitation task, 指需要利用已知规则或知识来完成的任务）中倾向于使用较少的资源（需要利用对已知事物的有限知识来解决问题），而在探索性任务（exploration task, 指无法运用已知规律，需要逐步采用心理造作能力来完成的任务）中会分配更多的资源（需要探索潜在的问题空间，以寻找解决问题的潜在方法）。

Lu 等（2021）在前人研究的基础上，考虑了任务类型和难度，提出了解释流体智力与注意资源分配关系的综合控制假说（图 5-1）。该假说认为，高认知能力个体具有灵活且适应性强的资源分配方案，可以根据任务类型和难度进行调整。在利用性任务中，任务难度不影响智力与资源分配关系，因为认知能力较高的人会使用更少的资源解决所有难度级别的任务，类似于神经效率假说。相反，在主要涉及探索性任务的情况下，任务难度会影响认知能力与资源分配的关系，认知能力高的人在完成难度较大的任务时倾向使用更多认知资源。综合控制假说强调，认知能力较高的人具有更好的注意力控制能力，能够根据任务需求灵活分配资源，而不是简单地分配更少或更多的资源。这一观点与认知能力较高者在认知任务中表现更好的另一个解释相一致，即他们具有更好的注意力控制能力，可以帮助他们灵活、顺利地解决认知任务。认知神经科学研究表明，大脑网络能够自适应和灵活地编码任务相关信息，这是认知能力的神经基础（Duncan & Miller，2002）。

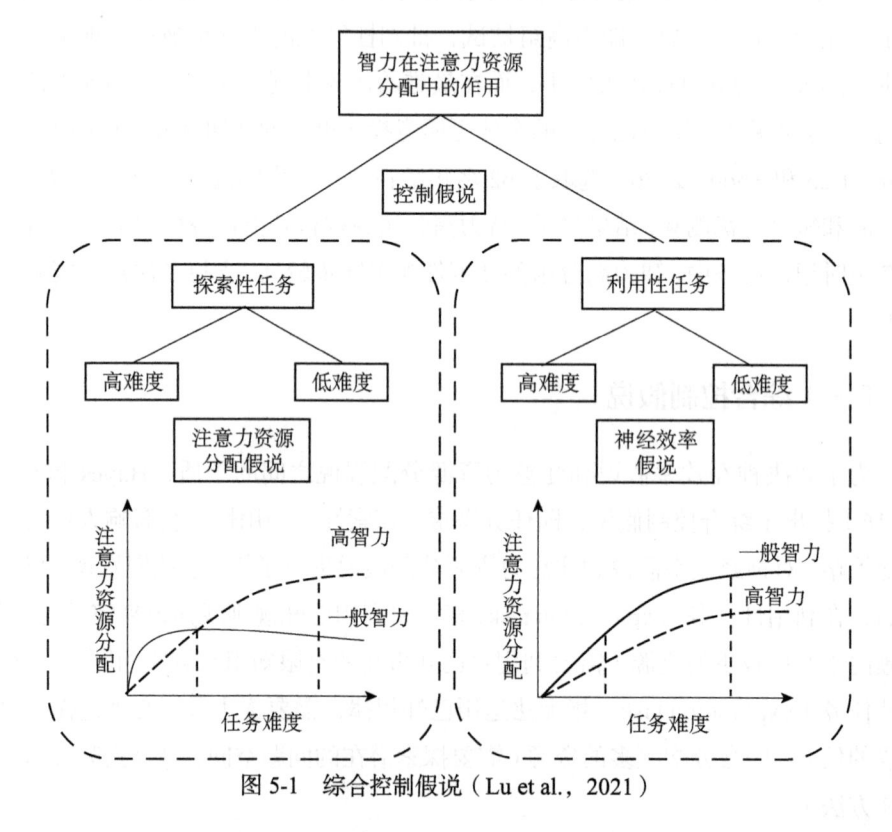

图 5-1　综合控制假说（Lu et al.，2021）

Lu 等（2022）采用脑电技术研究了智力与注意力资源分配的关系。行为研究结果显示，智力较高者在正确率和反应时方面优于一般智力者。脑电图结果显示，高智力者在利用性任务中倾向于调用更少的注意资源解决问题，表现为显著更小的 ERP 振幅和更小的前额 θ 事件相关同步。在探索性任务中，高智力者只在任务较难时呈现出更大的顶枕部 α 事件相关去同步，而在低难度任务中的资源调用与一般智力者无差异。值得注意的是，这一现象存在性别差异，仅在男性被试中观察到。这些结果支持综合控制假说，强调高认知能力个体在资源分配上能够灵活适应任务类型和难度的变化。

目前，关于批判性思维神经机制的个体差异特征尚未得到深入研究，现有理论也不能完全解释特定批判性思维表现的神经机制，需要进一步对批判性思维的脑电信号的个体差异特征进行深入考察。与其他神经生理记录技术相比，脑电记录设备（EEG）具有体积小、易设置、获取和维护成本低、时域分辨率高等优势，同时是非侵入且安全的，这使得脑电技术成为研究大脑资源分配的理想工具。来自医学和认知神经病学跨学科领域的相关研究表明，从脑电信号中提取的多种大脑活动标记物可以成为判断人类意识状态或认知状态的良好指标（Engemann et al., 2018）。目前，脑电技术在对认知和思维的测量中的应用包括时域内分析（如事件相关电位特征）和频域内分析[如事件相关振荡（event-related oscillation，ERO）特征]。最新的脑电分析方法还包括微状态、功能连接等。

## 二、批判性思维相关的 ERP 研究

脑电空间分辨率低，信噪比较低，但是时间分辨率高，虽然能直接用原始数据测量大多数与特定事件或任务相关的神经活动，但通常采用的是通过简单的平均叠加技术从连续的脑电数据中提取与刺激有关且锁时的事件相关响应。当事件相关响应与刺激开始时刻相位锁定时，可以通过多次叠加平均后观察到一些成分，即事件相关电位特征。下面主要介绍与认知和批判性思维存在潜在关系的脑电成分。

### （一）基于信念偏差推理的 ERP 成分

研究抑制信念偏差推理的时序特征是一项复杂的任务，因为它涉及不限于抑制信念偏差冲突的多个认知过程。理论和实证研究为三段论推理的认知和电生理方面提供了深刻的见解。由 Johnson-Laird 和 Byrne（1991）提出的心智模型理论和由 Chater 和 Oaksford（1999）提出的概率启发模型，强调了三段论推理中的一系列

阶段。许多实证研究表明，三段论推理按照特定顺序在不同的时间阶段展开（Liang et al., 2010）。这些阶段通常包括前提编码、前提整合和结论验证。在前提编码阶段，个体进行初步的感知分析和语义处理，形成初步的心理表征。在前提整合阶段，对语义和语法进行深入分析，推断前提之间的关系并得出初步结论。结论验证阶段涉及对给定结论与呈现的前提之间的逻辑一致性进行评估，需要先进的认知技能来检测信念偏差、解决冲突并评估结论的有效性。这些对三段论推理的认知过程描述，为脑电研究人员提供了一个分析框架，以探究其神经相关性。

通过梳理关于信念偏差推理的 ERP 研究，我们发现这些 ERP 成分与认知处理有关，如 N2、P2、N4、P6（晚期正性电位，late positive potential，LPP，属于 P3 家族）和 LNC（late negative component，晚期负性成分）。N2 是一个负偏转的波形，通常在刺激出现后 200—350 ms 出现，表示冲突解决。此外，N2 与认知控制有关，通常在知觉刺激与参与者的期望不匹配时出现（Folstein & van Petten, 2008）。P2 是一个正偏转波形，通常发生在刺激呈现后 200 ms 左右，被认为与感知能力、注意力资源分配、工作记忆和基本语义分类有关。

现有研究报告了与一致或不一致三段论[如 P3、P6 和后期正成分（late positive component，LPC）]相关的多个 P3 家族 ERP（Bago et al., 2018；Bonnefond & van der Henst, 2013）。P3 与信息监测、认知控制和记忆更新相关（Polich, 2007）。P6 成分是 ERP 信号的正偏转，在刺激开始后 600 ms 左右达到最大值，与句法分析、整合和处理相关（Sassenhagen & Fiebach, 2019）。LPC 与抑制干扰信息、维持相关信息和验证推理相关（Lin et al., 2022）。这些 P3 家族的 ERP 通常在前提整合或结论验证阶段被观察到，特别是在涉及信念与逻辑之间冲突的三段论的响应中（Banks & Hope, 2014；Bonnefond & van der Henst, 2013）。

对语义错觉敏感的 ERP 成分主要是 N4，表现为一个向心分布的负向波形，在传入词开始后 300—500 ms 达到最大。P6 主要对违反句法、语义不协调、句法模糊甚至语用因素和拼写错误敏感。尽管如此，N4 和 P6 在推理中的功能仍有争议（Brouwer et al., 2017）。最近，有人认为这两个成分沿着自动性与注意力控制的方向有所不同，N4 的振幅更多地反映了自动性的认知过程，而 P6 的振幅则与句子理解的某些方面相关（Rabovsky & McClelland, 2020），并且对执行控制过程敏感。因此，假设在信念偏差推理任务中，系统 1（启发式反应）处理会诱发 N4 成分，而系统 2（批判性思维）处理会诱发 P6 成分。

研究表明，LNC 成分的振幅与工作记忆的功能有关（Bosch et al., 2001），这是推理任务的重要认知基础。LNC 经常在推理任务中被唤起，如类比推理、归纳推理和逻辑推理（Liang et al., 2010; Luo et al., 2011）。LNC 以负偏移的形式出现在中央额区域，经常在认知控制、冲突检测和工作记忆操作的研究中被关注到（Luo et al., 2011）。研究一致表明，LNC 参与了涉及演绎推理和类比推理的任务中的冲突检测和认知控制（Li et al., 2014）。此外，有证据表明，LNC 在冲突解决中起到了一定作用，因为它对涉及归纳推理和关系整合任务中的冲突表现出敏感性。此外，Yan 等（2022）的一项研究考察了 LNC 与神经适应性期望的关系，发现神经适应性的减弱与 LNC 振幅的降低相对应，而 LNC 与在面对新事件时进行冲突监测和解决有关。这一发现凸显了 LNC 在检测和解决先前信念和期望在复杂推理任务中对个体产生影响时的作用。总体而言，这些发现表明，LNC 可以作为一个显著的生理标记，用于个体在复杂推理任务中面对先前信念和期望的影响时检测冲突，并发挥认知控制的作用。

## （二）批判性思维的 ERP 研究

Luo 等（2008）首次使用 ERP 对信念偏差进行了研究。他们使用抑制信念偏差任务，设置了信念促进逻辑反应条件和信念抑制逻辑反应条件。结果发现，与信念促进逻辑反应条件相比，信念抑制逻辑反应条件下的 P500 振幅增大。然而，他们的实验设计存在以下缺陷：首先，逻辑推理形式单一，仅为单一的无效推理；其次，他们仅研究前提呈现阶段，实际上问题设置的两个前提并未引发信念冲突。随后，Luo 等（2011）又考察了 4 种逻辑形式条件下与抑制信念偏差有关的 ERP 效应，分别如下：①否定前件下的冲突问题（不可信但有效）；②否定前件下的促进问题（可信且有效）；③否定后件下的冲突问题（不可信但有效）；④否定后件下的促进问题（可信且有效）。结果表明，否定后件的信念冲突条件比促进条件在小前提出现后的 400—600 ms 和 800—1600 ms 的时间窗口内，出现了振幅更大的负向 ERP 成分，然而否定前件冲突和一致条件引发的 ERP 成分并无显著差异，这表明逻辑形式会影响信念偏差。然而，由于 Luo 等的研究分析的仍是结论前的脑电信号，实际上并未能探索结论阶段的信念偏差相关的 ERP。

Bonnefond 和 van der Henst（2013）通过考察不同单词对"如果 P，则 Q；P，因此 Q"（例如，如果约翰在睡觉，那么他就在打鼾；约翰在睡觉，因此他在打鼾）

演绎推理的 ERP 影响，设置了小前提匹配与否和结论匹配与否对信念进行操纵。结果发现，匹配条件下出现了 P3 和 PSW（positive slow wave）两种成分；不匹配条件下出现了 N2 和 LPP 两种成分。Banks 和 Hope（2014）在 Luo 团队研究的基础上探讨了系统 1 和系统 2 是并行（支持并行竞争模型）还是串行（支持默认干预模型）的问题。该研究仍然设置了 4 种条件的思维推理：①有效可信；②可信但无效；③不可信有效；④不可信且无效。另外，该研究通过将结论的最后一个单词拆开呈现，将推理过程锁定在结论呈现阶段，他们认为这样有助于了解被试在得到结论过程中的推理机制。结果发现，冲突实验条件下（可信但无效，不可信有效）的 N2 和 P3 振幅均大于一致实验条件（有效可信，不可信且无效），而两种实验条件下 N2 与 P3 的潜伏期并没有显著差异。冲突实验条件反映了系统 2 的过程，而一致实验条件反映了系统 1 的过程，两种条件下 ERP 成分的潜伏期无显著差异，表明两个系统是并行的，为并行竞争模型提供了神经依据。然而，该研究结论阶段的词是最后呈现的，且前提较多，所以刺激反应的 ERP 成分可能还涉及短时记忆等。

Rodríguez-Gómez 等（2018）研究了抑制信念偏差推理，将任务分为逻辑有效和逻辑无效两种条件的三段论，每种条件的三段论都包含真、假两种前提。研究记录了 29 名被试进行任务时的脑电信号。分析发现，当前提不符合信念时，有效的结论比无效的结论诱发了更大振幅的 N4 效应。Bago 等（2018）向被试提出了基本费率的逻辑推理问题，其中直觉提示激发的刻板反应与基于基本费率的规范性反应要么一致（即非冲突问题），要么不一致（即冲突问题）。结果表明，当基本速率和刻板描述提示具有冲突反应时，中心顶叶 N2（175—250 ms 时间窗口）和额叶 P3（300—500 ms 时间窗口）的振幅增大，而且无论被试最终选择了规范性反应（即根据基本费率作答）还是产生了直觉性错误反应（即依据刻板印象作答），在面对冲突问题时都出现了 N2 振幅的显著增大。这一结果表明，对冲突的敏感性可以很早就发生，而不必涉及缓慢的审议过程。重要的是，即使被试做出了不正确的回答，也存在冲突敏感性，这表明尽管被试的思维表现欠佳，但他们可能仍然意识到了冲突的存在。虽然 Bago 等发现神经反应可以区分为一致性和不一致性，但他们的分析没有专门调查直觉推理和理性推理的差异，也没有直接探讨批判性思维。

Li 等（2023）同样采用 Banks 和 Hope（2014）的抑制信念偏差三段论范式，以大学生群体为研究对象，探讨了高、低批判性思维倾向者在此任务中的电生理特征。在控制认知因素（工作记忆和流体智力）后，结果发现，与低批判性思维倾向的个体相比，高批判性思维倾向的个体在完成抑制信念偏差三段论脑电任务时，P3的振幅更大。这表明更高的批判性思维倾向有助于个体抑制信念偏差，能够调动更多的认知资源用于解决推理中的冲突。不过，此研究只分析了批判性思维倾向个体的 ERP 差异，忽略了批判性思维技能的影响。

从上述相关的脑电研究可以看出，在现有关于信念偏差推理任务的研究中，对诱发的 ERP 成分没有达成共识。具体原因可能有以下几点：首先，实验设计的差异，有的研究集中在分析前提阶段的 ERP 成分（Luo et al., 2008），有的研究集中在分析结论阶段的成分（Bago et al., 2018；Banks & Hope, 2014）；其次，这些研究使用了不同的推理类型，可能会影响诱发的 ERP 成分；最后，信念和逻辑冲突的程度是不一样的（Banks & Hope, 2014）。此外，这些研究主要关注的是群体水平的脑电数据，旨在描绘"平均"个体的特征，而在很大程度上忽视了对个体之间神经活动差异的考察。这也导致目前尚不清楚信念偏差推理引发的 ERP 是否及在多大程度上能够解释个体在批判性思维能力上的差异。因此，需要进一步分析基于抑制信念偏差的批判性思维任务的 ERP。

## 三、批判性思维相关的神经振荡研究

神经元活动产生的电位的节律波动，称为神经振荡，与大脑功能和行为密切相关。神经振荡可以由外部任务刺激诱发，也会在静息状态或无约束条件下自发表达，并且已经在人类和非人类灵长类动物中得到了广泛研究。与 ERP 是锁相的相反，事件相关振荡的事件响应和刺激在开始时刻相位就是不锁定的，表示的是正在进行的脑电活动的特定频率的变化，通常通过傅里叶变换或者小波变换得到，其功率由功率谱分析决定。事件相关振荡可以表现为与潜在神经元集群同步性的瞬时增加，具体表现为：刺激出现后，某一频段的神经活动功率增加，即事件相关同步化；或功率减小，即事件相关去同步化（event-related desynchronization，ERD）。

事件相关振荡可能反映了抑制性中间神经元之间的相互作用、皮层区域的兴奋性，以及分布式大脑网络间的协调神经活动。事件相关振荡可以分为不同的频率带，虽然没有标准化的频率范围，并且边界可能会根据研究者的不同略有变化，但频率范围经典的定义如下：$\delta$, 0.5—4 Hz；$\theta$, 4—8 Hz；$\alpha$, 8—12 Hz，$\alpha_1$, 8—

10 Hz，$\alpha_2$，10—12 Hz；$\beta$，12—30 Hz，$\beta_1$，12—20 Hz，$\beta_2$，20—30 Hz；$\gamma$，30—50 Hz。每个频段反映了不同的认知功能，是连接神经动力学和大脑功能的有用描述性指标。额叶区域的低频信号（如 $\theta$ 和 $\delta$）与促进工作记忆任务和识别认知任务的元素有关。$\alpha$ 范围的变化与注意力过程和对无关信息的抑制有关（Payne et al.，2013），而相对高频信号（$\beta_1$、$\beta_2$、$\gamma$）似乎与抑制网络的神经间联络和区域之间的信息传递有关。许多研究都将重点集中在 $\theta$ 和 $\alpha$ 上，因为长期以来它们被认为与高级认知过程有关（Klimesch et al.，2007）。

虽然尚未有研究直接探讨批判性思维事件相关的神经振荡特征，但根据已有的关于推理、工作记忆等相关领域的研究，还是可以在一定程度上推断与批判性思维相关的神经振荡特征。众多脑电研究证实，$\theta$ 和 $\alpha$ 的频率与人类思维的关系较为密切。具体来说，认知控制（Cavanagh & Frank，2014）和工作记忆（Jensen & Tesche，2002；Itthipuripat et al.，2013）与前额叶的 $\theta$ 节律的增加相关，注意力的提升和顶叶的 $\alpha$ 节律的减小相关，而长时记忆则与顶叶的 $\alpha$ 节律的增加密切相关（Klimesch，2012）。Cavanagh 和 Frank（2014）的研究发现，前额叶的 $\theta$ 节律与冲突、新颖、错误、不确定的刺激反应存在显著相关关系。也有研究发现，$\theta$ 频段能量的增加与个体记忆项目的数量相关（Jensen & Tesche，2002），也与信息的保存和操纵（Itthipuripat et al.，2013）存在密切联系，这些证据表明 $\theta$ 节律与工作记忆存在显著相关。另外，现有研究还表明，当个体将注意力集中在任务信息上时，$\alpha$ 的节律减小（Mathewson et al.，2012）。相反，$\alpha$ 频率的增加则反映了个体长时记忆的认知过程（Klimesch et al.，2007），这也证实了长时记忆是自动化的认知过程这一理论观点。通过以上研究可以推测，直觉思维是基于长时记忆的自动化思维，分析思维则需要认知控制、工作记忆、消耗注意资源，而批判性思维作为分析思维的一种类型，可能与 $\theta$ 节律的增加和 $\alpha$ 节律的减小存在一定联系。

Williams 等（2019）的一项研究比较了直觉思维和分析思维的神经振荡特征，表明分析思维过程中的确伴随着前额叶 $\theta$ 节律的增加，证实了分析思维是需要认知控制和工作记忆参与的。直觉思维过程中顶叶的 $\alpha$ 节律更强，意味着直觉思维消耗的注意资源较少，同时也证实了直觉思维是基于长时记忆的自动化反应。虽然该研究没有直接提到批判性思维，但还是为探讨批判性思维神经振荡特征提供了很好的思路。基于已有理论，批判性思维是典型的分析思维，该过程可能与前额叶的 $\theta$ 存在相关。

大脑是一个高度复杂且不同脑区之间相互联系的功能系统，探讨不同脑区之间的功能连接，也是深入研究某一认知过程神经机制的重要手段。Klimesch 等（2007）的研究表明，前额叶 θ 节律与顶叶 α 节律的耦合代表了工作记忆与注意机制之间的相互作用。Sauseng 等（2005）也指出额-顶叶存在 θ 节律和 α 节律的网络连接，认为当个体的认知需求增强时，θ 节律的功能连接增加，而 α 节律的功能连接减少。

# 第二节 基于信念偏差推理的事件相关电位研究

## 一、研究目的

理论和行为研究表明，对推理过程中信念偏差的抑制是批判性思维的一个重要方面。虽然之前的研究发现了一些与抑制信念偏差逻辑推理相关的 ERP，但这些研究结果并没有提供关于抑制信念偏差推理过程中 EEG 数据变化，以及与批判性思维的具体关系。也就是说，缺乏直接的证据证明抑制信念偏差推理与批判性思维的个体差异存在联系。基于此，本研究旨在调查抑制信念偏差推理过程中的电生理活动，以探索批判性思维能力的认知神经基础。

为了实现这一目标，本研究首先分析了被试在完成涉及抑制信念偏差推理的实验任务时的电生理活动。本研究还比较了高批判性思维者和低批判性思维者的 ERP 数据。鉴于抑制信念偏差推理涉及信念与逻辑之间的冲突，本研究通过在任务中加入一致和不一致的三段论问题来操纵这种冲突。本研究假设特定的 ERP 成分（如 LNC）会对不一致的问题做出更明显的反应。此外，抑制信念偏差推理除了解决信念偏差冲突外，还包括三个阶段的多个认知过程，因此捕捉与抑制信念偏差推理所有过程相关的神经特征至关重要。本研究中的 ERP 数据与完整的三段论（包括前提和结论）的呈现时间锁定，以保持抑制信念偏差推理过程中信念偏差对逻辑判断的影响。本研究收集了大学生样本的数据，首先，采用实验方法记录和分析抑制信念偏差推理过程中的 ERP 活动；其次，考察这些 ERP 活动与批判性思维能力个体的差异之间的联系。

## 二、研究方法

### （一）研究对象

本研究通过便利抽样法，从两所大学招募了 78 名被试作为研究对象。所有被试均为右利手，视力或矫正视力正常，且无认知、神经或精神疾病的病史。除了完成本研究的问卷测试外，被试还参与了静息态和任务态脑电任务的数据采集。由于 6 名被试的脑电数据质量不合格，最终纳入分析的样本为 72 人（$M_{年龄} = 19.44 \pm 0.73$）。其中，男性 48 人（$M_{年龄} = 19.35 \pm 0.76$），女性 24 人（$M_{年龄} = 19.63 \pm 0.65$）。在正式参与实验之前，每名被试都会被详细告知研究目的、程序及随时退出的权利，并签署了书面知情同意书。实验结束后，所有被试获得了相应的报酬。本研究已通过伦理委员会的审核与批准。

### （二）研究工具

本研究采用的是信念偏差推理实验任务，旨在评估个体在面对先前信念与逻辑之间的冲突时进行逻辑推理的能力（Stanovich K E & Stanovich P J，2010；West et al.，2008）。为了记录抑制信念偏差推理涉及的基本过程，本研究操纵了每个三段论中结论的逻辑有效性（有效与无效）和可信度（可信与不可信），从而产生了两种类型的三段论：不一致/冲突（可信-无效；不可信-有效）和一致（可信-有效；不可信-无效）三段论。为了确保信念偏差对逻辑判断的持续影响，每个三段论的前提和结论都是同时呈现的。任务包括 4 个 block，每个 block 包含 40 个三段论，因此总共有 160 个三段论。为了防止被试形成习惯性反应，并保持推理的有效性，在 4 个 block 中随机穿插了另外 80 个信念中立的三段论。本研究未对信念中性三段论的数据进行分析。

如表 5-1 所示，任务中呈现的每个三段论包括一个大前提、一个小前提和一个结论。

# 第五章
## 批判性思维与信念偏差推理：脑电研究

表 5-1 抑制信念偏差逻辑推理实验任务材料示例

| 逻辑有效性 | 结论可信度 | |
| --- | --- | --- |
| | 可信 | 不可信 |
| 有效 | 大前提：鸟类都有翅膀<br>小前提：麻雀都是鸟类<br>结论：所有麻雀都有翅膀[b] | 大前提：哺乳动物都会走路<br>小前提：鲸是哺乳动物<br>结论：所有鲸都会走路[a] |
| 无效 | 大前提：花类都需要水<br>小前提：玫瑰需要水<br>结论：所有玫瑰都是花类[a] | 大前提：肉类食品可以吃<br>小前提：苹果可以吃<br>结论：所有苹果是肉类食品[b] |

注：a 为不一致试次的例子，b 为一致试次的例子

为了尽量减少前提或结论句子长度对脑电数据的潜在干扰，本研究对任务材料中的句子长度进行了控制和平衡。具体来说，所有小前提、大前提和结论句子的汉字数量都保持在预定范围内。大前提由 6—8 个汉字组成，小前提由 4—6 个汉字组成，结论则由 6—9 个汉字组成。值得注意的是，中性条件的三段论的结论句子最多有 11 个汉字，但数据分析不包括这些实验条件。此外，本研究还平衡了一致和不一致条件下三段论试次的字数，确保两种条件下的字数变化相当。

实验流程图如图 5-2 所示，首先在屏幕中央出现一个固定的"+"，持续时间为 2000 ms。随后，屏幕上同时显示一个由两个前提和一个结论组成的三段论，持续时间为 7000 ms。该持续时间通过预先测试确定，以确保被试在没有时间压力的情况下有充足的时间做出反应，这也是评价批判性思维表现的标准做法。被试被告知假设前提是真的，并根据前提和结论之间的关系做出逻辑判断。他们必须在 2000 ms 的时限内，在认为结论有效时按下"1"键，在认为结论无效时按下"2"键。实验之间的刺激间隔为 500 ms 的空白屏幕。对被试回答正确与否不提供反馈。为了使被试熟悉任务，设置了 10 次练习，确保被试练习的正确率至少达到 80%。不一致和一致的三段论都记录了正确率数据。任务使用 E-Prime 软件进行，本研究该任务的内部一致性信度为 0.95。

为了确保对批判性思维进行全面评估，并减小特定测试结果的影响，本研究采用了 CCTST 和启发偏差的批判性思维能力测验（Critical Thinking Skills Test for Heuristic Bias，CTHB）。CTHB 改编自 West 等（2008）和 Heijltjes 等（2014）使用的批判性思维能力测量方法。测验包括 6 个类别，用于评估避免启发偏差的批判性思维能力：①因果基率任务，评估高估个案证据的倾向（例如，从个人经验、单一实例、个案证据等进行判断或选择）；②Wason 选择任务，测量验证规则而不是证

伪规则的倾向，以及只考虑与陈述的词汇内容相匹配的信息而不考虑其逻辑意义的倾向；③连接谬误任务，测量个体在多大程度上忽视了概率论中的一个基本规则，即连接规则$[P(A\&B) \leqslant P(B)]$，该规则指出一个连接的可能性不能大于其中一个成分的可能性；④共变检测任务，对 2×2 或然率表中给出的信息进行不平等的评估，即根据已有的经验证据进行估计，不考虑提供的某些证据；⑤认知反思测验，测量推翻不正确的先验反应，并进一步反思以得出正确反应的倾向；⑥逻辑推理任务，考察通过抑制个体自身对结论真实性的先验信念来评估论据逻辑有效性的能力。CTHB 共包括 30 道题目，前 5 个类别中每个类别有 4 道题目，第 6 个类别有 10 道题目。采用多项选择题的形式，每道题目有不同数量（2—4 个）的备选答案，每个题目只有一个正确答案。本研究中 CTHB 的 Cronbach's $\alpha$ 为 0.88。

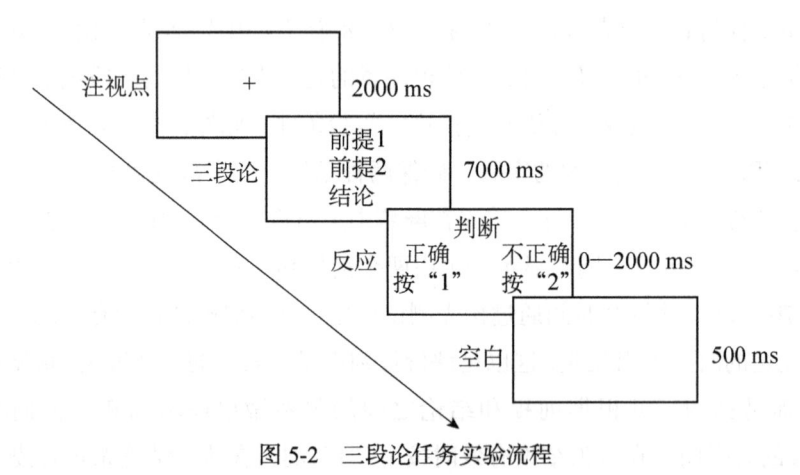

图 5-2　三段论任务实验流程

### （三）研究流程

实验开始前，被试首先在线完成两项批判性思维能力测验。随后，他们被邀请至隔音实验室，单独完成抑制信念偏差推理的实验任务，其间进行脑电信号记录。在实验过程中，被试坐在一把舒适的椅子上，面对计算机屏幕，距离计算机屏幕约 70 cm。要求被试在刺激呈现期间保持放松状态并尽量不眨眼。采用 Brain Products 系统，使用带有 64 个银/氯化银电极的电极帽记录连续的 EEG 数据。电极位置依据国际 10-20 系统排列，使用 FCz 作为在线参考电极。脑电图的采样率设定为 500 Hz（带通为 0.01—100 Hz），同时保持电极阻抗在 5 kΩ 以下。在线测试部分耗时约 40 min，实验室测试部分约需 50 min。

脑电图数据的预处理使用 MATLAB 中的 EEGLAB 软件进行。在将数据重新参考至左右乳突（TP9 和 TP10）的平均值后，对脑电信号施加 0.01—30 Hz 的带通滤波。为了去除与眼动和心电相关的伪迹，进行了独立成分分析。随后，将连续的脑电图数据分割成-200—7000 ms 的时间窗口（相对于三段论呈现的时刻），并以刺激前的 0—200 ms 作为基线进行校正。超过±80 μV 电压值的数据段将被自动排除，所有数据段还将经过人工目视检查，以进一步去除干扰噪声，只有答题正确的试次被纳入最终的分析。

基于对 ERP 波形的目视检查，以及参考先前关于抑制信念偏差推理的 ERP 研究，本研究识别了 5 个 ERP 成分，分别为 P2（180—280 ms）、N4（330—440 ms）、P6（600—750 ms）、LNC（1000—1500 ms）和 LPC（2200—2800 ms）。为了提高统计效能，本研究分别计算了这些 ERP 成分在前额（F3、Fz、F4）、中央（C3、Cz、C4）和顶部（P3、Pz、P4）电极位置的平均振幅。按照惯例，ERP 波形图通常分别展示 Fz、Cz 和 Pz 电极位置的数据结果。

为了考察不同批判性思维能力水平被试在完成抑制信念偏差推理任务时 ERP 的差异，根据 CCTST 和 CTHB 得分计算出的批判性思维标准分数，将被试分为批判性思维能力高分组（得分高于中位数）和批判性思维能力低分组（得分低于中位数）。采用高、低两组的分类方式，旨在简化数据分析过程，并使脑电图结果更易于解释和传达。高分组（$N = 36$，10 名女性，$M_{年龄} = 19.44 \pm 0.56$，CCTST $= 24.44 \pm 2.49$，CTHB $= 26.64 \pm 1.90$，$z = 0.73 \pm 0.70$）和低分组（$N = 36$，14 名女性，$M_{年龄} = 19.44 \pm 0.88$，CCTST $= 17.47 \pm 3.28$，CTHB $= 18.86 \pm 5.54$，$z = -0.73 \pm 0.30$）在批判性思维的标准分数上存在显著差异（$t = 11.41$，$p < 0.01$，Cohen's $d = 2.69$）。抑制信念偏差三段论推理任务的准确性得分采用 2（组别：高分组、低分组）×2（条件：不一致、一致）的重复测量方差分析进行评估。对于 ERP 数据，以组别（高分组、低分组）、条件（不一致、一致）和位置（额叶、中央区、顶叶）为自变量，以相关 ERP 成分的振幅为因变量，进行三因素重复测量方差分析。在统计结果呈现非球形时，采用 Greenhouse-Geisser 方法对 $p$ 值进行校正。必要时，进行最小显著性差异法（least-significant difference，LSD）的事后检验，以进一步分析方差分析的交互作用。此外，进行了相关分析和回归分析，探究不同 ERP 与批判性思维能力之间的联系。回归分析旨在控制潜在混淆因素的同时，探讨各变量之间的关系。

## 三、研究结果

### （一）信念偏差推理的 ERP 成分

表 5-2 列出了批判性思维能力高分组、批判性思维能力低分组被试在抑制信念偏差推理任务中的正确率得分，以及 ERP 各成分振幅的描述性结果。重复测量方差分析结果显示，组别因素的主效应达到了显著水平，$F(1, 70) = 9.76$，$p < 0.01$，$\eta^2 = 0.12$，表明批判性思维能力高分组的正确率明显高于批判性思维能力低分组。此外，条件因素的主效应也显著，$F(1, 70) = 5.13$，$p = 0.03$，$\eta^2 = 0.07$，说明一致条件下的正确率显著高于不一致条件。同时，条件与组别的交互作用也显著，$F(1, 70) = 5.63$，$p = 0.02$，$\eta^2 = 0.07$。进一步进行的最小显著性差异法事后检验显示，在不一致条件下，批判性思维能力低分组的正确率显著低于一致条件，$F(1, 70) = 10.75$，$p < 0.01$，$\eta^2 = 0.13$；在批判性思维能力高分组中，两种条件无显著差异，$F(1, 70) = 0.01$，$p = 0.94$，$\eta^2 < 0.01$。

表 5-2 批判性思维能力高分组、批判性思维能力低分组被试的行为表现和 ERP 描述性结果

| 组别 | 中文批判性思维测试 | 启发偏差的批判性思维能力测试 | 条件 | 正确率 | 成分 | 振幅（$M \pm SD$）额叶 | 振幅（$M \pm SD$）中央区 | 振幅（$M \pm SD$）顶叶 |
|---|---|---|---|---|---|---|---|---|
| 低分组（$n = 36$） | 17.47 ± 3.28 | 18.86 ± 5.54 | 一致 | 0.96 ± 0.05 | P2 | 1.38 ± 2.42 | 1.98 ± 2.20 | 2.27 ± 1.79 |
| | | | | | N4 | −1.63 ± 1.59 | −1.03 ± 1.40 | 0.32 ± 1.13 |
| | | | | | P6 | 0.81 ± 1.40 | 0.20 ± 1.22 | −0.71 ± 1.06 |
| | | | | | LNC | 0.01 ± 0.80 | −0.21 ± 0.70 | −0.29 ± 0.70 |
| | | | | | LPC | 0.17 ± 0.69 | 0.02 ± 0.51 | −0.02 ± 0.49 |
| | | | 不一致 | 0.91 ± 0.14 | P2 | 1.42 ± 2.30 | 2.14 ± 2.20 | 2.35 ± 1.80 |
| | | | | | N4 | −1.91 ± 1.63 | −1.40 ± 1.41 | 0.03 ± 1.35 |
| | | | | | P6 | 0.61 ± 1.34 | 0.19 ± 1.06 | −0.61 ± 1.09 |
| | | | | | LNC | −0.23 ± 1.16 | −0.53 ± 1.09 | −0.56 ± 0.83 |
| | | | | | LPC | 0.01 ± 0.64 | −0.12 ± 0.81 | −0.13 ± 0.65 |
| 高分组（$n = 36$） | 24.44 ± 2.49 | 26.64 ± 1.90 | 一致 | 0.97 ± 0.02 | P2 | 1.75 ± 2.40 | 2.00 ± 1.87 | 2.14 ± 1.89 |
| | | | | | N4 | −1.33 ± 1.73 | −0.45 ± 1.57 | 0.95 ± 1.64 |
| | | | | | P6 | 1.41 ± 1.27 | 0.83 ± 1.19 | −0.47 ± 1.37 |
| | | | | | LNC | −0.05 ± 1.23 | −0.31 ± 1.01 | −0.50 ± 0.83 |
| | | | | | LPC | 0.56 ± 0.76 | 0.43 ± 0.69 | 0.24 ± 0.72 |

续表

| 组别 | 中文批判性思维测试 | 启发偏差的批判性思维能力测试 | 条件 | 正确率 | 成分 | 振幅（$M \pm SD$） 额叶 | 中央区 | 顶叶 |
|---|---|---|---|---|---|---|---|---|
| 高分组 ($n=36$) | 24.44 ± 2.49 | 26.64 ± 1.90 | 不一致 | 0.97 ± 0.02 | P2 | 2.67 ± 2.57 | 2.87 ± 2.34 | 2.67 ± 1.88 |
| | | | | | N4 | −0.29 ± 3.50 | 0.18 ± 2.47 | 1.42 ± 1.92 |
| | | | | | P6 | 1.92 ± 2.25 | 1.49 ± 1.78 | 0.05 ± 1.90 |
| | | | | | LNC | −1.12 ± 1.87 | −0.87 ± 1.28 | −0.86 ± 1.08 |
| | | | | | LPC | 0.87 ± 2.11 | 0.65 ± 1.33 | 0.31 ± 0.94 |
| 全体被试 ($n=72$) | 20.96 ± 4.55 | 22.75 ± 5.68 | 一致 | 0.96 ± 0.04 | P2 | 1.57 ± 2.40 | 1.99 ± 2.03 | 2.21 ± 1.83 |
| | | | | | N4 | −1.48 ± 1.66 | −0.74 ± 1.50 | 0.63 ± 1.44 |
| | | | | | P6 | 1.11 ± 1.36 | 0.51 ± 1.24 | −0.59 ± 1.23 |
| | | | | | LNC | −0.02 ± 1.03 | −0.26 ± 0.87 | −0.40 ± 0.77 |
| | | | | | LPC | 0.36 ± 0.75 | 0.22 ± 0.64 | 0.11 ± 0.63 |
| | | | 不一致 | 0.94 ± 0.10 | P2 | 2.05 ± 2.50 | 2.50 ± 2.29 | 2.51 ± 1.83 |
| | | | | | N4 | −1.10 ± 2.83 | −0.61 ± 2.15 | 0.72 ± 1.79 |
| | | | | | P6 | 1.26 ± 1.96 | 0.84 ± 1.60 | −0.28 ± 1.58 |
| | | | | | LNC | −0.68 ± 1.61 | −0.70 ± 1.20 | −0.71 ± 0.97 |
| | | | | | LPC | 0.44 ± 1.61 | 0.27 ± 1.16 | 0.09 ± 0.83 |

图 5-3 呈现了在 Fz、Cz 和 Pz 三个电极位置上，不同任务条件下批判性思维能力高分组和低分组被试的 ERP 波形。从图 5-3 可以看出，批判性思维能力高分组被试 P2、P6、LNC 和 LPC 成分的振幅相对较大，而 N4 成分的振幅则相对较小，尤其是在不一致条件下的三段论中更为明显。对 P2 的分析结果显示，条件的主效应显著，$F(1, 70) = 6.95$，$p = 0.01$，$\eta^2 = 0.09$，表明不一致条件下的振幅普遍高于一致条件。电极点位置的主效应也显著，$F(2, 140) = 4.48$，$p = 0.03$，$\eta^2 = 0.06$，在额叶位置观察到了最大振幅。组别与条件之间存在显著的交互作用，$F(1, 70) = 4.35$，$p = 0.04$，$\eta^2 = 0.06$，说明仅在批判性思维能力高分组中，不一致条件下的振幅显著大于一致条件，$F(1, 70) = 11.15$，$p < 0.01$，$\eta^2 = 0.14$。P2 和其他 ERP 成分振幅大小的差异不显著。具体结果如表 5-3 所示。

对 N4 的分析结果显示，组别的主效应显著，$F(1, 70) = 9.87$，$p < 0.01$，$\eta^2 = 0.12$，批判性思维能力低分组的 N4 振幅显著大于批判性思维能力高分组。电极点位置的主效应显著，$F(2, 140) = 65.33$，$p < 0.01$，$\eta^2 = 0.48$，额叶位置的振幅最

大。条件与组别的交互作用显著，$F(1, 70) = 6.10$，$p = 0.02$，$\eta^2 = 0.08$，表明批判性思维能力低分组被试在不一致条件下的 N4 振幅显著大于批判性思维能力高分组，$F(1, 70) = 11.35$，$p < 0.01$，$\eta^2 = 0.14$。

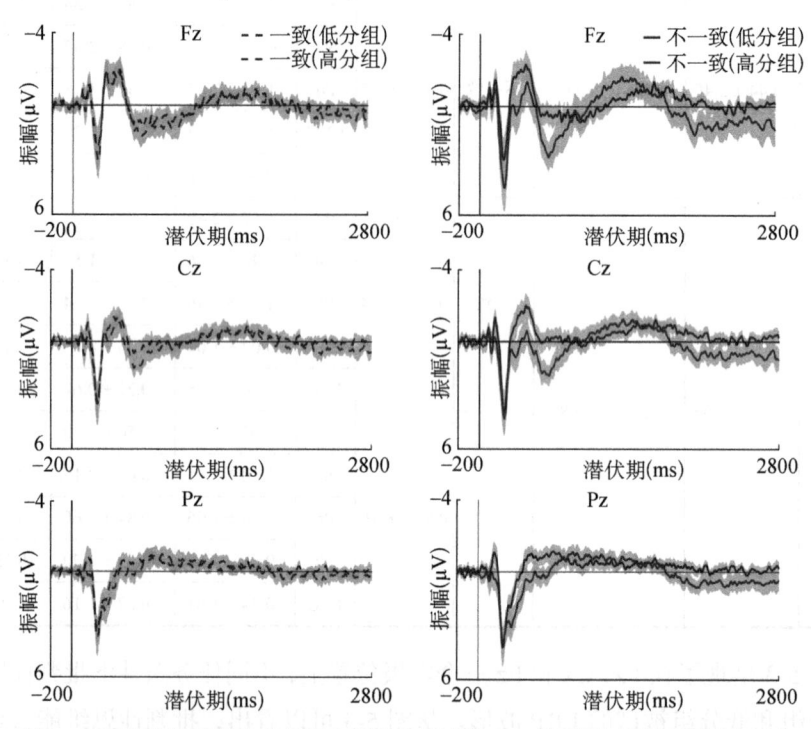

图 5-3　批判性思维能力高分组和低分组被试的 ERP 波形图（见文后彩图 5-3）

对 LNC 的分析结果显示，条件的主效应显著，$F(1, 70) = 11.95$，$p < 0.01$，$\eta^2 = 0.15$，表明不一致试次的振幅普遍更负。条件与电极点位置的交互作用显著，$F(1, 70) = 5.14$，$p = 0.02$，$\eta^2 = 0.07$，三因素的交互作用显著，$F(2, 140) = 6.34$，$p < 0.01$，$\eta^2 = 0.08$，表明批判性思维能力高分组被试在不一致试次的振幅明显更负，但这一差异仅在额叶位置显著，$F(1, 70) = 5.88$，$p = 0.02$，$\eta^2 = 0.08$。

对 LPC 的分析结果显示，组别的主效应显著，$F(1, 70) = 10.11$，$p < 0.01$，$\eta^2 = 0.13$，批判性思维能力高分组被试的振幅显著大于批判性思维能力低分组被试。位置的主效应显著，$F(2, 140) = 10.11$，$p < 0.01$，$\eta^2 = 0.13$，额叶位置的振幅更大。

综上所述，批判性思维能力高分组被试 P6 和 LPC 成分的振幅较大，而 N4 成分的振幅较小。对于批判性思维能力高分组来说，不一致条件下的三段论在 P2 和 LNC 成分上引发的振幅显著大于一致条件。此外，该实验任务引发的 ERP 活动主要集中在额叶区域。

表 5-3 信念偏差三段论推理任务相关的 ERP 成分的重复测量方差分析结果

| 项目 | | 条件 | 位置 | 组别 | 条件 × 组别 | 位置 × 组别 | 位置 × 条件 | 位置 × 条件 × 组别 |
|---|---|---|---|---|---|---|---|---|
| | $df$ | 170 | 2140 | 170 | 170 | 2140 | 2140 | 2140 |
| P2 | $F$ | 6.95 | 4.48 | 1.06 | 4.35 | 1.72 | 0.92 | 0.82 |
| | $p$ | 0.01 | 0.03 | 0.31 | 0.04 | 0.19 | 0.37 | 0.40 |
| | $\eta^2$ | 0.09 | 0.06 | 0.02 | 0.06 | 0.02 | 0.01 | 0.01 |
| N4 | $F$ | 0.94 | 65.33 | 9.87 | 6.10 | 0.06 | 2.41 | 1.97 |
| | $p$ | 0.34 | <0.01 | <0.01 | 0.02 | 0.85 | 0.12 | 0.16 |
| | $\eta^2$ | 0.01 | 0.48 | 0.12 | 0.08 | <0.01 | 0.03 | 0.03 |
| P6 | $F$ | 2.79 | 93.62 | 9.21 | 3.58 | 2.89 | 0.99 | 0.68 |
| | $p$ | 0.10 | <0.01 | <0.01 | 0.06 | 0.09 | 0.33 | 0.43 |
| | $\eta^2$ | 0.04 | 0.57 | 0.12 | 0.05 | 0.04 | 0.01 | 0.01 |
| LNC | $F$ | 11.95 | 3.33 | 2.82 | 2.04 | 1.47 | 5.14 | 6.34 |
| | $p$ | <0.01 | 0.07 | 0.10 | 0.16 | 0.23 | 0.02 | <0.01 |
| | $\eta^2$ | 0.15 | 0.05 | 0.04 | 0.03 | 0.02 | 0.07 | 0.08 |
| LPC | $F$ | 0.07 | 10.11 | 10.11 | 1.97 | 2.65 | 0.40 | 0.85 |
| | $p$ | 0.80 | <0.01 | <0.01 | 0.17 | 0.10 | 0.56 | 0.37 |
| | $\eta^2$ | <0.01 | 0.13 | 0.13 | 0.03 | 0.04 | <0.01 | 0.01 |

## （二）信念偏差推理任务的 ERP 成分对批判性思维能力的预测

为了考察批判性思维与抑制信念偏差推理任务中 ERP 之间的关系，首先检验了批判性思维能力测验的标准分与由抑制信念偏差推理任务引发的 ERP 成分的振幅之间的相关性。如表 5-4 所示，实验任务的不一致条件引发的 P2、N4、P6、LNC 和 LPC 振幅与批判性思维显著相关，一致条件下的试次引发的 P6 和 LPC 振幅也与批判性思维显著相关（注意，表 5-4 中 N4 和 LNC 成分的振幅为绝对值，两者都采用了反向计分）。

表 5-4 批判性思维能力与 ERP 波形图之间的相关结果

| 项目 | | 1 | 2 | 3 | 4 | 5 | 6 | 7 | 8 | 9 | 10 | 11 |
|---|---|---|---|---|---|---|---|---|---|---|---|---|
| 1. 批判性思维能力 | | | | | | | | | | | | |
| 一致条件 | 2. P2 | 0.15 | — | | | | | | | | | |
| | 3. N4 | −0.12 | −0.19 | — | | | | | | | | |
| | 4. P6 | 0.31** | −0.24* | −0.10 | — | | | | | | | |
| | 5. LNC | 0.07 | −0.03 | −0.16 | −0.05 | — | | | | | | |
| | 6. LPC | 0.35** | 0.19 | −0.31** | 0.52** | −0.28* | — | | | | | |
| 不一致条件 | 7. P2 | 0.25* | 0.66** | −0.16 | −0.20 | 0.04 | 0.23* | — | | | | |
| | 8. N4 | −0.24* | −0.05 | 0.52** | −0.01 | −0.08 | −0.15 | −0.39** | — | | | |
| | 9. P6 | 0.28* | −0.23* | 0.12 | 0.36** | 0.05 | 0.33** | 0.04 | −0.21 | — | | |
| | 10. LNC | 0.23* | −0.06 | −0.04 | 0.11 | 0.32** | −0.09 | −0.11 | 0.05 | −0.05 | — | |
| | 11. LPC | 0.28* | 0.03 | −0.02 | 0.05 | −0.02 | 0.40** | 0.39** | −0.47** | 0.51** | −0.44** | — |

注：表中为额叶的 ERP 结果

以批判性思维能力为因变量，以与抑制信念偏差推理任务相关的 ERP 成分的振幅为自变量进行线性回归分析。由于 P6 和 LPC 均属于 P3 家族，为了减少回归分析中的多重共线性问题，对 P6 和 LPC 的 z 分数进行了合并，作为一个变量（P3）进入回归方程。结果发现，不一致条件下的 ERP 模型解释了批判性思维能力方差的 25.3%，$F(4, 67) = 5.66$，$p < 0.01$。其中，LNC（$\beta = 0.35$，$t = 3.18$，$p < 0.01$）和 P3（$\beta = 0.35$，$t = 2.93$，$p < 0.01$）能对批判性思维能力进行显著的预测，而其他 ERP 成分的预测效果不显著（P2，$\beta = 0.19$，$t = 1.62$，$p = 0.11$；N4，$\beta = −0.05$，$t = −0.43$，$p = 0.67$）。一致条件下的 ERP 模型解释了批判性思维能力变异的 19.1%，$F(4, 67) = 3.94$，$p < 0.01$。仅 P3 对批判性思维能力的预测作用显著（$\beta = 0.41$，$t = 3.54$，$p < 0.01$），其他 ERP 成分的预测作用不显著（P2，$\beta = 0.16$，$t = 1.44$，$p = 0.15$；N4，$\beta = −0.18$，$t = −0.16$，$p = 0.88$；LNC，$\beta = 0.15$，$t = 1.34$，$p = 0.19$）。总体而言，不一致和一致条件下的 P3 显著预测了批判性思维能力。此外，不一致条件下的 LNC 成分也显著预测了批判性思维能力。

## 四、结果讨论

本研究发现，在抑制信念偏差推理过程中，批判性思维能力高分者的 P6 和 LPC 振幅明显大于批判性思维能力低分者，而其 N4 振幅则相对较小。对于批判性思维能力高分者而言，信念和有效性不一致的三段论任务引发的 P2 和 LNC 振幅显著大于一致的三段论。此外，抑制信念偏差推理的 ERP 振幅在很大程度上解释了批判性思维的变异。P3 家族的成分（包括 P6 和 LPC）与批判性思维能力的预测关系显著，不一致条件下的 LNC 也显著预测了批判性思维能力。

本研究分析了每个三段论任务自开始时的 ERP，从而能够捕捉到信念偏差推理的整个过程，包括前提和结论。研究中确定的 ERP 成分包括 P2、N4、P6、LNC 和 LPC，代表了完成抑制信念偏差三段论涉及的一系列认知过程。有趣的是，批判性思维能力高分者在不一致条件下显示出比批判性思维能力低分者更大的 P2 振幅。这一发现表明，与批判性思维能力低分者相比，批判性思维能力高分者可能会将更多的注意资源分配给处理冲突问题。这与先前研究强调 P2 成分与感知和选择性注意力之间的关联相一致（Ghin et al., 2022）。关于 P2 的条件和组别之间的交互作用，与本研究最初的预期不符。这种差异可能源于任务完成过程中被试逐渐习得的感知学习。最初，被试很难区分两种类型的三段论，但随着时间的推移，批判性思维能力高分者更善于感知一致和不一致三段论之间微妙的差异。在复杂的认知任务中发生感知学习并不罕见，值得注意的是，本研究中的感知学习程度很低。

N4 通常与语言理解和对语义关系的敏感性有关。本研究对 N4 成分的识别支持了这样一种观点，即对推理的前提材料的语义处理是三段论推理过程中前提编码和整合阶段的基础（Liang et al., 2010）。先前的研究表明，较大的 N4 振幅与对传入语言输入的更自动的语义处理相关联（Rabovsky & McClelland, 2020）。批判性思维能力低分者很可能更依赖基于前提和结论句的语义处理来完成三段论推理，从而产生自动化的反应。这解释了相比批判性思维能力低分者，批判性思维能力高分者的 N4 振幅更大。

P3 家族的成分与信息监测、认知控制、资源分配和记忆更新过程相关联（Polich, 2007）。本研究中识别的 P6 和 LPC 与先前的研究结果一致（Banks & Hope, 2014; Luo et al., 2008）。P6 是与语法处理密切相关的 ERP 成分（Sassenhagen & Fiebach, 2019）。更大的 P6 振幅与句子理解中依赖注意力的处理相关联（Rabovsky & McClelland, 2020）。批判性思维能力高分者展示出比批判性思维能力低分者更大的 P6 振幅，表明批判性思维能力高分者在句子理解中使用了更多依赖注意力的过程，如对句法分析的控制。N4 和 P6 的结果共同证实了先前的行为研究发现，即高水平的个体更能够产生逻辑进行反应，而低水平的个体更倾向于产生信念偏差。

研究进一步发现，相较于批判性思维能力低分者，批判性思维能力高分者展现出更大的 LPC（晚期正向成分）振幅。众多研究指出，LPC 与抑制干扰信息、在工作记忆中进行信息复述或保持，以及验证推理过程中的关系等密切相关（Lin et al., 2022）。例如，Lin 等（2022）在研究中观察到，在执行类比推理任务时，批判性思维能力高分者的 LPC 振幅显著大于批判性思维能力低分者，这表明批判性思维能力高分者在关系整合和推理验证方面的能力更强。

值得关注的是，相比一致三段论任务，涉及信念与逻辑冲突的不一致三段论任务引发了更大的 LNC（晚期负向成分）振幅，这一现象仅在批判性思维能力高分的组别中被观察到。这些发现表明，LNC 成分在处理逻辑推理与个人信念之间的冲突中扮演着独特的角色。先前研究已经将 LNC 与检测、规则或复杂关系相关的自上而下的冲突，以及推理过程中的冲突控制过程相联系（Luo et al., 2011）。本研究的结果不仅支持了这些联系，还表明具有高批判性思维能力的个体在处理逻辑推理与个人信念之间的冲突时更为敏感。因此，他们会分配更多的认知资源来解决这些冲突，进而做出更加准确的判断。

回归分析表明，抑制信念偏差推理引发的 ERP 振幅显著解释了批判性思维能力的个体差异，其中复合 P3 和 LNC 对批判性思维的预测作用显著。这一结果为抑制信念偏差推理与批判性思维之间的理论联系提供了直接证据。P3 与批判性思维能力的显著关联表明，批判性思维能力高分者更容易通过逻辑分析三段论前提和结论的关系（P6 的功能），并抑制无关信息，以达到合理的决策（LPC 的功能）。然而，由不一致条件下三段论引发的 LNC 对批判性思维能力的显著预测表明，批判性思维能力高分者比批判性思维能力低分者更有可能解决信念和逻辑之间的冲突，否则这些冲突将被不恰当地应用于启发式思维。综上所述，批判性思维能力高分者更能够在信念和逻辑发生冲突时识别和纠正其先前的信念，避免可能的思维偏差，而批判性思维能力低分者则不能较好地做到这一点。

综上所述，抑制信念偏差的三段论推理过程涉及 ERP 成分，与推理的不同阶段和特定的认知过程相关联。这些发现与当前三段论推理的认知和脑电动力学理论及实证研究相符，为理解这些 ERP 成分在认知过程中的作用提供了宝贵的视角。P2 成分与早期的感知注意力相关，N4 成分反映了语义处理过程（Rabovsky & McClelland, 2020），P6 成分与前提整合阶段的句法分析相关。LNC 成分涉及冲突监测和控制（Luo et al., 2011），而 LPC 成分则与验证结论过程中的关系整合相关

（Lin et al.，2022）。在这些成分中，LNC 在抑制推理过程中的逻辑与信念之间的冲突方面发挥了关键作用。

批判性思维能力较高的被试表现出更大的 P6 和 LPC 振幅，反映了他们在句法分析和信息整合方面具有较强的能力。批判性思维能力高者的 N4 振幅较小，暗示他们较少依赖自动化的语义处理过程。具有较高批判性思维能力的个体在面对不一致条件下的三段论时，展现出更大的 LNC 振幅，凸显了他们在处理信念与逻辑间的冲突方面具有较高的能力。这些结果表明，批判性思维能力高的个体能够根据任务需求，有效调整认知资源的分配策略。研究为信念偏差推理与批判性思维之间的理论联系提供了神经学解释，并具有一定的理论意义。

首先，尽管思维的双加工理论认为解决信念和逻辑之间的冲突是分析思维的一个重要功能（Evans & Stanovich，2013），但这一理论并未明确建立信念偏差推理与批判性思维之间的关系。本研究表明，由信念偏差推理引发的 LNC 和 P3 均与系统 2 加工相关。特别是与冲突检测和控制相关的 LNC 反映了本研究的实验操作：LNC 对批判性思维的影响仅在不一致的三段论中发现（有信念和逻辑的冲突），而在一致的三段论中没有发现。这一发现强调了在批判性思维中解决信念偏差冲突的重要性。

其次，本研究结果与批判性思维的元认知理论解释相契合。元认知理论提出元认知监控与控制在批判性思维过程中起到了重要作用（Halpern，1997）。该理论指出，自我意识到本身的信念，识别并解决信念与逻辑之间的冲突，都涉及元认知监控和控制。本研究呈现的 LNC 及 P3 成分（反映了冲突检测与控制）在预测批判性思维能力个体差异上的作用显著，支持了批判性思维的元认知视角，有助于将元认知融入批判性思维的理论建构中。

# 第三节　基于信念偏差推理的事件相关振荡研究

## 一、研究目的

首先，采用抑制信念偏差三段论推理任务采集被试在批判性思维过程中的

EEG 活动数据，并利用频域分析和时频分析方法分析批判性思维过程中其大脑的神经振荡。其次，主要关注任务中 θ、δ、α 节律的变化，通过考察批判性思维能力与这些节律的关系，来探讨批判性思维能力与学生在认知任务中神经振荡的关系模式。具体来说，就是探讨批判性思维能力与任务态哪些节律的振荡有关？呈现出什么样的相关特点？

## 二、研究方法

### （一）研究对象

有效数据来自两所大学的 72 名大学生，具体介绍见本章第二节。

### （二）研究工具

研究工具包括信念偏差推理实验任务和两项批判性思维能力测验，具体介绍见本章第二节。

### （三）EEG 数据采集与预处理

脑电数据收集仪器和脑电数据预处理方式与第二节的 ERP 研究一致。对于预处理后的脑电数据，使用 FieldTrip 插件进行时频分析，目标频段为 1—30 Hz，步长为 0.1 Hz。通过小波变换进行卷积分析，调整周期范围为 3—7，以适应不同频率。随着频率的升高，相应地延长时间窗口，以便在各个时间点获得不同频率下的神经振荡能量值。首先，对每个试次的神经活动能量进行分析，并将三段论呈现前的 −500—−200 ms 作为基线进行校正。其次，将校正后的数据转换为分贝（dB），计算公式为 $10 \times \log_{10}$（基线后能量/基线前能量，单位为 $\mu V^2$）。最后，对每个实验条件下正确试次的能量进行平均，得出各条件下的时频指标。

另外，采用数据驱动方法，根据不同电极不同时间窗口的频谱图，确定时频感兴趣区和空间感兴趣区，并导出相应范围内的数据进行分析。重点分析额叶（F3、Fz、F4）、中央区（C3、Cz、C4）和顶叶（P3、Pz、P4）的 δ（1—4 Hz）、θ（4—8 Hz）、α（8—12 Hz）和 β（13—30 Hz）频段的能量值。其中，δ 频段聚焦于 2—5.5 s，θ 频段聚焦于 2—5 s，α 频段分别聚焦于 1—3 s（$α_1$）和 3—4.5 s（$α_2$），β 频段则聚焦于 1—3 s。

### （四）EEG 数据统计分析方法

对不同时频的数据进行 3（脑区：额叶、中央区、顶叶）×2（条件：一致、不一致）×2（组别：批判性思维能力高分组、批判性思维能力低分组）的三因素重复测量方差分析，探讨不同条件下组别间在特定兴趣区的频段是否存在显著差异。对不符合球形假设的情况，采用 Greenhouse-Geisser 校正 $p$ 值。必要时，使用 Bonferroni 事后检验进一步分析方差分析中的交互作用。最后，为了了解不同批判性思维能力个体的时频特征，通过相关和回归分析，考察批判性思维行为指标与目标时频能量值的关系，从而揭示批判性思维时频的个体差异特征。

## 三、研究结果

### （一）信念偏差推理任务的时频结果分析

为了比较批判性思维能力高、低分组被试的时频差异，分别对不同时频的结果进行 3（脑区：额叶、中央区、顶叶）×2（条件：一致、不一致）×2（组别：批判性思维能力高分组、批判性思维能力低分组）的三因素重复测量方差分析，分析结果如表 5-5 所示。以下对重复测量方差分析结果进行详细介绍。

表 5-5 时频的描述性结果

| 时频 | 组别 | 一致 额叶 | 一致 中央区 | 一致 顶叶 | 不一致 额叶 | 不一致 中央区 | 不一致 顶叶 |
|---|---|---|---|---|---|---|---|
| $\delta$ | 低分组 | 0.59 ± 0.86 | 0.50 ± 0.81 | 0.55 ± 0.80 | 0.53 ± 0.98 | 0.49 ± 0.87 | 0.44 ± 0.72 |
| $\delta$ | 高分组 | 0.72 ± 0.74 | 0.73 ± 0.65 | 0.70 ± 0.76 | 2.02 ± 2.14 | 1.57 ± 1.49 | 1.22 ± 1.08 |
| $\delta$ | 所有人 | 0.65 ± 0.80 | 0.61 ± 0.74 | 0.63 ± 0.78 | 1.27 ± 1.81 | 1.03 ± 1.33 | 0.83 ± 0.99 |
| $\theta$ | 低分组 | 0.75 ± 0.84 | 0.65 ± 0.92 | 0.82 ± 0.89 | 0.39 ± 0.83 | 0.34 ± 0.83 | 0.54 ± 0.90 |
| $\theta$ | 高分组 | 0.47 ± 1.00 | 0.60 ± 0.81 | 0.77 ± 0.89 | 1.01 ± 1.16 | 0.86 ± 0.91 | 0.87 ± 0.91 |
| $\theta$ | 所有人 | 0.61 ± 0.93 | 0.62 ± 0.86 | 0.79 ± 0.88 | 0.70 ± 1.05 | 0.60 ± 0.90 | 0.70 ± 0.91 |
| $\alpha_1$ | 低分组 | −1.88 ± 2.21 | −1.88 ± 2.13 | −1.78 ± 2.10 | −2.04 ± 2.26 | −2.10 ± 2.37 | −2.13 ± 2.13 |
| $\alpha_1$ | 高分组 | −1.74 ± 2.44 | −1.55 ± 2.67 | −1.64 ± 2.01 | −1.27 ± 1.92 | −1.45 ± 2.04 | −1.66 ± 1.91 |
| $\alpha_1$ | 所有人 | −1.81 ± 2.31 | −1.72 ± 2.19 | −1.71 ± 2.04 | −1.66 ± 2.12 | −1.78 ± 2.22 | −1.89 ± 2.02 |

续表

| 时频 | 组别 | 一致 ||| 不一致 |||
|---|---|---|---|---|---|---|---|
| | | 额叶 | 中央区 | 顶叶 | 额叶 | 中央区 | 顶叶 |
| $\alpha_2$ | 低分组 | −0.98 ± 1.78 | −1.02 ± 1.72 | −0.94 ± 1.71 | −1.35 ± 1.97 | −1.40 ± 1.94 | −1.34 ± 1.83 |
| | 高分组 | −1.08 ± 1.97 | −1.02 ± 1.90 | −1.15 ± 1.83 | −0.68 ± 1.61 | −0.91 ± 1.78 | −1.12 ± 1.88 |
| | 所有人 | −1.03 ± 1.87 | −1.02 ± 1.80 | −1.05 ± 1.76 | −1.02 ± 1.82 | −1.15 ± 1.87 | −1.23 ± 1.85 |
| $\beta$ | 低分组 | −0.80 ± 0.77 | −0.87 ± 0.82 | −0.86 ± 0.86 | −0.86 ± 0.84 | −0.93 ± 0.79 | −0.89 ± 0.84 |
| | 高分组 | −0.70 ± 0.82 | −0.85 ± 0.92 | −0.89 ± 1.09 | −0.72 ± 0.89 | −0.88 ± 1.14 | −0.95 ± 1.43 |
| | 所有人 | −0.75 ± 0.79 | −0.86 ± 0.86 | −0.87 ± 0.97 | −0.79 ± 0.86 | −0.90 ± 0.98 | −0.92 ± 1.16 |

针对 $\delta$ 的三因素重复测量方差结果显示，脑区的主效应显著，$F(2, 140) = 7.23$，$p < 0.01$，$\eta^2 = 0.09$，额叶的神经振荡更大。条件的主效应显著，$F(1, 70) = 12.32$，$p < 0.01$，$\eta^2 = 0.15$，不一致条件下的神经振荡更大。组别的主效应显著，$F(1, 70) = 10.05$，$p < 0.01$，$\eta^2 = 0.13$。脑区与组别的交互作用显著，$F(2, 140) = 3.82$，$p = 0.04$，$\eta^2 = 0.05$。进一步分析发现，对于额叶 [$F(1, 70) = 9.74$，$p < 0.01$，$\eta^2 = 0.12$]、中央区 [$F(1, 70) = 10.33$，$p < 0.01$，$\eta^2 = 0.13$]、顶叶 [$F(1, 70) = 7.11$，$p = 0.01$，$\eta^2 = 0.09$]，都是批判性思维能力高分组的 $\delta$ 激活显著大于批判性思维能力低分组。条件和组别的交互作用显著，$F(1, 70) = 16.11$，$p < 0.01$，$\eta^2 = 0.19$。进一步分析发现，只有在不一致条件下，批判性思维能力高分组的 $\delta$ 激活才显著高于批判性思维能力低分组，$F(1, 70) = 15.19$，$p < 0.01$，$\eta^2 = 0.18$。脑区和条件的交互作用显著，$F(2, 140) = 7.96$，$p < 0.01$，$\eta^2 = 0.10$，而且只有在不一致条件下额叶的激活最大，$F(2, 69) = 5.80$，$p < 0.01$，$\eta^2 = 0.14$。脑区、条件和组别的交互作用也显著，$F(2, 140) = 6.06$，$p = 0.01$，$\eta^2 = 0.08$。具体来说，额叶 [$F(1, 70) = 14.35$，$p < 0.01$，$\eta^2 = 0.17$]、中央区 [$F(1, 70) = 13.95$，$p < 0.01$，$\eta^2 = 0.17$]、顶叶 [$F(1, 70) = 13.26$，$p < 0.01$，$\eta^2 = 0.16$] 的不一致条件下批判性思维能力高分组的激活水平显著高于批判性思维能力低分组。

关于 $\theta$ 的三因素重复测量方差结果显示，脑区的主效应显著，$F(2, 140) = 3.46$，$p = 0.04$，$\eta^2 = 0.05$，顶叶的 $\theta$ 激活最强。条件和组别的交互作用显著，$F(1, 70) = 12.97$，$p < 0.01$，$\eta^2 = 0.16$。进一步分析发现，在不一致条件下，批判性思维能力高分组 $\theta$ 的激活显著高于批判性思维能力低分组，$F(1, 70) = 5.91$，$p = 0.02$，$\eta^2 = 0.08$。脑区、条件和组别的交互作用显著，$F(2, 140) = 4.18$，$p = 0.04$，$\eta^2 = 0.06$。进一步分析发现，在额叶 [$F(1, 70) = 6.81$，$p = 0.01$，$\eta^2 = 0.09$]、中央区

$[F(1, 70) = 6.55, p = 0.01, \eta^2 = 0.09]$ 不一致条件下，批判性思维能力高分组 θ 的激活显著高于批判性思维能力低分组。

关于 $\alpha_1$ 的三因素重复测量方差分析结果显示，条件和组别的交互作用边缘显著，$F(1, 70) = 3.59, p = 0.06, \eta^2 = 0.05$。进一步分析发现，在不一致条件下，只有批判性思维能力高分组被试的 $\alpha_1$ 显著高于批判性思维能力低分组，$F(1, 70) = 5.11, p = 0.03, \eta^2 = 0.07$。脑区和条件的交互作用显著，$F(2, 140) = 5.67, p = 0.01, \eta^2 = 0.08$。进一步分析发现，只有顶叶的 $\alpha_1$ 在一致条件下显著大于不一致条件，$F(1, 70) = 4.19, p = 0.04, \eta^2 = 0.06$。$\alpha_2$ 的三因素重复测量方差分析结果显示，条件和组别的交互作用显著，$F(1, 70) = 6.95, p = 0.01, \eta^2 = 0.09$。进一步分析发现，对低分组来说，不一致条件下的 $\alpha_2$ 显著小于一致条件，$F(1, 70) = 6.45, p = 0.01, \eta^2 = 0.08$。

关于 β 时频的三因素重复测量方差分析结果显示，脑区的主效应显著，$F(2, 140) = 3.30, p = 0.04, \eta^2 = 0.05$，额叶的激活比中央区更显著。

综上所述，脑区、实验条件和组别对 δ、θ、$\alpha_1$ 的时频存在显著影响。总体上而言，批判性思维能力高分组在不一致条件下的神经振荡激活更强，尤其是在额叶和中央区的表现更明显。

### （二）信念偏差推理任务的时频与批判性思维能力的关系

为了分析激活的神经振荡与批判性思维的关系，分别对实验任务一致条件和不一致条件下激活的神经振荡与批判性思维能力进行相关分析，结果如表 5-6 所示。在一致条件下，中央区的 δ 与批判性思维能力呈显著正相关，$r = 0.29, p = 0.01$。在不一致条件下，额叶（$r = 0.48, p < 0.01$）、中央区（$r = 0.45, p < 0.01$）、顶叶（$r = 0.41, p < 0.01$）的 δ 与批判性思维能力呈显著正相关；额叶的 θ（$r = 0.29, p < 0.05$）和中央区的 θ 与批判性思维能力呈显著正相关（$r = 0.25, p = 0.03$）；额叶激活的 $\alpha_2$ 与批判性思维能力的相关边缘显著（$r = 0.20, p = 0.09$）。

表 5-6 时频指标与批判性思维能力的相关结果

| 变量 | 一致 | | | 不一致 | | |
|---|---|---|---|---|---|---|
| | 额叶 | 中央区 | 顶叶 | 额叶 | 中央区 | 顶叶 |
| δ | 0.17 | 0.29* | 0.17 | 0.48** | 0.45** | 0.41** |
| θ | −0.08 | 0.03 | 0.01 | 0.29* | 0.25* | 0.11 |

续表

| 变量 | 一致 | | | 不一致 | | |
|---|---|---|---|---|---|---|
| | 额叶 | 中央区 | 顶叶 | 额叶 | 中央区 | 顶叶 |
| $α_1$ | 0.01 | 0.04 | −0.01 | 0.15 | 0.11 | 0.04 |
| $α_2$ | 0.02 | 0.02 | −0.04 | 0.20 | 0.12 | 0.03 |
| $β$ | 0.11 | 0.03 | −0.03 | 0.09 | 0.06 | 0.01 |

相关分析显示，额叶的时频指标与批判性思维能力的相关最为显著。因此，回归分析仅使用额叶的时频指标。考虑到 $δ$ 和 $θ$ 频段之间的高度相关性，以及 $α_1$ 和 $α_2$ 频段之间的类似情况，为避免回归分析中出现自变量间的共线性问题，将 $δ$ 与 $θ$ 频段合并为一个指标，将 $α_1$ 与 $α_2$ 合并为一个指标，并加上 $β$ 频段的指标，作为自变量输入回归方程，以两个测验合并后的批判性思维能力得分为因变量。

分析结果显示，在实验任务不一致条件下，时频指标解释了批判性思维能力方差的 19.8%[$F(3, 68) = 5.60$, $p < 0.01$]。具体而言，$δ$ 与 $θ$ 合并的时频值对批判性思维能力具有显著的预测作用（$β = 0.42$, $t = 3.75$, $p < 0.01$），而 $α_1$ 与 $α_2$ 合并的时频值（$β = 0.10$, $t = 0.64$, $p = 0.53$）和 $β$ 频段的时频值（$β = 0.04$, $t = 0.25$, $p = 0.80$）对批判性思维能力均未表现出显著的预测作用。在一致条件下，时频指标仅解释了批判性思维能力方差的 2%[$F(3, 68) = 0.37$, $p = 0.77$]，其中 $δ$ 与 $θ$ 合并的时频值（$β = 0.02$, $t = 0.16$, $p = 0.87$）、$α_1$ 与 $α_2$ 合并的时频值（$β = -0.10$, $t = -0.60$, $p = 0.55$）及 $β$ 频段的时频值（$β = 0.16$, $t = 0.99$, $p = 0.34$）对批判性思维能力均未表现出显著的预测作用。

## 四、结果讨论

本研究基于 72 名大学生抑制信念偏差三段论任务中的 EEG 数据，利用频域转换分析方法研究了批判性思维过程中动态的神经振荡模式。同时，采用量表测量了每名被试的批判性思维能力。随后，采用方差分析、相关分析及回归分析的统计分析方法，详细考察了批判性思维能力与任务相关的多个时频指标的关系。结果显示，批判性思维能力高分组的 $δ$ 和 $θ$ 时频段激活显著高于低分组，且这两种时频段能够显著正向预测批判性思维能力。

$δ$ 与多种认知过程密切相关，尤其是在执行心理任务时的内部处理更是如此。

# 第五章
## 批判性思维与信念偏差推理：脑电研究

Ociepka 等（2023）的研究发现，δ 与流体智力呈显著正相关。Cho 等（2015）的一项研究显示，8—22 岁人群中 δ 频率同步性的波动过程与流体智力的典型变化过程非常接近，同步性在 16 岁时达到峰值。在工作记忆协调中，δ 在维护和更新记忆信息之间的转换中起到了关键作用（Leszczyński et al., 2015）。视觉或听觉奇异刺激实验中的 δ 功率增加反映了意识刺激评估和记忆更新，表明 δ 与动机、显著事物检测和决策制定有关（Balconi & Pozzoli, 2008）。Yordanova 等（2004）的研究指出，δ 在额叶皮层中的错误特异性处理反映了性能监控系统的运作。在 Go/NoGo 任务中，当信号需要反应抑制时，δ 功率增加，表明这种节律的活动不仅是简单的认知冲突的指示，还反映了运动/认知抑制和刺激情境的更新（Barry, 2009）。相较于批判性思维能力低分者，批判性思维能力高分者表现出更高频率的 δ，表明批判性思维能力高分者更能利用工作记忆刷新等认知成分，并能有效抑制错误信息。

θ 与多种认知功能密切相关，特别是在短期记忆的编码、信息维护和检索阶段（Sarnthein et al., 2005）。θ 在记忆处理、协调信息流、感官信息采样和调节大脑活动中发挥着重要作用（Colgin, 2013）。Mizuhara 和 Yamaguchi（2007）的研究证明，θ 振荡在额顶叶区域内协调了工作记忆和执行功能。解决科学问题时，额叶的 θ 活动随着认知努力的增加而增加，反映了更多的工作记忆和控制能力分配。Itthipuripat 等（2013）的研究发现，θ 事件相关同步化的程度是成功信息操纵的神经特征。在真实模拟任务中，如飞行和空中交通管理，随着认知需求的增加，额叶的 θ 活动也增加，表明 θ 事件相关同步化是衡量认知努力的可靠指标（Borghini et al., 2014）。θ 在错误监控、强化学习、记忆编码和负反馈评价等方面也发挥着重要作用（Cavanagh & Frank, 2014）。此外，θ 会参与 P3a 期间的新奇刺激检测和 P3b 期间的目标辨别，以及反应抑制和表现监控（Barry, 2009; Demiralp et al., 2001）。总体而言，θ 是认知推理和控制的重要神经指标，其在额叶的激活与多种认知控制过程相关，包括错误监控、记忆处理和认知负荷管理（Cavanagh & Frank, 2014）。

α 与工作记忆和抑制性控制密切相关。Klimesch 等（2007）的研究指出，α 事件相关同步反映了抑制，而去同步化则与抑制的逐渐释放有关。Freunberger 等（2011）的研究提出，α 活动作为注意力的"守门人"，通过优化信噪比来优先存储工作记忆，减少冲突对感觉输入的干扰（Payne et al., 2013）。研究发现，α 频段对练习非常敏感，随着练习的增加，α 频段能量显著增加，表明在熟练完成任务后，所需心理资源减少（Grabner et al., 2006）。不过，也有研究者指出，在需要认知能力参与时，α 表现为事件相关去同步化，即能力越高，则 α 的激活程度越低（Li et al., 2023；Williams et al., 2019）。例如，Li 等（2023）的研究发现，批判性思维能力高分者在抑制信念偏差任务中引发了更大的额叶 θ 波段和更低的顶叶 α 波段功率。然而，本研究中，批判性思维能力高分组的 α 虽然表现较好，且相关边缘显著，但是暂未能显著预测批判性思维能力。这与部分研究结果一致（Neubauer & Fink, 2009），即智力较高的人表现出较低的 α 事件相关去同步化（即 α 的值更高）。

值得注意的是，两组批判性思维能力差异的神经基础主要位于前额叶区，这与先前的成像研究相一致，即在推理过程中，抑制信念偏差主要与前额叶区的活动相关（Goel & Dolan, 2003；Tsujii & Watanabe, 2009）。研究表明，前额叶区参与工作记忆的刷新和错误反应的抑制（Alvarez & Emory, 2006），而这些功能正是批判性思维依赖的核心认知机制。批判性思维中的元认知活动也与前额叶区的激活相关。因此，相较于批判性思维能力低分者，批判性思维能力高分者具有更强的前额脑区活动，可能意味着他们在推理过程中会更有效地利用工作记忆刷新和元认知来抑制信念偏差。

# 第六章
# 批判性思维与信念偏差推理：
## 脑成像研究

批判性思维的重要技能之一是演绎推理，通常被用来评估论证的合理性及推断结论是否符合逻辑规则。然而，在演绎推理过程中，个人信念可能会对推理过程产生干扰。现有研究表明，抑制信念偏差是批判性思维的核心能力之一。批判性思维领域的研究也特别关注在推理中解决信念偏差的能力（Halpern, 1997; West et al., 2008）。尽管关于信念偏差推理的神经特征的研究越来越多，但推理过程中对信念偏差的抑制与大脑神经活动之间的联系仍存在不确定性，这影响了对个体批判性思维能力差异的深入理解。因此，本章旨在利用脑成像技术探讨批判性思维的神经活动特征。

本章共三节，第一节梳理了与批判性思维相关的脑成像研究，分析和总结了演绎推理涉及的关键脑区及脑功能连接特征。第二节采用信念偏差三段论范式，探讨了不同批判性思维能力个体在完成信念偏差推理任务时的血流动力学特征。第三节延续使用信念偏差推理任务，进一步研究不同批判性思维能力个体的脑功能连接和效应连接特征。

# 第一节　批判性思维的脑成像研究综述

## 一、批判性思维相关的脑区研究

运用脑成像技术对批判性思维神经基础的研究处于起步阶段。在批判性思维中，演绎推理通常被用于检查论证的逻辑结构，评估论证是否合理，以及推断的结论是否符合逻辑规则。演绎推理的过程从前提开始，并试图从先前的信念、观察和/或假设中得出逻辑上可靠的结论，这些结论在初始前提中并不明确（Wang et al., 2020）。

现有神经影像学研究表明，IFG 和背外侧前额叶（dorsolateral prefrontal cortex, DLPFC）在演绎推理中扮演着关键的调节者角色（Edgcumbe et al., 2019; Goel et al., 2000）。例如，Goel 等（2000）首次使功能性磁共振成像（functional magnetic resonance imaging, fMRI）来研究信念偏差三段论推理的神经机制。他们发现，左半球在基于语义内容的推理过程（比如，"所有的狗都是宠物；所有的宠物都是毛茸茸的；因此，所有的狗都是毛茸茸的"）中被激活，而双侧顶叶在无语义内容推理（如"所有 A 都是 B；所有 B 都是 C；所以所有 A 都是 C"）中被激活。结果表明，左半球包括左侧 IFG、前扣带回（anterior cingulate cortex, ACC）和颞叶参与基于语义内容的三段论推理，双侧顶叶参与基于非语义内容的三段论推理。这些结果证实了演绎逻辑推理依赖语言模型，与语言相关的脑区联系紧密。

很多来自 fMRI、rTMS 和功能性近红外光谱技术（functional near-infrared spectroscopy, fNIRS）研究的证据表明，抑制信念偏差与右侧前额叶的激活有关。例如，Goel 和 Dolan（2003）使用 fMRI 研究信念负荷对推理的调节，发现在信念中性条件下，双侧顶叶激活；在信念负荷条件下，左侧颞叶激活；正确抑制信念偏差时，右侧 IFG 激活；错误抑制信念偏差时，ACC 激活。这一结果再次验证了右侧 IFG 在成功抑制信念偏差推理中的作用。Goel 和 Dolan（2003）的研究还发现，当面对矛盾的逻辑结论时，具有强烈先验信念的个体在与情绪相关的大脑区域（双侧腹内侧前额叶皮层）表现出更高的激活水平。Goel（2007）的研究指出，冲突监测需要右侧 IFG 和 DLPFC 的参与。另外，de Neys 和 Gluimicic（2008）的研究发现，ACC 也与冲突监测有关，其观察到右侧 IFG 主要参与抑制和信念偏差相关的反应。此外，di Domenico 等（2015）的研究发现，在低决策冲突中，认知能力较强的个体右侧 IFG 的神经活动减少，而左侧 IFG 的激活程度保持不变。这些结果表明，DLPFC 和 ACC 与冲突检测有关，右侧 IFG 与成功抑制信念偏差有关，而左侧 IFG 与基于信念抑制违反社会规范的冲动行为有关。

Tsujii 和 Watanabe（2009）运用 fNIRS 研究了在信念偏差推理和 N-back 双任务条件下，双侧 IFG 神经活动的变化。结果表明，与低负荷任务相比，高负荷任务降低了信念偏差推理的准确性，同时减小了右侧 IFG 的激活程度。无论是低负荷还是高负荷条件下，信念偏差推理都与右侧 IFG 的激活相关。这是因为当高负荷任务消耗更多的注意资源时，右侧 IFG 的神经活动减少，参与者更倾向于依赖自动启发式加工，以轻松的方式解决矛盾冲突，从而导致信念偏差反应。也就是说，右侧 IFG 在抑制自动的启发式反应时起到了重要作用。他们还研究了信念偏差推理过程中时间压力效应和 IFG 神经活动之间的关系。结果表明，在时间压力下，被试在信念偏差推理过程中的表现较差，右侧 IFG 的激活程度下降。这可能是因为在时间压力下，被试来不及启动系统 2 加工，自动启动系统 1 加工造成信念偏差推理的错误率升高。抑制信念偏差推理的系统 2 加工是一个较慢的过程。

为了进一步验证 IFG 在信念偏差推理中的作用，Tsujii 等（2010）使用 rTMS 刺激双侧 IFG，并用 fNIRS 记录抑制信念偏差推理中的大脑激活情况。被试先完成 10 min 的信念偏差推理任务，接着左、右两侧的 IFG 分别接受 10 min 的低频（1Hz）rTMS 刺激，短暂地破坏其正常功能后，再次进行 10 min 的信念偏差推理任务。结果发现，右侧 IFG 受到 rTMS 损害后，激活程度下降，被试在信念偏差推理的不一致条件下的错误率升高。Tsujii 等（2010）使用 rTMS 进一步研究了 IFG 和顶上小叶在抑制信念偏差推理中的作用，结果发现，左侧 IFG 对系统 1 加工具有重要作用，其损害间接增强了抑制信念偏差的能力，右侧 IFG 则对应系统 2 加工，抑制信念偏差。相对而言，顶上小叶对应系统 2 加工，参与抑制信念偏差的过程。这些研究再次验证了右侧 IFG 在信念偏差推理中的重要作用，它参与了系统 2 加工中努力克服信念偏差的过程，而左侧 IFG 则参与了系统 1 加工中基于信念的推理过程。

综上所述，当面对信念-逻辑冲突问题时，信念偏差的抑制过程究竟是左侧 IFG 还是右侧 IFG 的激活水平更强，存在一定的争议。争论主要集中在以下两个方面。

第一，以往多项研究表明，右侧 IFG 与抑制信念偏差推理相关（Goel & Dolan，2003；Goel et al., 2000；Tsujii & Watanabe，2009），然而 Luo 等（2014）认为这些被试在被招募时并没有接受任何正式的逻辑训练，因此无法证明逻辑训练是否能够引起类似的神经活动变化。与以往直接比较冲突问题和非冲突问题的脑区激活水平不同，Luo 等（2014）进行了一项干预研究，利用 fMRI 比较了在逻辑训练前后两次扫描中解决冲突问题时的神经活动。第一次扫描反映的是基于经验和信念的认知抑制过程，第二次扫描则涉及基于逻辑的推理过程。Luo 等（2014）认为，被试需要投入认知努力来抑制他们现有的信念，以应用其新开发的基于逻辑的策略来解决冲突问题。他们发现，基于信念和逻辑推理的激活模式不一样，基于逻辑的推理观察到左侧 IFG 的激活较第一次扫描明显增强。他们认为，左侧 IFG 的激活增强表明被试对训练中学到的逻辑规则敏感，这个脑区可能参与了基于信念的认知抑制，并转为基于逻辑反应的过程。然而，Luo 等（2014）对基于信念和逻辑推理的激活模式差异的理解有待斟酌，因为训练后，逻辑规则已成为被试熟练的基本知识，他们无须启动需要认知解耦或认知努力的系统 2 加工，就可以完成冲突推理任务。双加工理论的"逻辑直觉"模型指出，基于基本逻辑和概率原理的基本知识的逻辑直觉反应也属于系统 1 加工（de Neys，2012，2014），因此逻辑训练后左侧 IFG 的激活增强属于基于逻辑直觉的系统 1 加工，不参与经过认知努力克服以往信念偏差的系统 2 过程。

第二，Goel 和 Dolan（2003）认为，左侧 IFG 的激活可能与结论判断阶段的运动抑制有关，此阶段被试用身体动作表示他们的反应。相反，在 Luo 等（2014）的研究中，左侧 IFG 的激活发生在不涉及身体动作的小前提呈现过程中。总的来说，来自 fMRI、rTMS 和 fNIRS 研究的证据支持左侧 IFG 在命题前提的编码和整合阶段均被激活，包括冲突监测（Goel，2007；Pennycook et al., 2015），而右侧 IFG 参与信念偏差反应抑制相关的过程（de Neys & Glumicic., 2008；Tsujii et al., 2010）。

## 二、批判性思维相关的脑功能连接研究

大脑的功能连接主要有 3 种，分别为默认模式网络、执行控制网络和突显网

络，其中默认模式网络包括前额叶皮层、角回及后扣带回皮层/枕叶，与内在的、自发产生的思维有关（Bartoli et al.，2023）。执行控制网络主要涉及外侧前额叶和下顶叶区域，并与外部定向执行功能相关，包括工作记忆、决策制定及注意控制等（Khodaei et al.，2023）。DLPFC 和 ACC 等区域被认为是执行控制网络的主要组成部分。最近的研究显示，默认模式网络和执行控制网络在需要先验知识来完成认知任务时会呈现出协同作用（Ovando-Tellez et al.，2022）。突显网络主要包括前岛叶（anterior insula，AI）和 ACC，这两个区域被认为是突显网络的核心组成部分（Menon & Uddin，2010）。突显网络在感知、注意、情感等方面的调控中起着关键作用，与检测行为相关刺激及协调对这些刺激的神经反应密切相关（Menon & Uddin，2010）。总的来说，这 3 种网络协同工作，共同参与大脑的认知、情感和注意力等方面的调控，并支持高阶思维，比如，批判性思维和创新思维（Kruse et al.，2023）。

## （一）演绎推理的脑功能的分区

现有神经影像学研究支持左半球在演绎推理方面的主导地位，当面对演绎论证的前提时，左半球可能会识别逻辑结构并产生关于结论的假设（Monti et al.，2007；Goel，2007）。Monti 等（2007）采用认知负荷范式来分离演绎推理的神经相关性，并探讨了语言在演绎推理中扮演的角色。他们发现，这个网络分为"核心"和"支持"区域。"核心"区域执行演绎推理操作，位于左侧前额叶 BA 10（前侧前额叶）和双侧中央前额叶皮层 BA 8（额叶眼动区）；"支持"区域维持论证的形式结构，包括左侧前额叶 BA 6、BA 47（前运动皮层、额下回）和顶叶皮层 BA 7、BA 40（体感联合皮层、韦尼克区的感觉语言中枢）。Wang 等（2020）使用似然估计法对收集的 38 篇实证研究的数据进行了分析，并使用联合分析来确定元分析结果。结果显示，演绎推理得到了额叶/顶叶皮层和亚皮层结构（如尾状核）组成的网络的支持，联合分析结果强调了 IFG、AI 和 ACC 作为演绎推理的核心区域。一些研究已经明确皮层结构（顶下小叶、IFG 和 AI）在演绎推理中发挥着作用，顶下小叶参与了空间重新定位，控制空间注意力和目标检测的变化（Chapman et al.，2010；Shulman et al.，2010）。顶下小叶和 IFG 与逻辑相关的神经活动密切相关，这可能表明人类的演绎推理至少部分源自经验、心理模式，而这两个脑区可能在处理推理的前提时，对结论的判断起到了抑制的作用。

## （二）演绎推理不同阶段的脑区激活模式

Fangmeier 等（2006）使用 fMRI 研究演绎推理不同阶段的脑区激活模式，按时间顺序将推理分为 3 个阶段：前提加工阶段、前提整合阶段、结论与前提假设是否符合逻辑的验证阶段。该研究发现，每个推理阶段都有其独特的神经活动模式，最初为颞-枕区激活，在推理过程中转移到前额叶皮层，最后到顶叶皮层。这些前额叶和顶叶区域的活动是与推理相关的，因为在具有相同前提和相等工作记忆负荷的匹配工作记忆问题中，这些区域的活动显著减少。类似地，Ziaei 等（2020）应用机器学习算法对逻辑决策过程中脑区激活模式和认知过程的关系进行了诠释。在推理早期阶段，丘脑、视觉和顶叶等区域的激活是重要的，可能是为了构建对假设的心理图像。在中期阶段，内容逻辑冲突似乎触发了从记忆中检索当前信仰并引发情绪反应，激活海马和杏仁核等区域，分别调节记忆和情感反应。在这个阶段，AI 被激活，充当一个功能性的"交换机"，以整合内部和外部信息。随后，IFG 对检索到的信念和情感反应进行抑制，这对逻辑决策是必要的。在决策过程的后期，前额叶区域，包括尾状核、IFG 等参与验证最终的决策。两项研究都表明了脑区激活模式会随着演绎推理阶段的变化而发生转变，尤其是前额叶区域（包括尾状核和 IFG）和顶叶皮层对信念偏差的抑制和逻辑决策非常重要。然而，上述两项研究的结果不一致，可能主要源于分析方法的差异。

## （三）演绎推理脑区激活模式和脑功能连接的影响因素

任务模式和复杂程度对演绎推理脑功能连接具有影响，不同的论证结构会导致神经网络激活模式的差异。例如，关系论证与双侧后顶叶皮层和右额中回的激活相关，而分类论证与左侧 IFG 和左基底神经节相关。相比之下，命题论证与左侧后顶叶、左侧中央前回和额叶内侧回皮层相关（Prado et al.，2011）。复杂的演绎推理实验会触发多个脑区共同激活的模式，其中包括左侧 DLPFC、额极、额叶内侧面、左额叶和顶叶皮层（Cocchi et al.，2013；Coetzee & Monti，2018；Monti et al.，2007）。例如，Caudle 等（2023）运用 fMRI 探测了被试在完成矩阵决策推理任务时的额-顶叶区域的功能激活、连接强度及信息流向。结果显示，DLPFC、枕叶和顶叶区域均被激活，前额叶（执行功能区域）和顶叶（感觉处理区域）之间的功能连接较强，信息是从顶叶流向前额叶，表明顶叶区域对前额叶的影响较大。此外，左侧前中央回和左背侧 ACC 之间的功能连接强度与推理决策任务的行为表现呈正相关。这些结果表明，执行功能网络在演绎推理中发挥了重要作用。

刺激呈现和基线对推理脑功能也有一定的影响。Fangmeier 等（2006）使用 fMRI 探究了与演绎推理过程相关的神经活动。结果显示，在刺激呈现时，颞-枕叶皮层被激活，这表明在前提加工阶段场景的内容引发了视觉心理图像。随后，演绎推理又触发了顶枕叶-额叶网络的激活。然而，在没有任何视觉输入的情况下，未观察到类似的脑激活模式。这一结果支持演绎推理依赖视觉空间机制的观点。相反，Knauff 等（2002）的研究发现，在没有任何视觉输入的情况下，演绎推理也激活了顶枕叶-额叶网络。这一结果与 Fangmeier 等的观点有所不同，暗示演绎推理可能在某些情境下不依赖视觉空间机制。基线的选择对脑区激活模式也有一定的影响。例如，Knauff 等（2002）以休息间隔作为分析 3 种推理的基线（范畴三段论、三项空间关系项目、三项非空间关系项目），结果发现，在基线条件下，左侧后颞叶皮层被激活。Goel 等（1998）使用无关任务（仅对刺激进行表面处理）作为基线任务，诱发了左侧 IFG、左侧额中回、颞回和扣带回的激活。这表明基线的选择也可能会影响对演绎推理过程的解释。

综上所述，大多数神经影像学研究表明，IFG 和 AI 等脑区之间的功能连接在演绎推理过程中起着核心作用。脑区的激活模式会随着演绎推理不同阶段的变化而发生动态调整，尤其是前额叶区域（包括尾状核和 IFG）及顶叶皮层在抑制信念偏差和进行逻辑决策方面发挥了关键作用。此外，演绎推理的脑区激活模式受到多种因素的影响，包括推理任务的类型和复杂程度、刺激呈现方式及基线任务的设置等。

# 第二节　批判性思维与信念偏差推理的血流动力学研究

## 一、研究目的

在推理过程中，如果一个结论是可信的，不管它的逻辑是否有效，人们都倾向接受该结论。信念偏差即发生于由先验信念主导的结论的可信度与推理的逻辑有效性发生冲突的时候。解决由信念引发的与逻辑冲突的推理问题的能力是批判性思维的核心技能之一，体现了个体在考虑推理的前提或理由时能够抑制或摒弃个人已有的信念或经验并进行推理的能力。批判性思维研究特别重视在推理过程中个体抑制信念偏差的能力（Halpern，1997；West et al.，2008）。衡量信念偏差推理能力的一个典型范式是信念偏差三段论，包括对结论的逻辑有效性与先前信念一致性和不一致性的测试。

推理中的信念偏差与批判性思维的相关性可以追溯到推理的双加工理论，该理论提出了两种类型的加工，分别为启发式思维的系统 1 加工和分析型思维的系统 2 加工（Evans & Stanovich，2013；Stanovich，2009）。启发式思维倾向基于先验知识和信念来解决问题，在很大程度上依赖认知资源，如工作记忆和执行功能。如果结论与以前的知识一致，那么系统 1 加工支持结论，而不管其逻辑是否有效，反之亦然。分析型思维强调深思熟虑和通过认知努力解决问题的能力。批判性思维的核心在于启动系统 2 加工，抑制默认启发式反应，其中包括信念偏差反应（Halpern，1997；Bensley，2020）。

现有的行为研究表明，批判性思维与抑制信念偏差推理的能力密切相关（West et al.，2008）。例如，Heijltjes 等（2014）的研究表明，明确的批判性思维指导可以帮助学生在推理过程中抑制先前的信念和观点，从而提高学生运用批判性思维技能的效率。然而，这些行为的研究缺乏神经学证据的支持。因此，本研究采用 fNIRS 技术分析信念偏差推理的神经活动特征，并考察其与批判性思维能力的关系，以揭示批判性思维能力的神经机制。

## 二、研究方法

### （一）研究对象

在华中地区两所大学招募 78 名大学生。所有被试均是右利手，健康，视力或矫正视力正常。其中，1 名被试因在信念偏差推理任务中的准确性低于 25%，其数据被剔除。另外 3 名被试因有超过 30% 的通道的数据被剔除，因此这些被试被排除。最终纳入研究的被试有 74 人（其中，男生 50 人），年龄在 18—22 岁（$M_{年龄}$ =

19.47，$SD_{年龄} = 0.74$）。

## （二）研究流程

**1. 信念偏差推理的实验任务**

该实验任务改编自信念偏差三段论推理范式（Markovits & Nantel，1989），用来衡量一个人在推理过程中评估论据和论点的能力，而不考虑先前的信念或经验。实验控制了每个三段论的逻辑有效性（有效，无效）和可信度（可信，不可信）因素。根据每个推理任务的逻辑是否有效和结论是否可信（例子见表5-1），生成了两种类型的实验条件：冲突条件（有效-不可信，无效-可信）与批判性思维相关，非冲突条件（有效-可信，无效-不可信）与启发式思维有关。每个三段论包括一个主要前提、一个次要前提和一个结论，前提或结论的长度为6—11个汉字。每个三段论的文字长度都经过了平衡，以保证两种条件下的文字长度的变化是一样的。为了确保信念偏差对逻辑判断的持久影响，每个三段论的前提和结论同时呈现。实验任务包含80个试次，其中有8个试次随机分配到练习block中。

实验任务由E-Prime呈现。如图6-1（a）所示，被试首先看到一个持续0.5 s的"+"，然后出现一个包含两个前提和一个结论的三段论，持续时间为19.5 s。在此期间，被试需要假设前提为真，并评估每个三段论的逻辑有效性。如果被试认为结论有效，就按"1"键，如果被试认为结论无效，就按"2"键。实验期间，被试不会收到任何反馈信息。

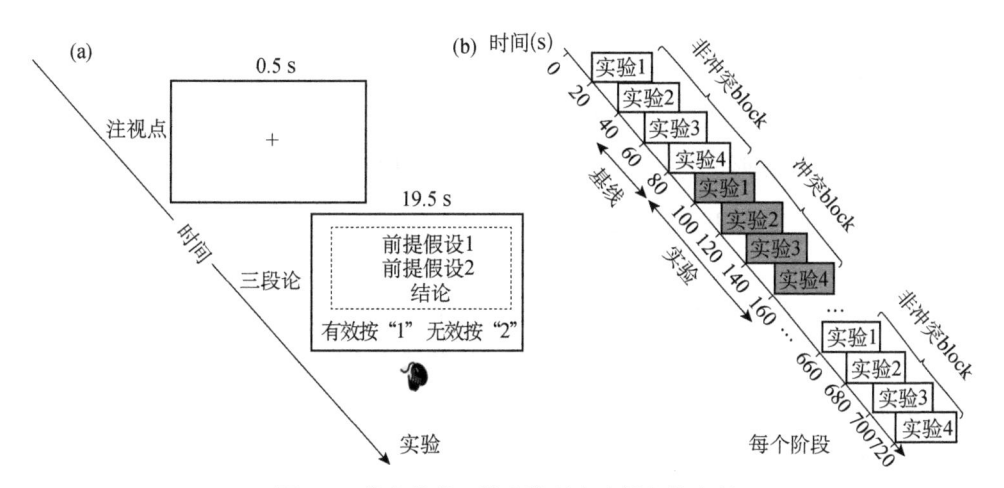

图6-1 信念偏差三段论推理实验任务的流程

实验任务采用 block 设计，分为两个阶段进行，被试在一个阶段完成后可以休息 3—5 min。每个阶段包括 9 个 block，其中有 4 个冲突 block 和 5 个非冲突 block 交替呈现，每个 block 包含 4 个试次[图 6-1（b）]。每个试次呈现 20 s，每个 block 持续 80 s。冲突 block 作为实验条件，每个冲突 block 总时长为 80 s，基线条件则取自非冲突 block 的最后 40 s[图 6-1（b）]。基线是通过多次预实验确定的，并与 Tsujii 等（2010）的实验设计相一致。被试需要先完成一个练习，里面包含 8 个试验，准确率至少达到 60%，才可以进入正式试验。该任务的冲突条件试次的准确率作为因变量，衡量抑制信念偏差的推理能力。任务的内部一致性信度为 0.72。

实验任务记录的 fNIRS 数据是通过连续光波系统（BS-7000，中国武汉资联虹康科技股份有限公司）采集的，波长为 690—830 nm，采样率为 100 Hz。头部探头由 53 个通道组成，有 16 对发射器和探测器，它们之间相隔 3 cm。探头帽被对称地固定在被试前额叶区域上方，帽檐离眉毛上方大约 1 cm。在记录近红外数据之前，对探头进行校准至关重要，校准的准确率应不低于 70%（Vidaurre & Blankertz, 2009）。探头的定位是根据 NIRS-SPM 中的 10-20 系统确定的（Jurcak et al., 2007），并根据蒙特利尔神经研究所的立体定位坐标系统，使用 BrainNet Viewer 实现 3D 图像的可视化。

**2. 批判性思维能力测验**

批判性思维能力测验包括中文版 CCTST（详细介绍见第四章第二节）和 CTHB（详细介绍见第五章第二节）。

**3. 研究程序**

批判性思维技能测验通过在线平台完成。被试在安静的实验室环境中完成实验任务。每名被试在实验之前需要填写人口统计学信息，然后使用 E-Prime 程序对信念偏差三段论推理任务进行测试，同时通过 fNIRS 记录被试的神经活动数据。整个实验持续大约 30 min。

**4. 数据分析**

根据批判性思维能力的分数将所有被试划分为批判性思维能力高分组（得分高于两个批判性思维测验平均 z 分数的中位数）和批判性思维能力低分组（得分低于中位数），这有助于简化数据分析，使脑成像结果更容易理解。

（1）fNIRS 数据预处理

本研究在进行 fNIRS 数据预处理时，使用了 MATLAB 中的工具包 Homer 2

（MGH-Martinos 生物医学成像中心，波士顿，美国）和 NIRS-SPM（生物成像信号处理实验室，韩国）。运用 Homer 2 剔除光学强度高于 2.5 或低于 0.01 的通道，因为这些数值超出了近红外仪器的检测范围。通过计算每个通道的变异系数（coefficient of variation，CV）评估通道信号的稳定性，剔除 CV > 0.15 的通道。每名被试的数据经过初步预处理后，有 10%—20% 的数据通道被剔除。应用 Homer 2 程序对数据进行转换、运动伪影矫正和噪声消除，将原始光学强度数据转换成光学密度数据。如果数据通道显示的信号变化超过标准差阈值或振幅阈值（Scholkmann et al., 2010），则标记与运动伪影的时间点相关的数据片段。这些运动伪影通过 3 次样条校正后（Scholkmann et al., 2010），使用 3 次多项式函数创建平滑曲线。3 次样条校正的目的是尽量减小原始数据和噪声的影响，减弱不规则性。平滑曲线有助于减小噪声、消除伪影并提高数据的准确性。使用频率为 0.01 Hz（仪器采样率的倒数）的低通滤波，消除与仪器相关的高频噪声。采用 NIRS-SPM 的小波-MDL 去趋势法（wavelet MDL）进行高通滤波（Jang et al., 2009）。小波变换可以有效地将全局趋势成分、血流动力学信号和不相关噪声分解。最后，使用修改的比尔-朗伯（Beer-Lambert）定律将光学密度数据转换为氧合血红蛋白和脱氧血红蛋白浓度。氧合血红蛋白和脱氧血红蛋白信号均用于测量脑血流的变化。

（2）fNIRS 数据分析

采用基线校正的组块平均法检测信念偏差推理中大脑活动的个体差异。这种方法与实验任务的组块设计相一致，强调了实验组块相对于基线的血流动力学的变化。基线校正的组块平均法是分析 fNIRS 数据的传统方法，通过减少基线漂移或噪声，提高数据的质量，而不是对信号特征做出假设（Tak & Ye, 2014）。这种方法是通过实验组块减去基线的血红蛋白浓度值来实现的（Tsujii & Watanabe, 2009）。氧合血红蛋白和脱氧血红蛋白浓度的变化代表了被试在推理任务中的血流动力学反应。应用 Homer 2 的组块平均程序，将平均组块的时长设置为基线的 40 s 和实验组块的 80 s。组块平均后，实验组块减去基线的血红蛋白浓度差值，代表了被试解决冲突推理的能力。很多认知研究显示，相对于平均值，活动曲线下的面积更能准确地反映血红蛋白浓度的变化且更敏感（Karamzadeh et al., 2016），因此采用活动曲线下的面积作为反映血流动力学变化特征的指标。

信念偏差推理中的脑激活图（也称为 $t$ 统计图），采用配对样本 $t$ 检验比较每个通道的实验和基线的血红蛋白浓度值（活动曲线下的面积）。为了减少第一类错误，采用假阳性发现率（false discovery rate，FDR）方法对计算出的 $p$ 值进行校正（$p < 0.05$）。FDR 校正后的 $p$ 值与 $t$ 值对应，生成了 $t$ 统计图（Collins-Jones et al.，2021）。将 MNI（Montreal Neurological Institute）坐标和 $t$ 值转换为 img 格式的文件，然后输入 BrainNet Viewer 中，以实现对脑激活图的 3D 可视化。参照先前的神经影像研究结果（Goel，2007），用 MNI 坐标进行脑区定位，选择右侧 IFG（通道 46 和 51）和左侧 DLPFC（通道 5 和 6）作为感兴趣区域（region of interest，ROI）。采用独立样本 $t$ 检验比较批判性思维能力高分组和低分组在每个 ROI 的实验与基线的氧合血红蛋白和脱氧血红蛋白浓度的差值（活动曲线下的面积），以分析两组在血流动力学方面的差异。

## 三、研究结果

根据两项批判性思维测验得分的平均 $z$ 分数的中位数，将所有被试划分为批判性思维能力高分组（$N = 36$，其中 26 名男性，$M_{年龄} = 19.50$，$SD_{年龄} = 0.61$）和批判性思维能力低分组（$N = 38$，其中 24 名男性，$M_{年龄} = 19.45$，$SD_{年龄} = 0.86$）。两组的批判性思维能力平均 $z$ 分数的差异显著（高分组：$M = 0.71$，$SD = 0.32$；低分组：$M = -0.68$，$SD = 0.72$；$t = -10.60$，$p < 0.01$，Cohen's $d = 2.49$）。所有被试信念偏差推理任务实验组块的正确率为 0.83（$M = 0.83$，$SD = 0.17$），与中文版 CCTST（$r = 0.47$，$p < 0.01$）和 CTHB（$r = 0.44$，$p < 0.01$）具有中度程度的正相关。在信念偏差推理任务中，批判性思维能力高分组的表现比批判性思维能力低分组的表现更好（高分组：$M = 0.91$，$SD = 0.08$；低分组：$M = 0.75$，$SD = 0.19$；$t = -4.86$，$p < 0.01$，Cohen's $d = 1.10$）。

### （一）信念偏差推理中的脑激活区域

图 6-2 显示，所有被试在进行信念偏差推理时，氧合血红蛋白和脱氧血红蛋白浓度的 $t$ 统计图一致显示的脑激活区域，主要分布在右侧 IFG 和左侧 DLPFC。$t$ 统计图的结果显示，相较于基线，左侧 DLPFC（通道 5、6）及右侧 IFG（通道 46、51）的氧合血红蛋白浓度的 $t$ 值明显升高[通道 5，$t(73) = 7.01$，$p = 0.000$，$p_{矫正} = 0.000$，Cohen's $d = 0.82$；通道 6，$t(73) = 8.28$，$p = 0.000$，$p_{矫正} = 0.000$，Cohen's $d$

= 0.96；通道 46，$t(73) = 7.06$，$p = 0.000$，$p_{矫正} = 0.000$，Cohen's $d = 0.82$；通道 51，$t(73) = 7.48$，$p = 0.000$，$p_{矫正} = 0.000$，Cohen's $d = 0.87$］。$t$ 值越高，表明氧合血红蛋白浓度发生的变化越大，大脑的激活程度越高。类似地，相较于基线，左侧 DLPFC 和右侧 IFG 的脱氧血红蛋白浓度的 $t$ 值明显降低［通道 5，$t(73) = -6.31$，$p = 0.000$，$p_{矫正} = 0.000$，Cohen's $d = 0.73$；通道 6，$t(73) = -9.62$，$p = 0.000$，$p_{矫正} = 0.000$，Cohen's $d = 1.12$；通道 46，$t(73) = -6.97$，$p = 0.000$，$p_{矫正} = 0.000$，Cohen's $d = 0.81$；通道 51，$t(73) = -7.19$，$p = 0.000$，$p_{矫正} = 0.000$，Cohen's $d = 0.84$］。对于脱氧血红蛋白而言，$t$ 值越低，表明脱氧血红蛋白浓度的变化越大，大脑激活水平越高。

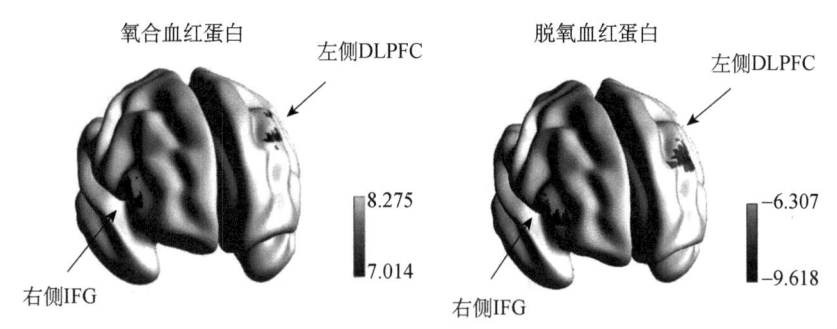

图 6-2 信念偏差推理中氧合血红蛋白和脱氧血红蛋白浓度值变化的 $t$ 统计图

注：氧合血红蛋白和脱氧血红蛋白浓度的 $t$ 统计图一致，显示信念偏差推理时的脑激活区域为左侧 DLPFC 和右侧 IFG。颜色条表示 $t$ 值。氧合血红蛋白浓度值的激活图阈值为 7.014 至其最大 $t$ 值（阈值：$p < 0.01$）。脱氧血红蛋白浓度值的激活图阈值为 –6.307 至其最小 $t$ 值（阈值：$p < 0.01$）

图 6-3 为批判性思维能力高分组（$n = 36$，$p < 0.01$，FDR 校正）和批判性思维能力低分组被试（$n = 38$，$p < 0.01$，FDR 校正）在两个 ROI 的氧合血红蛋白和脱氧血红蛋白浓度值的 $t$ 统计图。从图 6-3 可以看出，与批判性思维能力高分组相比，批判性思维能力低分组在两个 ROI 中表现出相对较高的脑激活水平，特别是在右侧 IFG 比较明显。

对于批判性思维能力高分组，$t$ 统计图的结果显示，相较于基线，左侧 DLPFC 和右侧 IFG 的氧合血红蛋白浓度的 $t$ 值显著升高［通道 5，$t(35) = 5.17$，$p = 0.000$，$p_{矫正} = 0.000$，Cohen's $d = 0.81$；通道 6，$t(35) = 4.51$，$p = 0.000$，$p_{矫正} = 0.000$，Cohen's $d = 0.74$；通道 46，$t(35) = 5.06$，$p = 0.000$，$p_{矫正} = 0.000$，Cohen's $d = 0.83$，通道 51，$t(35) = 3.67$，$p = 0.001$，$p_{矫正} = 0.01$，Cohen's $d = 0.60$］。

图 6-3 批判性思维能力高分组和低分组在信念偏差推理中氧合血红蛋白与脱氧血红蛋白浓度值变化的 $t$ 统计图（见文后彩图 6-3）

对于脱氧血红蛋白浓度而言，相较于基线，左侧 DLPFC 和右侧 IFG 均显示出显著降低的 $t$ 值 [通道 5，$t(35)=-4.88$，$p=0.000$，$p_{矫正}=0.000$，Cohen's $d=0.80$；通道 6，$t(35)=-3.84$，$p=0.000$，$p_{矫正}=0.000$，Cohen's $d=0.63$；通道 46，$t(35)=-4.58$，$p=0.000$，$p_{矫正}=0.000$，Cohesn's $d=0.75$；通道 51，$t(35)=-3.2$，$p=0.000$，$p_{矫正}=0.000$，Cohen's $d=0.53$]。

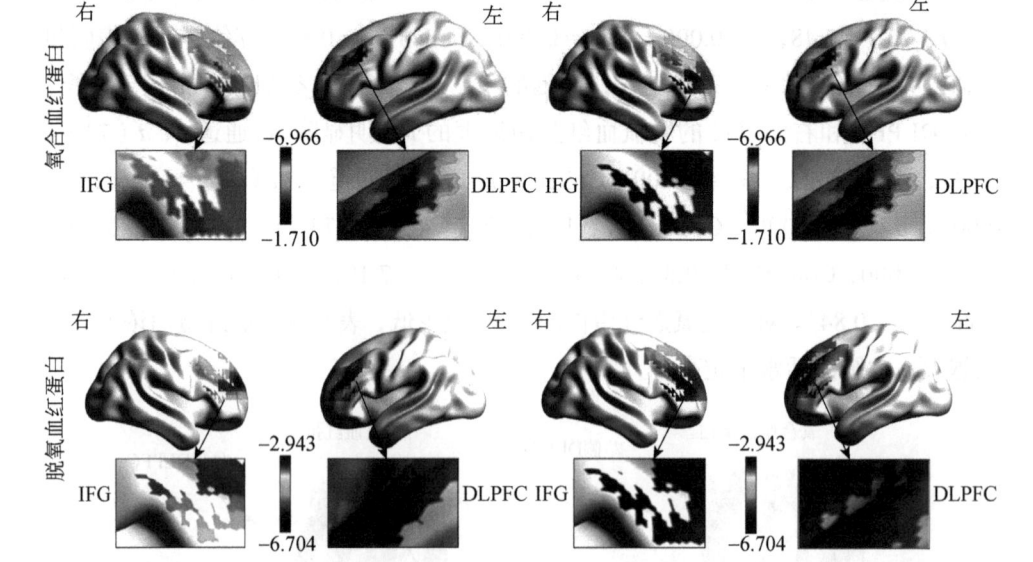

对于批判性思维能力低分组，相较于基线，左侧 DLPFC 和右侧 IFG 的氧合血红蛋白浓度的 $t$ 值显著升高 [通道 5，$t(37)=6.97$，$p=0.000$，$p_{矫正}=0.000$，Cohen's $d=1.15$；通道 6，$t(37)=5.09$，$p=0.000$，$p_{矫正}=0.000$，Cohen's $d=0.84$；通道 46，$t(37)=4.30$，$p=0.000$，$p_{矫正}=0.000$，Cohen's $d=0.71$；通道 51，$t(37)=6.68$，$p=0.000$，$p_{矫正}=0.000$，Cohen's $d=1.10$]。相较于基线，左侧 DLPFC 和右侧 IFG 的脱氧血红蛋白浓度的 $t$ 值显著降低 [通道 5，$t(37)=-6.70$，$p=0.000$，$p_{矫正}=0.000$，Cohen's $d=1.10$；通道 6，$t(37)=-4.63$，$p=0.000$，$p_{矫正}=0.000$，Cohen's $d=0.76$；通道 46，$t(37)=-4.07$，$p=0.000$，$p_{矫正}=0.000$，Cohen's $d=0.67$；通道 51，$t(37)=-6.52$，$p=0.000$，$p_{矫正}=0.000$，Cohen's $d=1.01$]。

上述 $t$ 统计图显示了批判性思维能力高分组和低分组被试的脑激活程度, 但两组是否存在统计学差异, 需要进一步采用独立样本 $t$ 检验比较两组的血红蛋白浓度值。表 6-1 显示了批判性思维能力高分组和低分组在进行信念偏差推理时, 左侧 DLPFC 和右侧 IFG 的氧合血红蛋白和脱氧血红蛋白的浓度值(活动曲线下的面积)。活动曲线下的面积是按绝对值计算的, 数值越大, 表示氧合血红蛋白和脱氧血红蛋白浓度的变化越大, 大脑激活程度越高。结果表明, 批判性思维能力低分组在右侧 IFG 的氧合血红蛋白和脱氧血红蛋白的浓度值均高于批判性思维能力高分组(氧合血红蛋白的浓度值, $t=3.09$, $p=0.003$, Cohen's $d=0.72$; 脱氧血红蛋白的浓度值, $t=2.87$, $p=0.005$, Cohen's $d=0.67$)。相比之下, 左侧 DLPFC 没有发现显著差异(见表 6-1 的 $t$ 检验结果)。以上结果表明, 在信念偏差推理中, 批判性思维能力低分组的右侧 IFG 比批判性思维能力高分组更活跃。

表 6-1 批判性思维能力高分组和低分组在 ROI 中氧合血红蛋白和脱氧血红蛋白的浓度值

| 项目 | | 组别 | $M$ | $SD$ | $t$ | $p$ | Cohen's $d$ |
|---|---|---|---|---|---|---|---|
| 氧合血红蛋白 | 左侧 DLPFC | 低分组 | 57.10 | 37.93 | 0.74 | 0.46 | 0.17 |
| | | 高分组 | 50.69 | 36.97 | | | |
| | 右侧 IFG | 低分组 | 45.64 | 36.36 | 3.09 | 0.003 | 0.72 |
| | | 高分组 | 24.95 | 17.63 | | | |
| 脱氧血红蛋白 | 左侧 DLPFC | 低分组 | 33.46 | 31.45 | 1.15 | 0.26 | 0.27 |
| | | 高分组 | 26.53 | 18.36 | | | |
| | 右侧 IFG | 低分组 | 32.24 | 24.05 | 2.87 | 0.005 | 0.67 |
| | | 高分组 | 18.68 | 15.45 | | | |

图 6-4 呈现了组块平均后(实验组块: 40—120 s), 批判性思维能力高分组和低分组在信念偏差推理中左侧 DLPFC 和右侧 IFG 的氧合血红蛋白与脱氧血红蛋白浓度的变化。与 $t$ 统计图中观察到的结果一致, 批判性思维能力低分组在与信念偏差推理相关的右侧 IFG 的氧合血红蛋白和脱氧血红蛋白浓度的变化比批判性思维能力高分组更大。

## (二)信念偏差推理对批判性思维的预测

表 6-2 显示了批判性思维测验的信念偏差三段论推理任务的正确率、ROI 的氧合血红蛋白和脱氧血红蛋白的浓度值(活动曲线下的面积)与批判性思维能力的相关。信念偏差三段论推理任务的正确率与批判性思维能力得分呈中等水平相关,

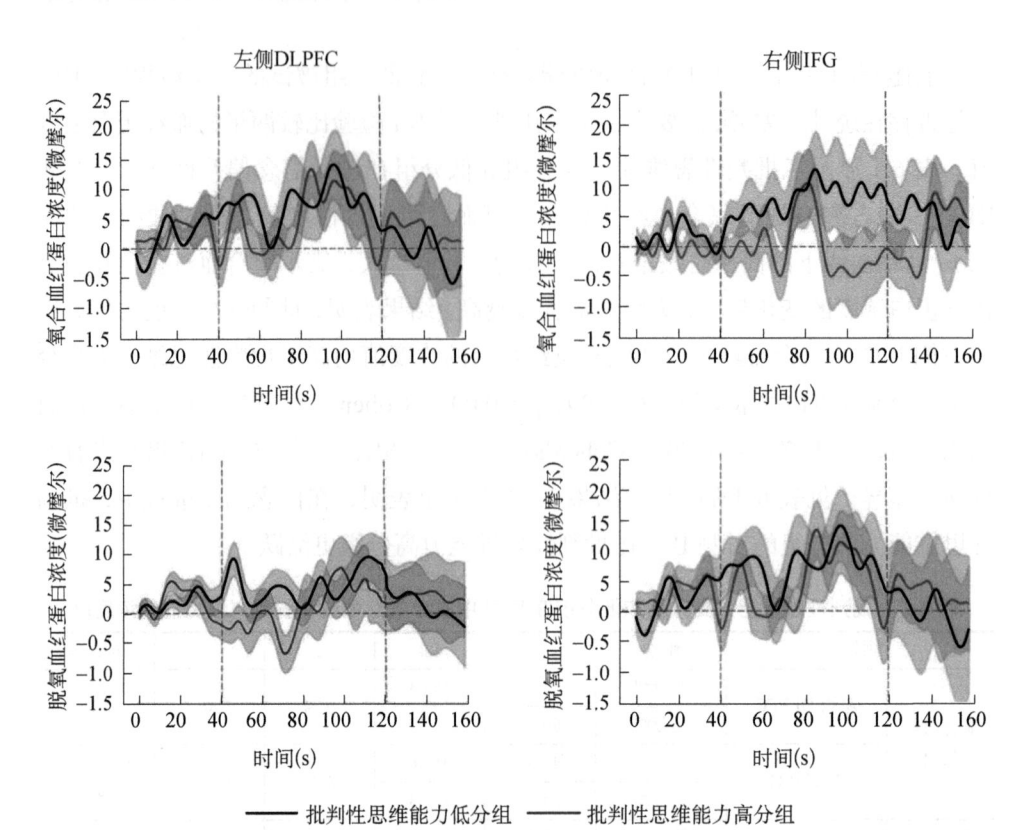

图 6-4　批判性思维能力高分组和低分组在进行信念偏差推理时两个 ROI 的氧合血红蛋白和脱氧血红蛋白浓度的变化

与信念偏差推理的所有血流动力学指标均显著相关。右侧 IFG 氧合血红蛋白和脱氧血红蛋白的浓度值与批判性思维能力得分呈中等相关。左侧 DLPFC 氧合血红蛋白和脱氧血红蛋白的浓度值与批判性思维能力呈显著相关。进一步地，分别以信念偏差推理的行为指标和血流动力学指标作为预测变量，以批判性思维能力得分作为因变量，建立线性回归模型。当用行为数据（即信念偏差推理任务的正确率）作为预测因子时，模型解释了 25% 的批判性思维能力的方差（$R^2 = 0.25$，$F = 24.36$，$p < 0.01$）。当以血流动力学指标（即两个 ROI 中的氧合血红蛋白和脱氧血红蛋白的浓度值，活动曲线下的面积）作为预测因子时，模型解释了 33% 的批判性思维能力的方差（$R^2 = 0.33$，$F = 8.52$，$p < 0.01$）。右侧 IFG 氧合血红蛋白（$\beta = -0.39$，$t = -3.73$，$p < 0.01$）和脱氧血红蛋白（$\beta = -0.22$，$t = -2.05$，$p < 0.05$）对批判性思维能力有显著的负向预测作用，而左侧 DLPFC 氧合血红蛋白（$\beta = -0.14$，$t = -1.35$，

$p=0.18$）和脱氧血红蛋白（$\beta=-0.11$，$t=-1.04$，$p=0.30$）对批判性思维能力的预测作用不显著。因为血流动力学特征是曲线下的面积均为绝对值，氧合血红蛋白和脱氧血红蛋白的浓度值对批判性思维能力的预测均为负向的，这表明氧合血红蛋白和脱氧血红蛋白浓度值的变化越大，脑区越活跃，批判性思维能力越低。

表 6-2　信念偏差三段论推理任务的正确率、ROI 的氧合血红蛋白和脱氧血红蛋白的浓度值（活动曲线下的面积）与批判性思维能力的相关

| 变量 | 1 | 2 | 3 | 4 | 5 | 6 |
| --- | --- | --- | --- | --- | --- | --- |
| 1. 信念偏差三段论推理任务的正确率 | — | | | | | |
| 2. 左侧 DLPFC 氧合血红蛋白 | −0.21 | — | | | | |
| 3. 左侧 DLPFC 脱氧血红蛋白 | −0.26* | 0.13 | — | | | |
| 4. 右侧 IFG 氧合血红蛋白 | −0.31** | 0.21 | 0.22 | — | | |
| 5. 右侧 IFG 脱氧血红蛋白 | −0.34** | 0.02 | 0.32** | 0.23* | — | |
| 6. 批判性思维能力 | 0.51** | −0.24* | −0.28* | −0.49** | −0.34** | — |

血流动力学指标在多大程度上解释了信念偏差推理的行为对批判性思维能力的预测？本研究进一步做了分层回归模型研究，第一层放入血流动力学指标作为控制变量，第二层放入行为指标。结果表明，在控制了血流动力学变量后，行为仅能解释 8% 的批判性思维能力的方差（$R^2=0.41$，$\Delta R^2=0.08$，$F=9.60$，$p<0.01$）。这表明血流动力学数据解释了大约 68%[即 0.68 =（0.25 − 0.08）/0.25] 的信念偏差推理的行为结果对批判性思维能力的预测。

## 四、结果讨论

在推理中，抑制信念偏差的能力是批判性思维的重要技能（West et al., 2008; Facione, 1990）。本研究使用 fNIRS 技术探测了 74 名大学生在进行信念偏差推理时的大脑活动，并将其与批判性思维能力进行关联分析。结果显示，在进行信念偏差推理时，当先前的信念与逻辑有效性相矛盾时，右侧 IFG 和左侧 DLPFC 显著激活。批判性思维能力高分组和低分组在右侧 IFG 的氧合血红蛋白和脱氧血红蛋白的浓度值也存在显著差异。同时，右侧 IFG 和左侧 DLPFC 的氧合血红蛋白与脱氧血红蛋白作为预测变量对批判性思维能力具有显著的负向预测作用。

结果显示，信念偏差推理在右侧 IFG 和左侧 DLPFC 有显著的激活。这与前期的神经影像研究结果一致，表明右侧 IFG 在推理中抑制信念偏差方面发挥了关键作用（Goel，2007；Goel & Dolan，2003；Tsujii & Watanabe，2009）。右侧 IFG 被认为是岛叶的一部分，岛叶通过调节注意力和抑制来减小输入感官的偏见信息对结论判断的影响（Aron et al.，2014；Sharp et al.，2010）。右侧 IFG 的活动异常可能与执行控制功能障碍相关（Aron et al.，2014）。尽管先前的研究表明右侧 IFG 与抑制信念偏差的推理能力相关联（Tsujii et al.，2010；Tsujii & Watanabe，2009），但其他脑区是否也参与了信念偏差抑制的过程，尚未得到证实。本研究涵盖整个前额叶皮层，涉及大部分执行功能网络，发现在信念偏差推理中，左侧 DLPFC 也被激活。左侧 DLPFC 被认为在冲突监测期间调节工作记忆（Edgcumbe et al.，2019）。这些结果表明，信念偏差推理可能不仅涉及右侧 IFG 的激活，还可能涉及多个脑区的协作。

批判性思维能力高分组和低分组右侧 IFG 的氧合血红蛋白和脱氧血红蛋白的浓度存在显著差异，而在左侧 DLPFC 未发现显著差异。正如前文所述，在推理中，抑制信念偏差反映了系统 2 加工的过程，它主要依赖工作记忆和执行功能等认知资源（Evans & Stanovich，2013）。抑制功能有助于防止个体将现实世界与虚构场景的描述混淆，并通过认知资源努力克服先前的信念。这涉及认知解耦和认知努力的过程，是系统 2 加工的核心特征（Evans & Stanovich，2013）。Bensley（2020）的研究指出，批判性思维的一个关键功能是抑制默认的启发式反应，包括那些受信念偏差影响的反应。批判性思维能力低分组被试在右侧 IFG 表现出更强的激活，而批判性思维能力高分组则没有。批判性思维能力高分组被认为更容易受到信念偏差的影响，可能需要更多的注意资源。这一结果与神经效率假说一致。该假说认为，在完成简单的认知任务时，具有更高批判性思维能力的个体通常显示出较低的脑激活水平，而批判性思维能力相对低的个体则显示出更高的脑激活水平（Neubauer & Fink，2009）。较低的脑激活水平表示个体可以更高效地分配认知资源，用于问题解决或决策制定（Neubauer & Fink，2009）。

回归分析结果显示，右侧 IFG 氧合血红蛋白和脱氧血红蛋白的浓度值对批判性思维能力具有显著的负向预测作用，右侧 IFG 和左侧 DLPFC 的血流动力学指标在很大程度上解释了信念偏差推理的表现对批判性思维能力的预测作用。这意味着这两个脑区的血流动力学变化在很大程度上可以反映个体的批判性思维能力水平。这些结果为信念偏差推理与批判性思维之间关联的相关假设提供了神经证据，进一步支持了相关理论和行为研究的观点（West et al.，2008；van Peppen et al.，2021；Watson & Glaser，1980）。具体来说，推理的双加工理论表明，在推理过程中解决信念与逻辑之间的冲突是分析性思维的关键方面。然而，这一理论没有建立信念偏差推理与批判性思维之间的具体联系。本研究不仅从神经层面建立了信念偏差推理与批判性思维的紧密联系，还深化了对批判性思维相关的大脑功能的理解。

## 第三节　批判性思维与信念偏差推理的脑功能连接研究

### 一、研究目的

第二节初步揭示了批判性思维的脑区激活特征，明确了不同批判性思维能力个体在脑区激活方面的差异，并指出这种血流动力学变化在很大程度上反映了批判性思维能力的个体差异。然而，作为一种高阶认知能力，批判性思维涉及复杂的认知过程，脑区激活特征仅从神经活动表层解释了其神经机制。至于这些脑区形成的神经网络如何运作、功能连接强度与信息传递方式如何，以及这些脑区协作模式对批判性思维能力的具体影响，目前尚不清楚。因此，本研究重点探讨与批判性思维相关的脑区在信念偏差推理中的功能连接模式和信息流向，旨在深入理解批判性思维的神经网络运作规律，弥补以往关于批判性思维脑功能连接影像学研究的不足。

本研究的目的有两个：第一，进一步验证信念偏差推理与批判性思维能力之间的神经相关性。基于本章第二节阐述的批判性思维相关脑区的激活特征，深入探讨并扩展至前额叶网络的功能连接，为揭示信念偏差推理与批判性思维能力之间的关系提供更加充分的神经科学证据。第二，厘清与批判性思维能力相关的前额叶网络功能连接模式及信息流向，揭示不同批判性思维能力个体的神经网络运作特征及规律。

## 二、研究方法

本研究的对象、实验任务和批判性思维测验,以及研究程序及 fNIRS 数据的预处理,均与本章第二节研究相同,以下主要介绍 fNIRS 数据分析方法。

很多脑功能连接的研究采用氧合血红蛋白信号进行分析,也有少量的研究考虑了氧合血红蛋白和脱氧血红蛋白,但结果显示只有氧合血红蛋白表现出稳定的结果(Fronda & Balconi, 2020)。

在分析 ROI 的功能连接强度和信息流向时,选取 4 个 ROI:①左侧 DLPFC(包括以下通道:CH5、CH6、CH11、CH13、CH15、CH16、CH17);②右侧 DLPFC(包括以下通道:CH34、CH39、CH41、CH42、CH43、CH45、CH49);③左侧 IFG(包括以下通道:CH2、CH3、CH7、CH8);④右侧 IFG(包括以下通道:CH44、CH46、CH50、CH51)。ROI 的选择主要依据先前的研究显示执行控制网络的 DLPFC 和 IFG 在演绎推理的脑功能连接方面扮演着关键角色(Caudle et al., 2023; Ziaei et al., 2020)。

### (一)相位锁定值

对于功能连接分析,基于实验组块的 80 s,使用相位锁定值(phase locking value, PLV)作为测量 fNIRS 通道之间神经活动是否同步的指标。PLV 代表两个相互耦合的神经振荡活动的相位同步化(即两个神经活动的相位差保持固定,不随时间变化)。PLV 的取值范围是 0—1。当 PLV 等于 0 时,两个神经活动在某个频段的相位差均匀分布在 $-\pi$—$\pi$ 的区域内,即相位没有同步;当 PLV 等于 1 时,相位差固定为 $-\pi$—$\pi$ 内的一个固定值,即相位完全同步。在解剖学中,相距较远的区域的 PLV 可以作为评估区域之间功能连接强度的指标(Molavi et al., 2012)。

在组块设计范式中,PLV 是在单个刺激的组块上计算两个通道中信号之间的瞬时相位差。如果其他刺激组块对应时间点的相位差比较接近,则相位差向量对齐,求和向量范数接近整数 1;如果相位差在各个组块之间随机变化,则被添加的向量的相位是随机的,求和的向量会有一个小范数。这种区域之间的功能连接方式并非基于因果关系,也没有指明信息的流向(一个区域对另一个区域影响的方向)。相反,它显示了在特定刺激下哪些通道可能属于同一个网络。因此,两个通道之间的关联强度是相同的。然而，这并不意味着在两个通道之间传递的因果信息是相同的。相位同步是对所有组块在相同刺激类型下进行计算的，涵盖了所需的频率和时间范围。本研究基于组块平均后的实验组块的 80 s，在 $t=0$ s 到 $t=80$ s 之间进行平均相位同步计算，以分析实验刺激反应的脑功能连接强度。

## （二）基于网络的多重比较校正

在进行多个不同区域的脑功能连接强度比较分析时，为了控制假阳性率，本研究采用了基于网络统计（network-based statistic，NBS）的方法对 $p$ 值进行校正，这一方法在脑功能连接研究中已得到了广泛应用（Zalesky et al., 2010）。NBS 方法的原理是将大脑看作一个整体系统和一个相互连接的网络，其目标是识别由适当选择的超过阈值的连接构成的潜在连接结构，即子网。因此，在脑功能连接性分析中，如果存在任何连接结构（子网）表现出显著的组间差异，NBS 都能够提供比传统的校正方法更强的统计效能（Meskaldji et al., 2013）。

NBS 方法运行的具体步骤如下：①定义图的模型，在前额叶区域定义了由 53 个通道组成的一组节点，节点位置依据其 MNI 坐标进行定位，节点大小则由其度值的面积下界（area under the degree curve，ADC）确定。具体而言，ADC 表示该通道在不同稀疏度下的度值曲线下的面积，反映了其在网络中的整体连接强度。度值是指和该节点相关联的连边的条数，又称关联度。构建一个 53×53 的功能连接矩阵，其中每一行和每一列分别对应一个前额叶节点。矩阵中的每个元素表示两个节点之间的 PLV，用于反映它们之间的功能连接强度。随后对所有连边的 PLV 进行统计分析，以揭示网络中关键连接的变化模式。本研究应用 Matlab 的 Gretna 软件，计算每个通道不同稀疏度下节点的度值 ADC 和 PLV。②为每对 PLV 的统计量设定一个阈值，以形成一组超过阈值的连接结构（子网）。利用广度优先搜索算法识别所有由这些阈值连边构成的连接子结构，并计算网络的大小，即网络包含的边的数量或统计量的总和。本研究主要利用聚类方法来设定阈值范围 $t=[2.6, 3.1]$，用于识别一组超过阈值的连接结构，阈值越大，限制越严格。③使用置换检验（permutation test）构建零分布，在每一次置换里，重复步骤①和②以获得对应的网络规模。通过 5000 次置换运行双样本 $t$ 检验，比较两组的功能连接矩阵。对初始阈值 $p<0.05$ 的连边，采用 NBS 方法进行多重比较校正，从而识别显著的连接子网络（Zalesky et al., 2010）。④根据零分布，通过计算得到 $p$。

分析批判性思维能力高分组和低分组在4个ROI的功能连接方面的差异，将包含在每个ROI中的所有通道分为4个脑区，计算每个脑区中任意两通道的PLV，并将4个脑区的PLV拼接成一个4×4的功能连接矩阵。通过独立样本t检验，比较任意两个脑区的PLV，并通过NBS方法对计算的p值进行校正，然后应用MATLAB R2013b的BrainNet Viewer工具包，将每组脑功能连接结构以3D可视化的形式呈现。

### （三）格兰杰因果分析

本研究采用格兰杰因果分析方法检测4个ROI之间的信息流向，即相互影响的方向与强度。格兰杰因果分析是一种被广泛应用于认知神经科学研究的时序统计方法，用于判断一个时间序列对另一个时间序列在未来变化中是否具有预测能力（Granger，1969）。在神经成像研究中，格兰杰因果分析可用于揭示大脑不同区域之间的定向信息流，又被称为"效应连接"（effective connectivity）。本研究中，格兰杰因果图的构建基于3个向量随机过程 $X$、$Y$ 和 $Z$，通过组合两个多元自回归模型来估计在控制 $Z$ 的条件下，$Y$ 对 $X$ 因果影响的程度。其中，$X$ 和 $Y$ 分别表示两个ROI的时间序列，$Z$ 表示其余所有ROI的时间序列，用于控制潜在的混杂影响。数据处理使用MATLAB平台上的HERMES工具箱计算每对ROI之间的格兰杰因果值（Granger causality value，GC）。随后，采用独立样本t检验比较批判性思维能力高分组与低分组在信念偏差推理任务中4个ROI间GC的差异，旨在揭示不同认知水平的个体在大脑效应连接模式上的变化特征。

## 三、研究结果

### （一）脑功能连接强度分析

使用独立样本t检验比较批判性思维能力高分组和低分组在信念偏差推理中4个ROI的PLV是否存在差异，包括左侧IFG-左侧DLPFC、右侧DLPFC-右侧IFG、左侧DLPFC-右侧DLPFC、左侧DLPFC-右侧IFG、左侧IFG-右侧DLPFC、左侧IFG-右侧IFG。表6-3显示，相对于批判性思维能力低分组，批判性思维能力高分组在右侧DLPFC-右侧IFG的功能连接强度较高。批判性思维能力高分组仅在右侧DLPFC-右侧IFG显示出比批判性思维能力低分组较大的PLV（$p = $

0.08），经 NBS 矫正后，批判性思维能力高分组和低分组在这两个脑区的功能连接值仍具有边缘显著的差异（阈值 $t = 2.6$，$p = 0.08$）。

表 6-3 批判性思维能力高分组和低分组在 ROI 的 PLV 比较

| 脑区功能连接指标 | 分组 | M | SD | t | p | Cohen's d |
|---|---|---|---|---|---|---|
| 左侧 IFG-左侧 DLPFC | 低分组 | 0.56 | 0.25 | -0.92 | 0.36 | 0.210 |
| | 高分组 | 0.61 | 0.24 | | | |
| 右侧 DLPFC-右侧 IFG | 低分组 | 0.51 | 0.29 | -1.78 | 0.08 | 0.410 |
| | 高分组 | 0.62 | 0.23 | | | |
| 左侧 DLPFC-右侧 DLPFC | 低分组 | 0.54 | 0.24 | 0.15 | 0.89 | 0.030 |
| | 高分组 | 0.54 | 0.28 | | | |
| 左侧 DLPFC-右侧 IFG | 低分组 | 0.51 | 0.25 | 0.10 | 0.92 | 0.020 |
| | 高分组 | 0.50 | 0.27 | | | |
| 左侧 IFG-右侧 DLPFC | 低分组 | 0.49 | 0.26 | 0.55 | 0.59 | 0.130 |
| | 高分组 | 0.52 | 0.24 | | | |
| 左侧 IFG-右侧 IFG | 低分组 | 0.50 | 0.23 | 0.01 | 0.99 | 0.002 |
| | 高分组 | 0.50 | 0.28 | | | |

本研究将信念偏差推理任务的正确率、4 个 ROI 的 PLV 与批判性思维能力分数进行关联分析。表 6-4 表明，右侧 DLPFC-右侧 IFG 的 PLV 与批判性思维能力呈小到中度的相关，其他 ROI 的 PLV 与批判性思维能力无明显关联。运用线性回归分析 4 个 ROI 的 PLV 对批判性思维能力的预测，将 4 个 ROI 的 PLV 作为预测变量，将批判性思维能力分数作为因变量。结果显示，模型解释了批判性思维能力 10% 的方差（$R^2 = 0.10$，$F = 1.18$，$p < 0.05$），右侧 DLPFC-右侧 IFG 的 PLV 与批判性思维能力呈正相关，对批判性思维能力的影响显著（$\beta = 0.28$，$t = 2.30$，$p < 0.05$）。相比而言，其他 ROI 对批判性思维能力没有显著的预测作用。

表 6-4 信念偏差推理任务的正确率、ROI 的 PLV 与批判性思维能力的关联分析

| 变量 | 1 | 2 | 3 | 4 | 5 | 6 | 7 | 8 |
|---|---|---|---|---|---|---|---|---|
| 1. 信念偏差推理任务的正确率 | — | | | | | | | |
| 2. 左侧 IFG-左侧 DLPFC | 0.07 | — | | | | | | |
| 3. 右侧 DLPFC-右侧 IFG | 0.03 | 0.03 | — | | | | | |
| 4. 左侧 DLPFC-右侧 DLPFC | -0.07 | 0.22 | 0.34** | — | | | | |
| 5. 左侧 DLPFC-右侧 IFG | -0.04 | 0.18 | 0.33** | 0.38** | — | | | |
| 6. 左侧 IFG-右侧 DLPFC | -0.05 | 0.28* | 0.22 | 0.37** | 0.12 | — | | |

续表

| 变量 | 1 | 2 | 3 | 4 | 5 | 6 | 7 | 8 |
|---|---|---|---|---|---|---|---|---|
| 7. 左侧IFG-右侧IFG | −0.13 | 0.35** | 0.18 | 0.25* | 0.52** | 0.40** | — | |
| 8. 批判性思维能力 | 0.50** | 0.06 | 0.28* | −0.08 | −0.10 | −0.05 | −0.07 | — |

## （二）格兰杰因果分析

格兰杰因果分析需要在脑功能分区的基础上建立一个在信念偏差推理中4个ROI相互影响的初步假设。DLPFC具有调节矛盾和进行监测的功能，左侧IFG与语义加工相关，在个体察觉违反社会规则并抑制冲动行为时显著激活，右侧IFG具有抑制信念偏差的作用。基于此，格兰杰因果模型的研究假设如下：在信念偏差推理中，左侧DLPFC、右侧DLPFC对左侧IFG、右侧IFG可能存在主要的网络调节效应。图6-5显示，左侧DLPFC和左侧IFG，以及左侧DLPFC、右侧DLPFC的GC信息流向是双向的，其他脑区的GC信息流向是单向的。该结果表明，左侧IFG和左侧DLPFC的联系紧密，这两个脑区的相互影响强度相同。相比而言，右侧IFG对左侧DLPFC、右侧DLPFC和左侧IFG的影响较大，其在成功克服信念偏差过程中起到了关键作用。为了了解批判性思维能力高分组和低分组在信念偏差推理中的ROI的GC是否存在明显差异，运用独立样本t检验，比较组间ROI的GC。表6-5表明，批判性思维能力高分组右侧IFG→右侧DLPFC的GC显著高于批判性思维能力低分组。

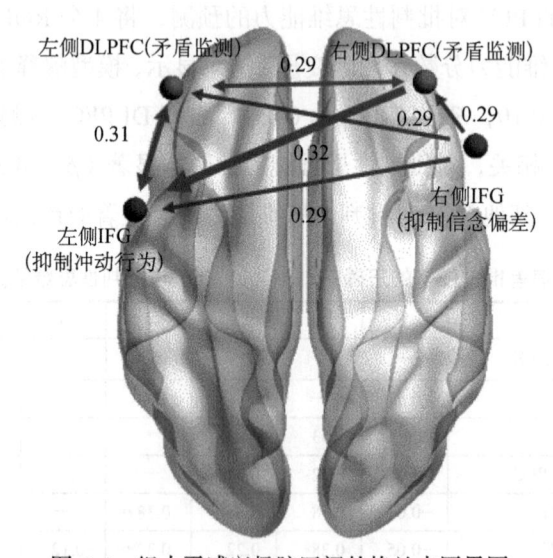

图6-5 组水平感兴趣脑区间的格兰杰因果图

表 6-5 批判性思维能力高分组和低分组在 ROI 间 GC 的比较

| 脑区功能连接指标 | 组别 | M | SD | t | p | Cohen' d |
|---|---|---|---|---|---|---|
| 左侧 IFG↔左侧 DLPFC | 低分组 | 0.30 | 0.13 | −0.52 | 0.61 | 0.12 |
| | 高分组 | 0.32 | 0.17 | | | |
| 右侧 IFG→左侧 DLPFC | 低分组 | 0.27 | 0.10 | −0.34 | 0.74 | 0.08 |
| | 高分组 | 0.28 | 0.21 | | | |
| 右侧 IFG→右侧 DLPFC | 低分组 | 0.26 | 0.11 | −2.02 | 0.05 | 0.47 |
| | 高分组 | 0.31 | 0.14 | | | |
| 右侧 IFG→左侧 IFG | 低分组 | 0.27 | 0.12 | −0.44 | 0.66 | 0.10 |
| | 高分组 | 0.29 | 0.13 | | | |
| 左侧 DLPFC↔右侧 DLPFC | 低分组 | 0.28 | 0.13 | −0.48 | 0.63 | 0.11 |
| | 高分组 | 0.30 | 0.12 | | | |
| 右侧 DLPFC→左侧 IFG | 低分组 | 0.28 | 0.15 | −0.96 | 0.34 | 0.22 |
| | 高分组 | 0.32 | 0.16 | | | |

经 NBS 校正，设置阈值 $t=2.7$，结果显示，两组仍存在显著的边缘差异（$p=0.06$）。表 6-6 表明，右侧 IFG→右侧 DLPFC 的 GC 与信念偏差推理任务的正确率和批判性思维能力呈轻、中度的正相关，其他 ROI 的 GC 与批判性思维能力无显著关联。使用线性回归方程分析 4 个 ROI 的 GC 对批判性思维能力的预测作用，将 4 个 ROI 的 GC 作为预测变量，将批判性思维能力分数作为因变量。结果显示，模型解释了批判性思维能力 9.7%的方差（$R^2=0.09$，$F=1.85$，$p<0.05$），右侧 IFG→右侧 DLPFC 的 GC 与批判性思维能力呈正相关，其对批判性思维能力的预测作用显著（$\beta=0.27$，$t=2.28$，$p<0.05$）。相比而言，其他 ROI 的 GC 对批判性思维能力没有明显的预测作用。

表 6-6 信念偏差推理任务的正确率、ROI 间 GC 与批判性思维能力的关联分析

| 变量 | 1 | 2 | 3 | 4 | 5 | 6 | 7 | 8 |
|---|---|---|---|---|---|---|---|---|
| 1. 信念偏差推理任务的正确率 | — | | | | | | | |
| 2. 左侧 IFG↔左侧 DLPFC | −0.15 | — | | | | | | |
| 3. 右侧 IFG→左侧 DLPFC | 0.07 | 0.22 | — | | | | | |
| 4. 右侧 IFG→右侧 DLPFC | 0.25* | 0.16 | 0.07 | — | | | | |
| 5. 右侧 IFG→左侧 IFG | 0.08 | −0.03 | −0.15 | −0.130 | — | | | |
| 6. 左侧 DLPFC↔右侧 DLPFC | 0.07 | 0.12 | 0.03 | 0.003 | 0.20 | — | | |
| 7. 右侧 DLPFC→左侧 IFG | 0.06 | −0.10 | −0.22 | −0.010 | 0.12 | −0.03 | — | |
| 8. 批判性思维能力 | 0.50** | 0.17 | 0.001 | 0.310** | −0.19 | 0.01 | −0.01 | — |

## 四、结果讨论

现有神经影像学研究对演绎推理的脑功能连接模式已有较全面的宏观解释，前额叶网络在演绎推理的结论判断阶段扮演着关键的角色。然而，关于前额叶网络的功能连接模式对演绎推理中抑制信念偏差起到了怎样的作用，尚不清楚。本研究选择演绎推理的关键区域 DLPFC 和 IFG 作为感兴趣脑区，分析了其在信念偏差推理中的功能连接模式和信息流向。结果显示，批判性思维能力高分组在右侧 DLPFC→右侧 IFG 的 PLV 比批判性思维能力低分组更高，且这两个脑区的 PLV 对批判性思维能力具有显著的正向预测作用。脑区间功能连接强度越高，表示脑区间的协作同步越强，体现了任务完成的高效性，这也解释了为什么批判性思维能力强的个体在发现冲突后不需要消耗很多的注意力资源就可以成功克服推理任务中的信念偏差。此外，格兰杰因果分析显示，在信念偏差推理中，格兰杰信息流向是从右侧 IFG 到右侧 DLPFC，即右侧 IFG 对右侧 DLPFC 的影响较大。与批判性思维能力低分组相比，批判性思维能力高分组的右侧 IFG→右侧 DLPFC 的 GC 更大。这表明批判性思维能力高的个体在发现信念与逻辑之间的冲突时，具有更强的抑制能力克服信念偏差的影响。

批判性思维能力较高的个体的右侧 DLPFC 和右侧 IFG 的 PLV 比批判性思维能力低的个体更强。这表明批判性思维能力高的个体在理性思考和识别偏差方面具有较高的神经连接活性，这是通过加强这两个特定脑区间的功能连接强度和协同作用实现的。右侧 DLPFC 是执行控制网络的关键区域，在信念偏差推理中起着监测冲突及控制注意力的作用（Kim et al., 2013）。右侧 IFG 及其他区域的功能连接在演绎推理中扮演着核心区域的角色，在逻辑决策中具有抑制的作用，尤其是在抑制基于经验的信念偏差方面具有重要作用（Goel, 2007; Tsujii & Watanabe, 2009; Tsujii et al., 2010; Wang et al., 2020; Ziaei et al., 2020）。因此，批判性思维能力较高的个体在这两个脑区显示出高度的神经活动同步性，反映了这类人在信念偏差推理中可能更擅长整合认知和注意力资源，具有强大的抑制能力，并且他们能够高效地运用这两种能力，从而在面对信念与逻辑冲突的推理时能做出更加理性和客观的判断。这一结果在一定程度上验证了神经效率假说（Neubauer & Fink, 2009），即批判性思维能力高的个体在完成认知任务时通常表现出较低的大脑活动水平。

较低的激活度意味着这些个体能够在问题解决任务中更加有效地分配注意力资源。批判性思维能力高的个体在完成推理任务时表现出的局部脑区激活水平较低，反映了其背后更高效的神经网络运作模式。这种效率通过增强两个与信念偏差推理密切相关的关键脑区（左侧 DLPFC 和右侧 IFG）之间的功能连接强度和脑区协作来实现，从而促进神经信息的高效传递和整合。

格兰杰因果分析结果表明，在信念偏差推理过程中，信息流向主要从右侧 IFG 指向右侧 DLPFC。对于批判性思维能力高的个体而言，右侧 IFG 对右侧 DLPFC 的影响更为显著，且这种影响强度对批判性思维能力具有正向的预测作用。这一结果说明，在信念偏差推理中，右侧 IFG 对右侧 DLPFC 的反馈和调节作用较强。具体而言，当右侧 DLPFC 检测到信念与逻辑冲突时，右侧 IFG 通过抑制发挥关键作用，而这种抑制的强度显著大于右侧 DLPFC 对右侧 IFG 的信息传递效应。这种机制有助于批判性思维能力高的个体更高效地抑制先前的信念，从而快速解决推理中的冲突。此外，批判性思维能力高的个体表现出更强的协同反馈抑制功能，这为双加工理论提供了神经学支持。双加工理论提出，一个强大的抑制系统能够抑制优势的启发式反应，从而启动系统 2 的分析性思维。由此可见，批判性思维不仅是系统 2 加工的体现，同时也依赖抑制系统的作用。这一结论与 Houdé 等（2000）的三系统理论相一致。Houdé 等（2000）认为，推理中的偏差并非源于逻辑思维的缺乏，而是特定情境下抑制的失败导致的。三系统理论强调了抑制系统在停止系统 1 加工并启动系统 2 加工过程中的核心作用，同时指出抑制系统是元认知能力的重要体现。从这一视角来看，本研究不仅阐明了批判性思维的神经网络运作模式，还有助于从神经层面理解批判性思维的元认知理论。

# 第七章
# 批判性思维的认知干预及效果评估

　　批判性思维的整合框架理论认为，批判性思维依赖基础认知过程与反思性判断，并受到元认知中的执行功能、动机等调节性因素的影响。其中，工作记忆作为基础认知过程的重要组成部分，负责将感知信息转化为长时记忆中的知识储备。本书第三章和第四章的实证研究表明，执行功能与批判性思维存在显著关联。然而，过去关于两者关系的研究多集中于揭示其相关性，鲜有从干预的视角探讨执行功能对批判性思维的具体影响的。本章基于已有理论和实证研究，通过认知干预实验，深入探讨了大学生批判性思维能力与执行功能的关系。

　　本章共三节，第一节阐述了批判性思维可塑性的相关理论及其认知神经基础。第二节从执行功能训练角度，对学生批判性思维进行干预的研究设计与行为评估进行介绍。第三节进一步探讨认知干预促进学生批判性思维的神经机制。通过结合理论阐述与实证研究，本章旨在更全面地分析批判性思维与认知过程之间的复杂关系，为未来批判性思维教育和培训提供更科学、有效的指导，帮助学生在面对复杂问题时更理性地进行批判性思考。

# 第一节 批判性思维的可塑性及其认知神经基础

## 一、批判性思维的可塑性

批判性思维的可塑性是个体通过培养、发展和提升这一思维能力来改进他们的思考方式的潜力。批判性思维的可塑性是各类学校开展批判性思维教育的基础，因为它强调了通过学习、训练和实践来提高对信息和问题的分析、评估和推论能力的可行性。

首先，批判性思维的可塑性在于个体对自己思考过程的反思和调整能力。通过自我反思，个体能够审视自己的思维方式，识别潜在的认知偏见和不良思维习惯，并采取措施加以纠正（Halpern，1998）。这种反思和调整的过程有助于提高思维的清晰度和客观性，使个体更好地应对复杂的问题和信息。

其次，逻辑思维是批判性思维的重要基础，涉及正确的推理、论证和结论。通过培养逻辑思维能力，个体可以更有效地分析和评估信息，识别不合理的论点，并在面对决策时做出有根据的选择。批判性思维的可塑性还包括学习迁移的能力，即个体可以将在一个领域或情境中获得的批判性思维技能迁移到其他领域。例如，通过学习批判性思维技能，一个人可以在工作、社会活动等各个领域更好地应用这些技能，实现更全面的发展。

此外，高等教育的增值研究显示，大学本科教育在一定程度上能够提升学生的批判性思维能力（Tiruneh et al.，2014），证明了批判性思维的可塑性。通过多样化的学科学习和实践活动，学生有机会提高自己的批判性思维能力，进而在未来的职业生涯中展现出高效的思考方式。这也强调了教育体系在塑造个体思维能力方面的关键作用。

## 二、批判性思维可塑性的认知神经基础

批判性思维的认知理论表明，执行功能会对批判性思维产生影响。双加工理论认为，批判性思维属于系统 2 思维，是一种反思性的、受意识控制的思维，系统 2 思维的运用需要抑制、刷新和工作记忆能力。在某些情况下，系统 1 的直觉思维不足以完成目标任务，系统 2 思维便对这种自发的思维进行抑制和调节，这一过程体现了执行功能的抑制作用。双加工理论同样认为，工作记忆刷新对系统 2 思维有重要的作用。研究表明（Barrett et al., 2004），在两类思维过程中，需要判断相关信息和无关信息，而刷新在搜寻和激活相关信息的过程中发挥着重要作用，较高的刷新能力意味着个体激活任务相关信息的效率更高。思维的双加工理论为批判性思维和执行功能的成分存在关系提供了理论基础。此外，批判性思维的整合框架理论将知识、一般认知能力、元认知和反思性判断整合在一个框架内，执行功能作为元认知的调节性成分，会受到基础认知过程的影响。在基础认知过程中，工作记忆负责对信息进行暂时处理和存储，之后转变成长时记忆中的知识，是完成复杂认知活动的基础。

思维的双加工理论和批判性思维的整合框架理论表明，执行功能对批判性思维有重要的作用，目前对批判性思维和执行功能核心成分的关系进行直接研究的实证研究较少。有一些研究对批判性思维的重要部分——信念偏差与执行功能的关系进行了研究。Toplak 等（2014）研究了 5 个重要推理任务的发展趋势，这些任务是理性思维的关键组成部分，这 5 个任务中包括了信念偏差。此外，其还研究了认知能力（智力和执行功能）和思维倾向（积极开放的思维、迷信思维和认知需求），以此来衡量认知的复杂性。这 5 个推理领域始终与认知复杂性相关，其中，工作记忆与信念偏差三段论推理任务显著相关。研究人员推测，与年轻人相比，老年人工作记忆的衰退可能会导致其信念偏差更明显（Tsujii & Watanabe, 2009）。工作记忆能力也可能会影响个体的信念偏差程度。在一项研究中，研究人员探讨了认知能力（即工作记忆）在年龄与三段论推理表现关系中的作用（Ding et al., 2020）。结果显示，当结论的可信度和逻辑有效性不一致时，老年人的准确率低于年轻人。然而，当结论的可信度和逻辑有效性一致时，老年人比年轻人表现出更高的准确率。这表明，与年轻人相比，先前的信念在不协调的条件下更显著地阻碍了老年人

的逻辑推理。

如果执行功能对批判性思维能力至关重要，那么是否可以通过执行功能训练来提升学生的批判性思维水平？从认知训练领域的现状来看，执行功能的训练方法已经相对成熟。研究表明，执行功能的干预训练可以引发大脑结构的某些变化，包括突触数量或功能的调整、髓鞘形成的改变，以及激素或神经递质系统的改造，如有研究发现了灰质和/或白质结构的改变（Lövdén et al., 2010）。此外，认知训练可能会影响神经激活模式，如导致激活的增强、减弱，或激活空间分布的变化（Jonides, 2004）。有研究认为，基于认知过程的干预训练通常会改变实践前已激活功能网络的激活水平（Chein & Schneider, 2005）。大多数认知训练研究发现，训练后，额顶叶的激活水平会降低。对于这一现象，有几种可能的解释，包括对执行控制和错误监测的依赖减小、处理速度提升、重复刺激的启动效应（即任务刺激的隐式记忆导致更快的识别），以及底层神经网络中神经元反应特异性的增加等。然而，与训练相关的激活变化的大小和方向可能取决于具体任务的难度水平。研究表明，认知训练仅在任务难度处于被试的能力范围之内时才会导致激活减小（Nyberg et al., 2012）。

# 第二节　批判性思维认知干预的设计与行为评估

## 一、研究目的

执行功能是批判性思维的重要认知基础，通过执行功能训练，或许可以提高学生的批判性思维水平。一方面，目前，认知领域关于执行功能的训练方法已经较为成熟，并且研究表明对执行功能主要过程如工作记忆刷新和抑制的训练效果，能够有效迁移到学生的高阶思维（如演绎推理）和学业成就中（Jaeggi et al., 2008），这表明执行功能训练是提高学生思维能力和学业水平的有效手段。另一方面，大学生的批判性思维能力具有较强的可塑性。但现有针对批判性思维的干预研究聚焦于具体的教学干预上，例如，采取高水平的课堂提问、教师的支持性反馈、在线讨论、小组合作、服务学习、探究性学习等（Abrami et al.，2008；Niu et al.，2013）。最近的元分析表明，这些教学层面的干预仅在较低的程度上迁移到学生的批判性思维能力上（Abrami et al.，2008）。此外，以教师为中心的教学干预忽视了不同学生在能力上存在的客观差异，导致其干预效果有限。然而，目前的执行功能训练充分考虑到了每名学生训练之前的能力水平，训练的难度也会根据学生的表现及时调整，体现出了能力干预的个性化特点。总的来说，上述两方面的证据表明执行功能训练或许可以在提升学生的批判性思维能力方面发挥重要作用，但目前通过执行功能训练提高学生批判性思维能力的干预实践非常少。因此，本研究主要通过对大学生进行执行功能训练，探讨执行功能训练能否迁移及在多大程度上能迁移到批判性思维能力上。

## 二、研究方法

### （一）研究对象

在武汉市某高校招募了 50 名年龄为 18—21 岁的大学生作为研究样本。采用随机分配法，将这些被试分为两个组。干预组共 25 名学生（其中，男生 16 人，$M_{年龄} = 19.00$，$SD_{年龄} = 1.08$），控制组 25 名学生（其中，男生 17 人，$M_{年龄} = 19.16$，$SD_{年龄} = 0.69$）。所有被试在参与研究前都进行了自我评估，确认其认知状态处于良好水平，且均未报告有精神疾病的诊断历史或精神类药物的使用经历。此外，被试均未接受过任何形式的认知干预训练。每名被试均在充分了解研究目的程序及自主退出权利后，签署了书面知情同意书。

### （二）研究过程

整个研究过程分为 4 个部分，依次为前测、干预、后测和追踪。

1）前测。所有被试均完成两项批判性思维技能问卷的测试（中文版 CCTST、启发偏差的批判性思维能力测验）、N-back 测验、抑制信念偏差推理三段论任务。两项批判性思维技能测验通过在线完成，其他任务在实验室完成。N-back 测验、抑制信念偏差推理三段论任务采用计算机程序化方法，使用 E-Prime 3.0 软件收集数据。每一项测验前，均要求被试针对该测验用到的反应键进行按键练习，以熟悉任务。

2）干预。实验组被试接受持续 4 周（每周 3 次，每次 30 min 左右）的认知训练。采用个体测试形式，在主试的指导下，每名被试在计算机上独立训练。每次被试完成其中两个任务（如自适应交换任务和自适应阅读任务，或者自适应交换任务和自适应操作任务），平均每个任务被使用 8 次。每名被试一共需要完成 12 次训练。主试记录被试每次的任务完成情况。

3）后测。实验组被试在干预训练结束后的一周内进行后测，控制组前后测的时间间隔与实验组保持一致，两组后测的内容均与前测内容一致，确保数据的可比性。

4）追踪。在后测结束的 6 个月，为了考察干预训练效果是否能持久保持，对实验组和控制组进行追踪测试，测试内容为两项批判性思维能力测验（中文版 CCTST、启发偏差的批判性思维能力测验），同样通过在线平台收集数据。由于时间较久，造成了一定数量的被试流失，收集到了 22 名实验组被试和 16 名控制组被试的数据。

## （三）研究工具

### 1. 批判性思维能力测验

采用中文版 CCTST 和启发偏差的批判性思维能力测验，两个测验的详细介绍分别见第四章第二节和第五章第二节。

### 2. N-back 任务

如图 7-1 所示，该任务在计算机屏幕中央呈现一系列字母，被试需要判断字母是否为目标刺激并进行按键反应。每个字母呈现的时间为 500 ms，刺激间隔为 1000 ms。实验任务包括两种实验条件：0-back 和 2-back。在 0-back 实验条件下，被试需要在刺激呈现时间内判断呈现的字母是否为"M"，该条件为基线条件，只涉及刺激辨认过程，不需要被试对字母刺激进行刷新。在 2-back 条件下，被试需要判断呈现的字母是否与前两个字母保持一致，该任务为刷新条件，被试需要不断刷新工作记忆中存储的字母刺激。当被试判断刺激为目标刺激时，按"F"键；当判断为非目标刺激时，按"J"键。每个实验条件包含 2 个 block，每个 block 包含 80 个试次。被试首先完成 25 个练习试次，正确率达到 80%以上，则进行正式实验任务。

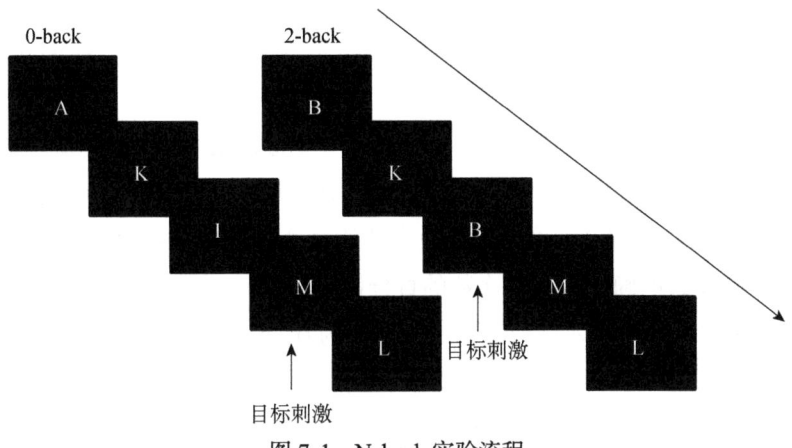

图 7-1　N-back 实验流程

### 3. 信念偏差推理任务

该任务旨在评估个体在信念与逻辑冲突下的逻辑推理能力（Stanovich K E & Stanovich P J，2010；West et al.，2008）。该任务的详细介绍见第五章第二节。

### 4. 干预任务（仅实验组进行）

干预任务主要通过适应性测试展开，其核心原则是根据被试的表现，动态调整整个测试过程中任务的难度级别。每次实验后，可以重新评估被试的能力水平，并相应地调整下一次实验的难度。本研究采用了 3 种不同的自适应任务作为训练工具：①自适应交换任务，旨在提升工作记忆的更新能力及抑制能力；②自适应操作广度任务（adaptive operation span task），旨在训练工作记忆的维持和对干扰性刺激的抑制能力；③自适应阅读广度任务（adaptive reading span task），用于加强工作记忆的维持和提高对干扰性刺激的抑制能力。通过这些任务，研究旨在评估认知干预训练在多大程度上促进了批判性思维的发展。本研究特别关注在进行认知训练后大学生批判性思维能力的变化及其潜在机制。

自适应交换任务主要衡量执行功能的刷新和抑制。如图 7-2 所示，首先，在屏幕中央呈现注视点"+"500 ms，然后呈现两行内容完全相同、排列顺序不同的符号，被试需要选择其中的一行，在一定的时间内通过在心里交换其相邻位置上的符号，最终使两行符号的顺序相同。被试每次交换完成后，迅速按"Enter"键，然后在跳转到数字输入界面后输入交换的次数，输入完成后按"Enter"键确认。该任务通过调节图片呈现的时间，将任务分为5个关卡，图片呈现时间分别为30 s、25 s、20 s、15 s和10 s。每个关卡包含6个级别的任务难度。每个级别包括难度依次递增的3个试次。随机呈现，第1级包含交换次数为1次、2次和3次的3个试次，依次类推，第6级包含交换次数为6次、7次和8次的3个试次。每次训练，被试必须完成8组任务，每组包括3个试次，并与一定等级的难度有关，难度的大小是由每组符号交换的次数决定的。被试完成一组训练后，程序会计算出正确输入交换次数的百分比，如果被试正确输入交换次数的百分比为100%，就会进入下一个难度级别；如果被试正确输入交换次数的百分比在30%—70%，则继续在这个难度级别练习；如果被试正确输入交换次数的百分比为0，下一组的难度水平则下降一级。在第8组任务结束后，屏幕会显示被试将进行的下一个级别。下一次训练任务将从上一次结束时的难度水平继续进行。

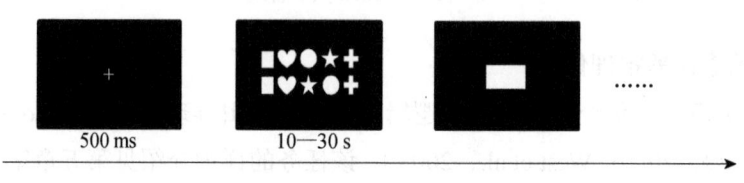

图 7-2 自适应交换任务流程

自适应操作广度任务，如图7-3所示。首先，在白色屏幕中央呈现注视点"+"，持续500 ms。随后，一道算术题目出现在屏幕上，持续时间为2000—3000 ms，具体时间取决于任务关卡。如果算式正确，按"←"键，如果算式不正确，按"→"键。被试进行按键反应后，接着呈现字母，持续800—1000 ms（不同关卡，时间不同），这些字母从以下集合中随机选择：F、H、J、K、L、N、P、Q、R、S、T、Y。在一定数量的算式与字母交替呈现之后，被试需要按照字母之前出现的顺序回忆并在回忆框打出字母，没有记住的字母按"Enter"键代替。如果少输入字母按键无反应，多余的字母无法输入回忆框。每完成一组，屏幕会显示算式判断的正确率和字母回忆的正确率。任务共8组，每组包括3个试次，并与一定等级的难度有关。第1级包含2对、3对和4对的3个试次，第8级包含9对、10对和11对的3个试次。在被试完成一组训练后，屏幕会显示正确判断算式和正确回忆字母的百分比，如果被试判断算式的正确率和回忆字母的正确率达到设定的百分比或更高，就会进入下一个难度级别；如果被试判断算式的正确率或回忆字母的正确率低于设定百分比减去 10%，下一组的难度水平则下降一级；如果被试判断算式的正确率介于设定百分比减去 10%（当前关卡）和设定百分比之间，则继续在该难度进行训练。每个训练 8 组，便结束本次实验。第 8 组完成后，屏幕上显示算式判断的正确率和字母回忆的正确率，并会告知被试下一次实验开始时的难度级别。具体来说，任务分为 5 个关卡，每个关卡包含 8 个难度等级。其中，第一关卡算式的呈现时间为 3000 ms，字母的呈现时间为 1000 ms，正确率需要达到 85%；第二关卡算式的呈现时间为 2500 ms，字母的呈现时间为 800 ms，正确率需要达到 85%；第三关卡算式的呈现时间为 2000 ms，字母的呈现时间为 800 ms，正确率需要达到 85%；第四关卡算式的呈现时间为 2000 ms，字母的呈现时间为 800 ms，正确率需要达到 90%；第五关卡算式的呈现时间为 2000 ms，字母的呈现时间为 800 ms，正确率需要达到 95%。

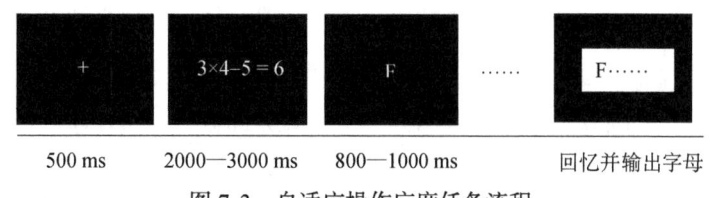

图 7-3　自适应操作广度任务流程

自适应阅读广度任务，如图 7-4 所示。该任务与自适应操作任务的流程、任务关卡数和难度等级数一致，区别是将算式改成了句子，如判断"天安门在北京"。

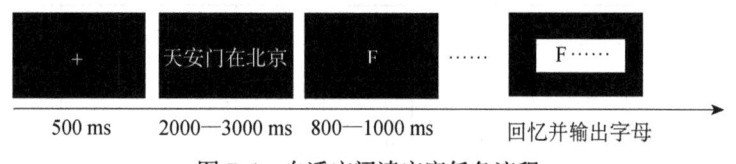

图 7-4　自适应阅读广度任务流程

## （四）数据分析

使用 SPSS 27.0 对收集的数据进行录入和分析。对实验组与控制组在工作记忆和批判性思维前后测的成绩进行描述性统计分析，并通过差异检验（包括重复测量方差分析）评估执行功能训练的提升效果及其对批判性思维能力的迁移效应。

## 三、研究结果

### （一）干预组和控制组各项指标基线水平的描述性分析

干预组和控制组的各项指标前测的平均值和标准差如表 7-1 所示。单因素方差分析表明，两组被试在各变量上的差异均不显著（$p>0.05$），表明两组被试的能力水平较为匹配。表 7-2 呈现了两组被试前测中指标间的相关分析，结果显示，除了 0-back，各项任务指标之间都存在显著相关。这一方面进一步验证了认知干预的合理性，另一方面也说明了测验指标设计的合理性。

表 7-1　两组被试测量指标的基线比较

| 前测变量 | | 控制组（$M \pm SD$） | 干预组（$M \pm SD$） | $F$ 检验 |
|---|---|---|---|---|
| 年龄 | | $19.16 \pm 0.69$ | $19.00 \pm 1.08$ | $0.39$（$p=0.53$；$\eta^2=0.01$） |
| CCTST | | $21.68 \pm 4.38$ | $20.80 \pm 3.28$ | $0.65$（$p=0.43$；$\eta^2=0.01$） |
| 启发偏差的批判性思维能力测验 | | $23.20 \pm 4.93$ | $23.12 \pm 4.84$ | $0.00$（$p=0.95$；$\eta^2=0.00$） |
| 批判性思维能力合并分数 | | $44.88 \pm 8.57$ | $43.92 \pm 6.93$ | $0.19$（$p=0.67$；$\eta^2=0.00$） |
| N-back 正确率 | 0-back | $0.97 \pm 0.02$ | $0.97 \pm 0.16$ | $0.52$（$p=0.47$；$\eta^2=0.01$） |
| | 2-back | $0.90 \pm 0.04$ | $0.91 \pm 0.06$ | $0.44$（$p=0.51$；$\eta^2=0.01$） |
| 信念偏差推理任务 | 一致条件 | $0.95 \pm 0.07$ | $0.97 \pm 0.04$ | $1.35$（$p=0.25$；$\eta^2=0.03$） |
| | 不一致条件 | $0.96 \pm 0.05$ | $0.96 \pm 0.06$ | $0.01$（$p=0.92$；$\eta^2=0.00$） |

表 7-2　被试前测中指标间的相关分析

| 前测任务 | | 1 | 2 | 3 | 4 | 5 | 6 | 7 |
|---|---|---|---|---|---|---|---|---|
| 1. CCTST | | — | | | | | | |
| 2. 启发偏差的批判性思维能力测验 | | 0.58** | — | | | | | |
| 3. 批判性思维能力合并分数 | | 0.86** | 0.91** | — | | | | |
| 4. 抑制信念偏差推理三段论任务（一致条件） | | 0.45** | 0.55** | 0.56** | — | | | |
| 5. 抑制信念偏差推理三段论任务（不一致条件） | | 0.43** | 0.66** | 0.63** | 0.82** | — | | |
| N-back 正确率 | 6. 0-back | 0.10 | 0.07 | 0.09 | 0.30* | 0.22 | — | |
| | 7. 2-back | 0.16 | 0.34* | 0.29* | 0.37* | 0.39** | 0.57** | — |

### （二）干预前后的对比分析

表 7-3 列举了干预组和控制组被试在前测和后测的任务测验得分。其中，使用

CCTST 和启发偏差的批判性思维能力测验的总分表征批判性思维能力。通过描述性分析发现，干预组被试在很多任务中的表现均有提升。

表 7-3 被试前测和后测测验指标的描述性分析

| 项目 | | 控制组 | | 干预组 | |
|---|---|---|---|---|---|
| | | 前测 | 后测 | 前测 | 后测 |
| 批判性思维能力合并分数 | | 44.88 ± 8.57 | 45.68 ± 10.26 | 43.92 ± 6.96 | 49.04 ± 6.46 |
| CCTST | | 21.68 ± 4.38 | 21.72 ± 5.26 | 20.80 ± 3.28 | 23.80 ± 3.81 |
| 启发偏差的批判性思维能力测验 | | 23.20 ± 4.93 | 23.96 ± 5.41 | 23.12 ± 4.84 | 25.24 ± 3.22 |
| 抑制信念偏差推理三段论任务（一致条件） | | 0.95 ± 0.07 | 0.94 ± 0.10 | 0.97 ± 0.04 | 0.96 ± 0.05 |
| 抑制信念偏差推理三段论任务（不一致条件） | | 0.95 ± 0.05 | 0.93 ± 0.12 | 0.95 ± 0.06 | 0.97 ± 0.04 |
| N-back 正确率 | 0-back | 0.97 ± 0.02 | 0.97 ± 0.02 | 0.97 ± 0.02 | 0.97 ± 0.02 |
| | 2-back | 0.90 ± 0.04 | 0.93 ± 0.07 | 0.91 ± 0.06 | 0.94 ± 0.04 |

对批判性思维能力合并分数进行 2（前测、后测）×2（干预组、控制组）的重复测量方差分析。前后测的主效应显著，$F(1, 48) = 14.30$，$p < 0.01$，$\eta^2 = 0.23$，后测的批判性思维能力分数显著高于前测。此外，前后测与分组的交互作用显著，$F(1, 48) = 7.61$，$p = 0.008$，$\eta^2 = 0.14$。简单效应分析发现，干预组后测的批判性思维能力分数显著高于前测，$p < 0.01$。

对信念偏差推理任务进行 2（前测、后测）×2（干预组、控制组）×2（一致条件、不一致条件）的重复测量方差分析，发现所有效应都不显著。对 N-back 任务进行 2（前测、后测）×2（干预组、控制组）×2（0-back、2-back）的重复测量方差分析，发现前后测的主效应显著，$F(1, 48) = 18.51$，$p < 0.01$，$\eta^2 = 0.29$，后测的正确率高于前测的正确率；条件的主效应显著，$F(1, 48) = 61.30$，$p < 0.01$，$\eta^2 = 0.57$，2-back 的正确率显著低于 0-back 的正确率。此外，前后测与条件的交互作用显著，$F(1, 48) = 13.38$，$p < 0.01$，$\eta^2 = 0.23$。简单效应分析发现，只有 2-back 的正确率在后测得到显著提升，$p < 0.01$。

综上所述，干预组被试的批判性思维能力在干预后显著提升，干预组和控制组在 N-back 任务的后测得分总体上高于前测，但干预组提升的水平大于控制组。此外，抑制信念偏差推理三段论任务的题目较为简单，可能出现了天花板效，干预效果不理想。

### （三）干预效果的追踪分析

为了进一步考察干预效果，本研究分析了训练后 6 个月的保持效应。由于有较长的时间间隔，被试有一定流失，最终干预组 22 人、控制组 16 人参与了追踪测试。对收集的两个批判性思维测验的分数进行合并，以表征批判性思维能力水平。采用 Little 完全随机缺失检验发现，缺失数据不符合完全随机缺失 [$\chi^2$ ($df$ = 2) = 7.72，$p$ = 0.02]，表明被试存在结构化流失。对被试追踪的缺失数据进行线性回归插补，插补后干预组的批判性思维能力的追踪得分为 $M$ = 46.93，$SD$ = 7.38；控制组的批判性思维能力的追踪得分为 $M$ = 45.82，$SD$ = 10.31。

为了研究认知干预对批判性思维能力的保持效应，进行 3（前测、后测、追踪）×2（干预组、控制组）的重复测量方差分析。结果表明，时间（前测、后测、追踪）的主效应显著，$F$（2，96）= 9.63，$p$ < 0.01，$\eta^2$ = 0.17，具体表现为被试前测的批判性思维能力显著低于后测（$p$ < 0.01）和追踪（$p$ = 0.02），后测与追踪阶段的批判性思维能力则不存在显著差异（$p$ = 0.29）。此外，时间（前测、后测、追踪）与组别（干预组、控制组）的交互作用显著，$F$（2，96）= 4.95，$p$ < 0.01，$\eta^2$ = 0.09。进一步分析发现，控制组被试前测、后测、追踪 3 次的批判性思维能力表现两两之间不存在显著差异（$p$ > 0.05），而对干预组来说，虽然干预组追踪阶段的得分显著低于后测（$p$ = 0.04），但被试在追踪阶段的批判性思维能力得分显著高于前测（$p$ < 0.01）。组别的主效应则未达到统计学差异的显著性（$p$ > 0.05）。综上所述，虽然干预后的保持效果低于即时效果，但其仍显著高于干预前的能力水平，表明认知干预对批判性思维能力的提升具有至少 6 个月的保持效果。

## 四、结果讨论

本研究通过对大学生进行认知训练，使用批判性思维能力测验、信念偏差推理任务和 N-back 任务评估干预的效果，重点探讨了认知训练是否能够促进批判性思维能力的提升。研究结果表明，仅干预组被试在批判性思维能力测试中的表现显著提升，且在 6 个月后的追踪测试中，干预组被试的批判性思维能力仍明显高于前测，显示出一定的保持效应。此外，由于信念偏差推理任务和 N-back 任务相对简单，存在一定的天花板效应，可能限制了这些任务对能力变化的敏感性。这些结果为批判性思维的可塑性提供了有力支持，表明认知干预能够有效提升大学生的批判性思维能力，并且这种提升在一定时间内具有较强的持续性。

批判性思维的可塑性是教育领域广泛关注的一个话题，涉及高阶思维的发展潜能。正如德尔菲报告建议的，从儿童早期开始，人们应该被教导如何进行推理、寻找相关事实、考虑各种选项，并理解他人的观点（Facione，1990）。该报告还强调，专门针对批判性思维技能和倾向的显性教学应当纳入 K-12 所有级别的课程中，而不仅仅局限于大学教育。这一建议表明，批判性思维作为一种基础性思维技能，应当贯穿于整个教育过程。此外，Halpern（1998）明确指出，批判性思维能力是可以教授和学习的。其基于认知心理学的研究，认为思维能力并非由先天决定的，而是通过持续的实践和在不同情境中的应用得以强化和发展。本研究通过对大学生进行认知训练，发现参与者在批判性思维测验中的表现显著提升，且这一提升在 6 个月后的追踪测试中依然保持，证明了干预对批判性思维能力的持久影响。这一结果进一步支持了批判性思维作为一种可训练、可发展的认知技能的理论框架，也为批判性思维教育实践提供了重要依据。

## 第三节　基于认知干预的批判性思维神经变化特征

### 一、研究目的

本章第二节研究发现，认知干预显著促进了大学生批判性思维能力的提升，但主要是行为层面的证据。脑电图等神经成像技术可以捕捉到认知过程（如工作记忆刷新）的变化，这些变化可以作为大脑增强系统的生物标记，并用于跟踪学习进度或监测心理状态，促进学习者的学习。现有关于执行功能的 ERP 研究主要支持干预后 P3 和 N2 振幅的提升。例如，Guo 等（2023）调查了视听 N-back 训练对工作记忆的训练效应和知觉处理的转移效应。研究中，训练前后使用视听 N-back（1-back、2-back、3-back）和视听辨别任务进行测试。结果显示，训练显著提高了被试反应的准确性,并缩短了反应时间,尤其是在 3-back 和 2-back 任务中的效果更为显著。ERP 结果表明,训练后,额叶和中部区域的 P3 振幅增大,在 3-back 条件下,N2 振幅也有所增大。此外,Oelhafen 等(2013)的研究发现,健康年轻人接受为期 3 周的高干扰或低干扰双 N-back 任务训练后,训练组被试在注意力测试中表现出显著的转移效应,其中高干扰训练期间顶叶皮层的 P3 激活增加。与标准的低干扰或无干扰工作记忆训练相比,加入干扰成分的训练对大脑产生了更显著的影响。

在神经振荡方面,研究表明,θ 反映了将刺激与适当动作相关联的规则维持,而 δ 振幅增大则与规则抽象和背景控制相关(Pagnotta et al., 2024)。例如,Maclin 等(2011)的研究发现,在复杂游戏学习过程中,P3 成分及 δ 和 α 脑电图频谱功率中与注意力相关的活动发生了变化。此外,游戏训练早期的额叶 α 功率被发现可以预测后续的学习效率(Mathewson et al., 2012)。有研究进一步指出,工作记忆刷新训练不仅显著提高了个体的流体智力水平,还增强了 θ 和 α 的事件相关同步化反应(Jaušovec N & Jaušovec K,2012)。

本研究主要探讨认知干预后批判性思维任务态脑电指标的变化,具体从任务态指标在时域和时频的变化层面进行分析。在时域 ERP 方面,研究重点包括与信念偏差推理任务激活的额叶 P3(包括 P6 和 LPC)和 LNC 成分的变化,以及 N-back 任务中 2-back 条件下中央区 N2 和顶叶 P3 在认知干预前后的变化。在时频分析角度,根据本章第二节的研究结果,本研究主要关注额叶 δ(1—4 Hz,1—5 s)和 θ(4—8 Hz,1—5 s)频段功率的变化。

## 二、研究方法

### (一)研究对象

研究对象包括干预组和控制组,同本章第二节的研究。

### (二)数据采集

在认知干预前、后测采集被试在完成信念偏差推理任务、N-back 任务时的脑电数据，两项任务的具体介绍见本章第二节。

## （三）数据预处理

数据预处理流程与本章第二节的描述一致。

1）任务态时域分析。分别对 N-back 任务和信念偏差推理任务的 ERP 进行分析。对于 N-back 任务的时域，只分析 2-back 任务在中央区（C3、Cz、C4）的复合 P3（320—600 ms）和顶叶区（P3、Pz、P4）的 N2（22—310 ms）。对于抑制信念偏差任务的时域，结合第五章第二节的研究结果，分析额叶（F3、Fz、F4）电极位置的 LNC（1000—1500 ms）和复合 P3［包括 P6（550—850 ms）和 LPC（1600—2300 ms）］成分的平均振幅。

2）任务态时频分析。仅对信念偏差推理任务冲突条件下的 δ（1—4 Hz, 1—5 s）和 θ（4—8 Hz, 1—5 s）频段在额叶（F3、Fz、F4）的结果进行分析。

## （四）统计分析

对任务态的时域和时频脑电指标，分别进行 2（时间：前测、后测）×2（组别：干预组、控制组）的重复测量方差分析，以探讨干预前后不同组别在特定脑电指标上的显著差异。对于不符合球形假设的方差分析结果，采用 Greenhouse-Geisser 法校正 $p$ 值。必要时，进行 Bonferroni 事后检验，以进一步分析交互作用。

## 三、研究结果

## （一）ERP 分析结果

**1. N-back 任务的 ERP 在认知干预前后的变化**

表 7-4 呈现了干预组和控制组被试在完成 N-back 任务时激活的顶叶的 N2 和中央区的复合 P3 前测与后测的描述性结果。为了进一步分析认知干预对 2-back 条件下 ERP 结果的影响，进一步进行 2（组别：干预组、控制组）×2（时间：前测、后测）的重复测量方差分析和协方差分析。

对顶叶的 N2 进行 2（组别：干预组、控制组）×2（时间：前测、后测）的重复测量方差分析，干预主效应显著，$F(1, 41)=4.61$，$p=0.04$，$\eta^2=0.10$，后测的 N2 振幅显著小于前测；组别的主效应显著，$F(1, 41) = 1.85$，$p = 0.18$，$\eta^2 = 0.04$；干预和组别的交互作用显著，$F(1, 41) = 6.56$，$p = 0.01$，$\eta^2 = 0.14$。进一步分析发现，仅控制组的后测值显著低于前测，$F(1, 41) = 11.35$，$p < 0.01$，$\eta^2 = 0.22$。对 N2 振幅的协方差分析发现，前测 N2 对后测 N2 振幅的影响显著，$F(1, 40) = 24.25$，$p < 0.01$，$\eta^2 = 0.38$；组别的后测差异显著，$F(1, 40) = 7.79$，$p < 0.01$，$\eta^2 = 0.16$，后测中干预组的 N2 振幅显著大于控制组。

对中央区复合 P3 的重复测量方差分析表明，干预的主效应不显著，$F(1, 41) = 1.78$，$p = 0.19$，$\eta^2 = 0.04$；组别的主效应不显著，$F(1, 41) = 0.95$，$p = 0.34$，$\eta^2 = 0.02$；干预和组别的交互作用边缘显著，$F(1, 41) = 3.78$，$p = 0.06$，$\eta^2 = 0.08$。进一步分析发现，仅干预组后测的复合 P3 的振幅显著大于前测，$F(1, 41) = 5.25$，$p = 0.03$，$\eta^2 = 0.11$。对复合 P3 的协方差进行分析发现，前测的 P3 振幅与后测的 P3 振幅差异显著，$F(1, 40) = 9.07$，$p < 0.01$，$\eta^2 = 0.19$；组别的后测差异显著，$F(1, 40) = 5.87$，$p = 0.02$，$\eta^2 = 0.13$，后测中干预组的 P3 振幅显著大于控制组。

表 7-4　N-back 的 ERP 指标的描述性分析结果

| ERP | 测试 | 控制组 | 干预组 | 所有被试 |
| --- | --- | --- | --- | --- |
| N2 | 前测 | 4.12 ± 2.68 | 4.19 ± 2.02 | 4.16 ± 2.35 |
|  | 后测 | 2.58 ± 2.35 | 4.33 ± 2.66 | 3.43 ± 2.63 |
| 复合 P3 | 前测 | 7.19 ± 5.74 | 6.84 ± 5.26 | 7.02 ± 5.45 |
|  | 后测 | 6.69 ± 3.65 | 9.52 ± 5.00 | 8.07 ± 4.54 |

### 2. 信念偏差推理任务的 ERP 在干预前后的变化

根据第五章第二节对该任务的脑电成分分析结果，主要选择分析不一致条件下在额叶（F3、Fz、F4）激活的 LNC、P6、LPC 成分。其中，将 P6 和 LPC 合并成复合 P3。表 7-5 呈现了这些指标的描述性分析结果。为了进一步分析干预的效果，后续进行了 2（组别：干预组、控制组）×2（时间：前测、后测）的重复测量方差分析和协方差分析。

表 7-5　批判性思维 ERP 指标的描述性分析结果

| ERP | 测试 | 控制组 | 干预组 | 所有被试 |
| --- | --- | --- | --- | --- |
| LNC | 前测 | 0.15 ± 0.69 | 0.07 ± 0.66 | 0.11 ± 0.67 |
|  | 后测 | 0.19 ± 0.82 | 0.32 ± 1.00 | 0.26 ± 0.91 |

续表

| ERP | 测试 | 控制组 | 干预组 | 所有被试 |
|---|---|---|---|---|
| P6 | 前测 | 0.85 ± 0.81 | 0.47 ± 0.74 | 0.66 ± 0.79 |
|  | 后测 | 0.58 ± 0.95 | 1.51 ± 1.51 | 1.03 ± 1.32 |
| LPC | 前测 | −0.28 ± 0.63 | −0.17 ± 0.36 | −0.22 ± 0.51 |
|  | 后测 | −0.04 ± 0.69 | 0.33 ± 0.63 | 0.14 ± 0.68 |
| 复合 P3 | 前测 | 0.57 ± 1.20 | 0.31 ± 0.83 | 0.44 ± 1.03 |
|  | 后测 | 0.54 ± 1.30 | 1.84 ± 1.74 | 1.17 ± 1.65 |

（1）LNC

重复测量方差分析结果显示，干预的主效应不显著，$F(1, 41) = 1.06$，$p = 0.31$，$\eta^2 = 0.03$；组别的主效应不显著，$F(1, 41) = 0.02$，$p = 0.90$，$\eta^2 = 0.00$；干预和组别的交互作用不显著，$F(1, 41) = 0.56$，$p = 0.46$，$\eta^2 = 0.01$。对 LNC 进行协方差分析，发现前测的 LNC 对后测的影响显著，$F(1, 40) = 5.35$，$p = 0.03$，$\eta^2 = 0.12$，LNC 后测的组别差异并不显著，$F(1, 40) = 0.41$，$p = 0.53$，$\eta^2 = 0.01$。

（2）复合 P3

重复测量方差分析结果显示，干预的主效应显著，$F(1, 41) = 9.41$，$p < 0.01$，$\eta^2 = 0.19$，后测的 P3 振幅显著大于前测；组别的主效应不显著，$F(1, 41) = 2.71$，$p = 0.11$，$\eta^2 = 0.06$；干预和组别的交互作用显著，$F(1, 41) = 10.15$，$p < 0.01$，$\eta^2 = 0.20$。进一步分析发现，只有干预组后测的 P3 振幅显著大于前测，$F(1, 41) = 19.11$，$p < 0.01$，$\eta^2 = 0.32$。对复合 P3 进行协方差分析发现，前测的复合 P3 与后测复合 P3 振幅的差异边缘显著，$F(1, 40) = 3.06$，$p = 0.09$，$\eta^2 = 0.07$。后测干预组的复合 P3 振幅显著大于控制组的复合 P3 振幅，$F(1, 40) = 9.29$，$p < 0.01$，$\eta^2 = 0.19$。

## （二）事件相关电位振荡分析结果

图 7-5 呈现了执行抑制信念偏差推理任务时，干预组与控制组在电极点 Fz 的前测和后测阶段的神经振荡激活。根据第五章第二节研究的结果，额叶区域在 δ 频段（1—4 Hz，1—5 s）和 θ 频段（4—8 Hz，1—5 s）的激活显著地预测了批判性思维能力，这两个频段被认为是反映批判性思维能力的关键神经电生理指标。因此，本研究对干预组与控制组在额叶区域的 δ 和 θ 频段进行了细致的比较分析。

表 7-6 提供了额叶区域（电极点：F3、Fz、F4）的描述性分析结果。从图 7-5 和表 7-6 可以看出，相较于控制组，干预组被试在干预后，δ 和 θ 频段的活动有所增强。以下对两个频段的数据在干预前后的变化进行统计分析。

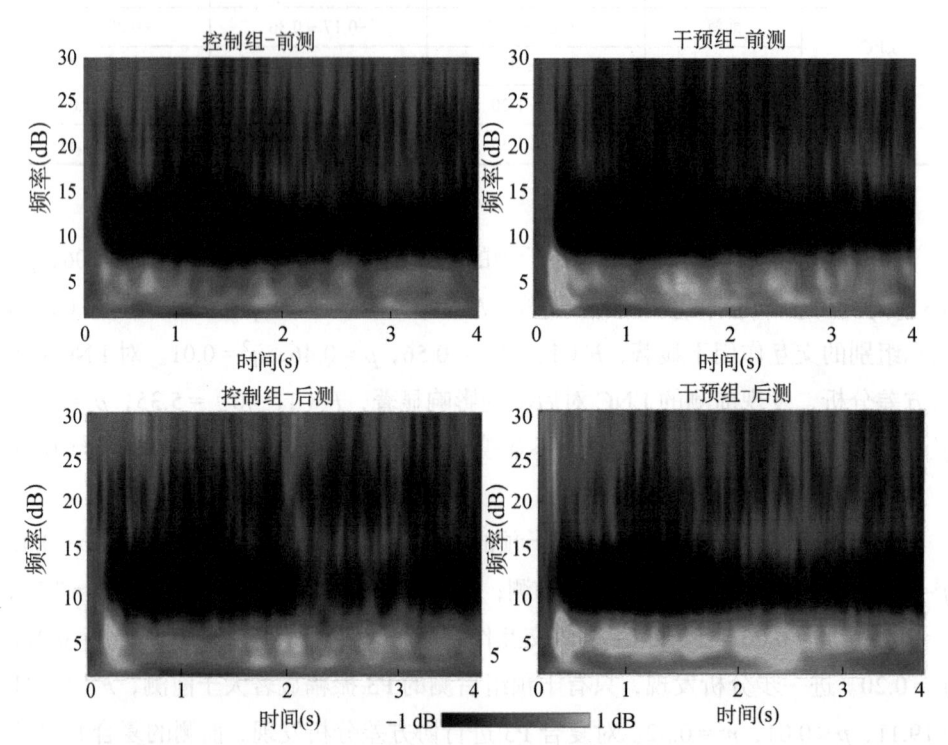

图 7-5　信念偏差推理任务相关的神经振荡激活在认知干预前后的变化（Fz 电极点）
（见文后彩图 7-5）

表 7-6　批判性思维时频描述性分析

| 脑电指标 | 测试 | 控制组 | 干预组 | 所有被试 |
| --- | --- | --- | --- | --- |
| δ | 前测 | 0.39 ± 0.81 | 0.52 ± 0.97 | 0.45 ± 0.88 |
|   | 后测 | 0.25 ± 0.47 | 0.89 ± 0.78 | 0.56 ± 0.71 |
| θ | 前测 | 0.34 ± 0.87 | 0.62 ± 0.74 | 0.48 ± 0.81 |
|   | 后测 | 0.39 ± 0.48 | 1.02 ± 0.65 | 0.70 ± 0.64 |

1）关于 δ 的结果。重复测量方差分析结果显示，干预的主效应不显著，$F(1, 41) = 0.69$，$p = 0.41$，$\eta^2 = 0.02$；组别的主效应显著，$F(1, 41) = 4.16$，$p = 0.05$，$\eta^2 = 0.09$，高分组激活的 δ 值更大；干预和组别的交互作用边缘显著，$F(1, 41) = 3.08$，$p = 0.90$，$\eta^2 = 0.07$。进一步分析发现，仅在后测时，干预组的 δ 值显著高于

控制组，$F(1, 41) = 10.64$，$p < 0.01$，$\eta^2 = 0.21$。协方差分析结果显示，干预组和控制组 δ 的前测值边缘显著，$F(1, 40) = 3.52$，$p = 0.07$，$\eta^2 = 0.08$；干预后两组的 δ 值存在显著差异，$F(1, 40) = 10.28$，$p < 0.01$，$\eta^2 = 0.20$，后测中干预组的 δ 值显著高于控制组。

2）关于 θ 的结果。重复测量方差分析结果显示，干预的主效应不显著，$F(1, 41) = 2.83$，$p = 0.10$，$\eta^2 = 0.07$；组别的主效应显著，$F(1, 41) = 7.41$，$p < 0.01$，$\eta^2 = 0.15$，干预组的 θ 值更大；干预和组别的交互作用不显著，$F(1, 41) = 1.80$，$p = 0.19$，$\eta^2 = 0.04$。协方差分析结果显示，干预组和控制组前测 θ 值的差异不显著，$F(1, 40) = 2.68$，$p = 0.11$，$\eta^2 = 0.06$；两组后测的 θ 值存在显著差异，$F(1, 40) = 11.57$，$p < 0.01$，$\eta^2 = 0.22$，干预组后测的 θ 值显著大于控制组。

## 四、结果讨论

本研究表明，干预组在 2-back 任务中的 N2 和 P3 振幅显著增大。关于批判性思维能力的迁移效果，尽管干预组在信念偏差三段论推理任务（表征批判性思维）不一致条件下的 LNC 的振幅未见显著增大，但复合 P3 的振幅却显著增大。此外，在信念偏差三段论推理任务不一致条件下，干预组 δ 和 θ 频段的活动变化显著大于控制组。

P3 是反映工作记忆更新的重要指标（Polich, 2007）。工作记忆刷新过程通过监控传入信息并替换旧信息，不断更新任务相关内容，从而提高信息处理的效率。P3 振幅的增大，可能反映了工作记忆加工中更新能力的增强（Guo et al., 2023）。N-back 任务的神经认知模型表明，编码、维持和更新是工作记忆的关键过程，其中编码起着基础性作用，因为它会直接影响后续的维持和更新（Owen et al., 2005）。在信念偏差推理任务中，P6 和 LPC 成分的振幅显著增大，进一步反映出逻辑推理能力的增强。P6 与语法处理和依赖注意力的句子理解密切相关（Sassenhagen & Fiebach, 2019；Rabovsky & McClelland, 2020），而 LPC 则涉及对干扰信息的抑制、信息复述和工作记忆保持（Lin et al., 2022）。综合来看，干预后 P3 振幅的增大，不仅体现了工作记忆更新能力的提升，也反映出基于逻辑规则的推理能力的改善。

认知干预对批判性思维的促进还体现在 δ 和 θ 振幅的增大上。δ 节律的功率增加与工作记忆更新和习得性行为的抑制相关，反映了新习得能力的有效性（Barry，2009；Balconi & Pozzoli，2008）。在工作记忆协调中，δ 在记忆信息的维护和更新方面发挥着关键作用（Leszczyński et al., 2015）。研究表明，当任务需要认知或运动抑制时（如 Go/NoGo 任务），δ 功率的增加不仅标志着冲突监测，还反映了情境更新的过程（Yordanova et al., 2004；Barry, 2009）。与此同时，θ 作为认知推理的重要神经指标，表现为与错误检测、记忆编码和强化学习相关的事件相关同步化（Klimesch et al., 2007）。它在短期记忆的编码、信息维护和检索中发挥着重要作用，并通过协调大脑不同区域的信息流支持认知任务（Colgin, 2013）。本研究的结果表明，对执行功能尤其是工作记忆的认知干预确实在一定程度上能提升批判性思维能力。

  本研究通过对认知干预效果的神经评估，揭示了认知干预促进批判性思维能力提升的内在神经机制，不仅在理论层面丰富了对认知过程和批判性思维能力关系的理解，也为批判性思维的教育培养提供了宝贵参考。未来的教育实践可以结合认知神经科学的最新成果，设计更科学、高效的教学和训练方法，以系统性地提升学生的批判性思维能力。此外，认知干预作为个性化的教育手段，在实施时需要关注学生的认知特点和表现水平。例如，可以通过神经反馈技术实时监测学生的认知状态，从而优化干预策略。进一步研究还可以探索如何将神经指标（如 P3、δ 和 θ 的振幅）整合到批判性思维教育的效果评估中，开发适用于不同学科和教育场景的干预模型。这不仅为批判性思维教育的实施提供了理论依据，也为学生个性化学习路径的设计提供了新的可能。

## 第八章
# 批判性思维的教学干预及效果评估

　　批判性思维的可塑性表明，其是可以通过教学进行培养的。目前，提高学生的批判性思维能力，主要依赖教学。许多国家已经将培养批判性思维能力作为高等教育的目标之一。批判性思维的可塑性主要体现在学生学术能力和思维方式在教育过程中的变化上。现有的批判性思维教学干预研究的元分析结果表明，在高等教育阶段实施的教学干预，显著提升了学生的批判性思维水平，整体效应量处于低到中等水平（Abrami et al., 2008, 2015; Niu et al., 2013）。然而，目前关于批判性思维教学引发的脑神经活动变化的研究仍较少，这在一定程度上限制了批判性思维理论的进一步深化和发展，也影响了对批判性思维教学效果的科学评估与改进。

　　本章共三节，第一节设计并实施了专门的批判性思维课程，通过对学生的行为评估检验教学效果。第二节探讨了大学生在批判性思维相关任务中的脑区激活情况，并分析了教学前后这些脑区激活水平的变化，从脑区激活模式的角度评估了教学成效。第三节从脑功能网络的视角，评估了批判性思维教学的成效，分析了脑网络连接变化与批判性思维能力提升之间的关联。通过理论的深化和实证研究，我们期望能够为批判性思维教学提供更加全面的评价标准和有效的教学改进建议，以及为该领域的教育神经科学研究提供实证参考。

# 第一节　批判性思维教学干预的设计和行为评估

## 一、研究目的

从现有的研究结果看，高等教育阶段开展的教学干预对学生的批判性思维能力具有一定的提升效果（冷静和路晓旭，2020；Niu et al.，2013）。元分析结果显示，教学模式、目标及策略对教学成效都有显著影响，特别是明确的批判性思维教学目标和多样化的教学策略能显著改善教学效果。其中，案例学习法、反思学习法、合作学习法等对学生批判性思维能力的提升效果较好（效应量为0.95）。目前，国内已有部分高校开设了批判性思维课程，如华中科技大学的"大学生批判性思维"，主要采用的是一般式教学。它具有明确的批判性思维教学目标，通过案例进行论证表述和深化理解，达到对批判性思维原理、方法的内化和掌握（Abrami et al.，2015）。然而，目前的批判性思维课程在教学模式、教学策略的综合应用上往往难以达到最佳平衡，导致无法最大限度地提高学生的批判性思维水平。

本研究的首要任务是设计面向大学生的批判性思维课程，并对其效果进行评估。本研究的目标包含两个方面：①利用教学模式、目标、策略等多方面的优势，设计一门针对大学生的批判性思维课程，旨在尽可能地提升学生的批判性思维能力；②分析学生的批判性思维能力在干预前后的变化，旨在评估教学干预对大学生批判性思维能力的影响。

## 二、研究方法

### （一）研究对象

在两所大学招募了共49名大学生参与研究。首先向所有潜在被试介绍了研究的目的、流程和要求，并邀请他们自愿报名参与。被试被随机分配到实验组和控制组，以控制可能的偏差，并确保研究结果的可靠性。在分配过程中，尽量确保两组被试的初始能力水平等变量均衡。在干预开始前，对所有被试进行了基线测量，以便在后续分析中进行必要的控制和比较。采用2×2的设计，将其分为实验组（$N=24$，其中，男生18人，$M_{年龄}=19.38$，$SD_{年龄}=1.01$）和控制组（$N=25$，其中，男生18人，$M_{年龄}=19.16$，$SD_{年龄}=0.69$）。实验组完成为期4周的批判性思维教学干预，控制组在这个时间段内未接受任何干预，以测量大学生在教学前后的批判性思维能力及其相关的认知功能。

## （二）教学设计

### 1. 教学目标

本研究以学生熟练掌握批判性思维的各项技能，并能有效地将这些技能应用于现实场景，将所学知识转化为实践为目的。具体来说，学生理解批判性思维的基本概念，能够分析问题，进行逻辑推理及有效论证，并能利用批判性思维技能解决现实中遇到的问题。

### 2. 教学内容

本研究中课程的构建以Bensley（2005）提出的思维逻辑为理论框架，涵盖了论证、推理、辩论、断言及其在实际情境中的应用，也结合了理查德·保罗和琳达·埃尔德（2013）的思维标准，包括公正、精确、深度、逻辑、广度、完整、相关、重要性、准确性和清晰性等因素。课程内容设计注重系统性和实际应用价值，特别强调引导学生学会自我反思。课程内容具有明确的学习目标，分别从导论、分析、评估、推理、评估论证和自我监控6个维度，让学生熟练掌握批判性思维的原理、方法和基本技能。"导论"部分旨在帮助学生建立对批判性思维的初步理解，阐明本课程的价值，并提供有效的学习策略。"分析"部分需要学生理解并分析论证。"评估"部分将专注于论断的重要性和可信度的评估。"推理"部分详尽解释了推理的定义和特征，强调了前提与结论的相关性和前提对结论的充分支持程度。"评估论证"部分通过实例展示了优秀的论证结构，并提出了反驳低质量论证的有效策略。在"自我监控"部分，学生将学习如何理解自身的思维经验和优势，以及通过自我监控来改善自己的思维方式。

### 3. 教学方法

参照最早由 Ennis（1989）提出的批判性思维一般式教学模式的优点，本研究设定了明确的批判性思维教学目标，并采取包括案例学习、反思学习在内的多元教学策略。此外，通过互动式案例讲解和练习的方式，增强学生的学习兴趣和动机，并将其纳入元认知环节，引导学生在主动参与学习的过程中学会自我调节和反思，从而提高其批判性思维能力。每堂课程分 6 个环节：主题导入、理论方法介绍、案例分析、实际操作、课堂总结和反思性作业。使用的教学案例完备且紧凑地串联起分析、评估和推理过程，特别注重引导学生进行自我反思与监控。案例的选取集中在学生感兴趣的时事热点和新闻，内容接近生活，避开专业障碍。每节课程结束后，教师会概述主要内容，通过自我启发式提问，引导学生进行自我反思，目的是培养学生的元认知监控和调节能力。同时，每次课结束后，学生会收到批判性思考的实践建议，鼓励他们将所学知识应用于课外的生活或学习场景。

### 4. 课程设置和效果评估

本研究中的课程共 12 节，每周 3 次，每次课 30 min，整个课程周期为 4 周。在课程结束前后，让学生完成批判性思维测验（见后面的"测量任务"），通过前后比较，以及实验组和控制组的对照，评估学生的批判性思维学习效果。控制组不参与批判性思维教学，但接受同样的前、后测的任务评估，前、后测的时间与实验组学生保持一致。

## （三）测量任务

### 1. 批判性思维技能

本研究采用两种被广泛使用的批判性思维能力测验工具，即 CCTST 和 CTHB。两项测验的介绍分别见第四章第二节和第五章第二节。本研究中，CCTST 的内部一致性信度为 0.70，CTHB 的内部一致性信度为 0.87。被试在两项批判性思维能力测验得分上具有中度强相关（$r = 0.61$, $p < 0.01$）。

### 2. 信念偏差推理任务

根据第五章和第六章的研究结果，该任务可作为衡量批判性思维能力的指标，并用来诱发与批判性思维相关的神经反应。具体任务介绍见第六章第二节。

## 3. 流体智力

流体智力测验用来作为和批判性思维对照的变量。流体智力测验采用 APM 和 LPS 量表。两项任务的具体介绍见第三章第二节。

## （四）实验程序

被试按照要求依次完成两项批判性思维技能测验，APM 和 LPS 量表采用纸笔测验的方式在实验室完成。信念偏差三段论推理任务在实验室计算机的 E-Prime 程序上完成。任务之间可进行短暂休息，完成所有测验的时间约为 60 min。实验组完成为期 4 周的批判性思维教学干预，控制组在这个时间段内未接受任何干预。干预结束后，对所有被试进行批判性思维技能和相关认知功能的测验。

## （五）数据分析

采用独立样本 $t$ 检验分析干预前实验组和控制组批判性思维能力、信念偏差推理正确率和流体智力的差异。采用 2（组别：实验组、控制组）×2（时间点：前测、后测）的重复测量方差分析，探究教学干预对批判性思维能力和相关认知能力的影响。流体智力分数采用 APM 和 LPS 量表合并的 $z$ 分数，批判性思维能力采用 CCTST 和 CTHB 合并的 $z$ 分数。使用贝叶斯因子 $BF_{10}$ 作为 $p$ 值的补充检验，进一步验证传统备选假设检验，以提高研究结果的可重复性。在贝叶斯统计框架之下，$BF_{10}$ 下标的 1 代表的是 $H_1$（备选假设），0 代表的是 $H_0$（零假设），因此，$BF_{10}$ 代表的是 $H_1$ 与 $H_0$ 对比的贝叶斯因子。

## 三、研究结果

表 8-1 显示，干预前，实验组和控制组的批判性思维能力、信念偏差推理的正确率和流体智力方面没有显著差异。

表 8-1  实验组和控制组的批判性思维能力及其相关认知能力干预前的差异检验结果

| 测量变量 | 分组 | M | SD | t | p | Cohen's d | $BF_{10}$ |
|---|---|---|---|---|---|---|---|
| 批判性思维能力 | 控制组 | 22.44 | 4.28 | 0.95 | 0.35 | 0.27 | 0.41 |
|  | 实验组 | 21.27 | 4.32 |  |  |  |  |

续表

| 测量变量 | 分组 | M | SD | t | p | Cohen's d | $BF_{10}$ |
|---|---|---|---|---|---|---|---|
| 信念偏差推理的正确率 | 控制组 | 0.84 | 0.20 | 0.25 | 0.80 | 0.07 | 0.30 |
|  | 实验组 | 0.83 | 0.16 |  |  |  |  |
| 流体智力 | 控制组 | 23.83 | 2.05 | 0.36 | 0.72 | 0.11 | 0.31 |
|  | 实验组 | 24.07 | 2.36 |  |  |  |  |

表 8-2 显示，批判性思维能力的组别和干预时间的交互作用及干预时间的主效应均显著，组间效应不显著。贝叶斯因子进一步提供了强有力的证据，支持组别与干预时间之间的交互效应，以及干预时间的主效应。对交互作用进行简单效应分析发现，教学干预对实验组的批判性思维能力的提升作用显著（$F = 23.72$，$p < 0.01$，偏 $\eta^2 = 0.34$），表明教学干预后实验组的批判性思维能力水平相比干预前有了显著提高（图 8-1）。控制组的提升效应不显著（$F = 0.59$，$p > 0.1$，偏 $\eta^2 = 0.01$）。这些结果表明，相对于控制组，教学干预对实验组学生的批判性思维能力水平有显著的提升效果。此外，在信念偏差推理和流体智力变量上，干预时间的主效应显著，而组别主效应及其与干预时间的交互作用均不显著。贝叶斯因子进一步提供了中等至较强的证据，支持干预时间主效应的显著性。这些结果表明，尽管实验组和控制组在后测中均表现出优于前测的成绩，但两组在前后测的差异并不显著。

表 8-2 控制组和实验组的批判性思维能力及其相关认知能力干预前后的差异

| 测量变量 | 组别 | 干预前 M±SD | 干预后 M±SD | 组间效应 F | 偏 $\eta^2$ | $BF_{10}$ | 干预时间 F | 偏 $\eta^2$ | $BF_{10}$ | 组别×干预时间 F | 偏 $\eta^2$ | $BF_{10}$ |
|---|---|---|---|---|---|---|---|---|---|---|---|---|
| 批判性思维能力 | 控制组 | 22.44 ± 4.28 | 22.84 ± 5.13 | 0.004 | 0.00 | 0.45 | 16.14** | 0.26 | 42.53 | 8.65** | 0.16 | 20.36 |
|  | 实验组 | 21.27 ± 4.32 | 23.85 ± 3.75 |  |  |  |  |  |  |  |  |  |
| 信念偏差推理的正确率 | 控制组 | 0.84 ± 0.20 | 0.88 ± 0.19 | 0.003 | 0.00 | 0.34 | 4.19* | 0.09 | 1.34 | 0.17 | 0.004 | 0.46 |
|  | 实验组 | 0.83 ± 0.16 | 0.89 ± 0.17 |  |  |  |  |  |  |  |  |  |
| 流体智力 | 控制组 | 24.07 ± 2.36 | 24.91 ± 2.60 | 0.07 | 0.002 | 0.39 | 12.18** | 0.21 | 28.41 | 0.08 | 0.002 | 0.83 |
|  | 实验组 | 23.83 ± 2.05 | 24.83 ± 1.83 |  |  |  |  |  |  |  |  |  |

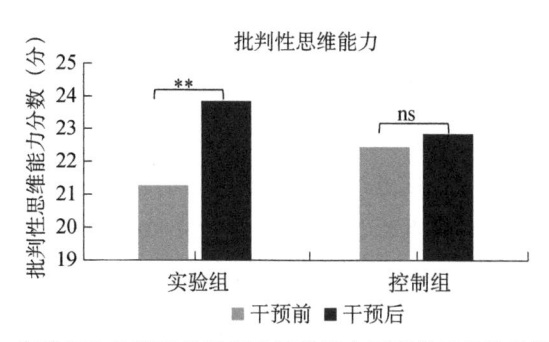

图 8-1 实验组和控制组的批判性思维能力干预前后的简单效应分析

## 四、结果讨论

本研究结合相关的批判性思维教学理论和教学实验设计场景，对被试展开批判性思维教学干预，分析了干预后被试的批判性思维水平的变化，从行为层面评估了批判性思维教学的效果。结果显示，相对于控制组，教学干预显著提高了实验组的批判性思维水平。这一发现与绝大多数相关研究结果一致，验证了教学干预对提升学生批判性思维能力具有积极效果的理论预期（冷静和路晓旭，2020；Niu et al.，2013）。另外，批判性思维相关的认知功能的干预时间主效应显著，表明在实验组和控制组内部，信念偏差推理的正确率和流体智力水平在干预前后发生了明显的变化，但其交互作用不显著，表明这种变化可能来自组内的个体差异，与干预方式的关系不大。抑制信念偏差的推理能力被认为是批判性思维的核心，但在本研究中，相较于控制组，实验组在信念偏差推理任务中的表现并未出现显著改善。其主要原因可能在于，对被试而言，该任务相对简单，在教学干预前已出现一定的天花板效应，从而限制了干预后该项能力的提升空间。

本研究设计的批判性思维课程利用了一般教学模式的优势，并明确设定了批判性思维教学目标，以促进学生深入掌握批判性思维的核心原则与技巧，并能将所学知识有效应用。此外，课程设计还集成了多样化的教学策略，如案例分析和反思学习等，目的是全方位提升学生的批判性思维能力。相关的元分析研究指出，当前教学策略的整合应用需要进一步优化，结合多种教学方法将带来更佳的教学效果（Abrami et al.，2015）。特别是通过对话法、个人写作、反思、合作学习及案例分析等手段，能够显著提高学生的批判性思维水平。本研究采用的案例学习法，侧重引入现实生活中的真实案例和情境。这种方法不仅有助于促进学生将课堂中学到的思维技能应用于现实生活中，还特别强调了反思学习策略的重要性。反思学习策略鼓励学生对自己的思考过程进行深入反思和适时调整，这有助于提升思维过程的清晰度和客观性，从而促使学生更加有效地处理复杂的问题。

总的来说，本研究的批判性思维教学设计融合了批判性思维的一般教学模式、明确的教学目标和多样化策略，旨在促进大学生深入掌握批判性思维的原理和方法，并能将这些思维技能应用于解决现实问题。同时，它有助于提升学生对自身思考过程的反思与调整能力，使其能够更有效地应对复杂的海量信息。关于教学效果的行为结果分析了大学生批判性思维水平及相关认知能力在干预前后的变化。与控制组相比，实验组在批判性思维水平上取得了显著提升，验证了批判性思维的可塑性及教学干预的有效性。

# 第二节　基于教学的批判性思维脑区激活模式变化

## 一、研究目的

批判性思维的教学干预对批判性思维能力的提升效果主要停留在行为层面的证据，而行为表现背后的神经活动的变化特征和机制尚不清楚。认知神经科学的研究表明，逻辑训练能够引发大脑活动从顶-枕叶网络转为左前额叶网络的激活，尤其是 IFG、ACC 的激活水平明显提高（Houdé et al., 2000；Luo et al., 2014；Vas et al., 2016）。这种激活模式的转变，反映了系统 1 加工和系统 2 加工过程的质的差异，默认网络调控知觉系统反映了启发式反应的过程；执行控制网络调控冲突监测和抑制能力，反映了批判性思维的加工过程。在两个加工过程的转换中，抑制系统扮演着关键角色（Houdé et al., 2000），是批判性思维的核心。逻辑训练的相关研究为探讨批判性思维的神经可塑性提供了研究思路。

第八章
批判性思维的教学干预及效果评估

本章第一节从行为层面初步评估了批判性思维教学干预的有效性。作为行为评估的延伸，本研究选择与批判性思维相关的激活脑区，进一步从神经层面对批判性思维的教学效果进行评估。根据第六章的脑成像研究结果的提示，本研究主要探究右侧 IFG 和左侧 DLPFC 激活模式在教学干预前后的变化，拟从脑区神经活动的角度对教学干预的行为层面的变化结果进行解释，以揭示基于教学干预的批判性思维可塑性神经机制。

## 二、研究方法

### （一）研究对象

研究对象包括教学实验组和控制组大学生，与本章第一节的研究对象相同。

### （二）研究流程

本研究在前述的教学干预框架内进行。根据第六章的研究结果，与批判性思维相关的显著激活的区域包括右侧 IFG 和左侧 DLPFC，分析这两个脑区的激活模式在干预前后的变化，从而评估教学干预对批判性思维能力提升的效果。信念偏差三段论推理的实验任务和批判性思维能力测验与本章第一节研究相同。实验在安静的实验室进行，信念偏差三段论推理任务在 E-Prime 上呈现，同时记录被试完成任务期间的 fNIRS 数据。在收集 fNIRS 数据前，填写被试的年龄和性别等信息，任务之间可以进行短暂的休息，近红外实验任务的总时间约为 30 min。干预分为两种方式，实验组完成为期 4 周的批判性思维教学干预，控制组在这个时间段内未接受任何干预。干预结束后，对所有被试再次进行 fNIRS 任务。

### （三）fNIRS 数据预处理和数据分析

fNIRS 数据预处理和数据分析流程同第六章第二节。本研究采用广义线性模型（general linear model，GLM）方法，提取氧合血红蛋白和脱氧血红蛋白的浓度值（$\beta$）作为血流动力学指标。后测的控制组有两名被试因信号质量低引起的噪声较大，剔除的通道超过 30%，不纳入数据分析。最终纳入分析的 fNIRS 数据，实验组 24 人，控制组 23 人。在对 fNIRS 数据进行预处理后，采用独立样本 $t$ 检验分析实验组和控制组的右侧 IFG 和左侧 DLPFC 激活水平在干预前的差异。采用 2（组别：实验组、控制组）×2（时间点：前测、后测）的重复测量方差，探究教学干预对右侧 IFG 和左侧 DLPFC 激活模式的影响，并分析实验组与控制组神经活动变化的差异。

## 三、研究结果

表 8-3 显示了实验组和控制组被试的左侧 DLPFC 和右侧 IFG 的氧合血红蛋白与脱氧血红蛋白的浓度值在干预前的差异检验结果。$t$ 检验显示，两组不存在显著的差异。

表 8-3　实验组和控制组的氧合血红蛋白与脱氧血红蛋白的浓度值（$\beta$）干预前的差异检验结果

| 项目 | | 分组 | $M$（×10$^{-6}$） | $SD$（×10$^{-6}$） | $t$ | $p$ | Cohen's $d$ | $BF_{10}$ |
|---|---|---|---|---|---|---|---|---|
| 左侧 DLPFC | 氧合血红蛋白 | 控制组 | −0.050 | 0.54 | 0.85 | 0.40 | 0.35 | 0.43 |
| | | 实验组 | 0.140 | 0.77 | | | | |
| | 脱氧血红蛋白 | 控制组 | 0.070 | 0.49 | 0.11 | 0.91 | 0.04 | 0.38 |
| | | 实验组 | 0.090 | 0.29 | | | | |
| 右侧 IFG | 氧合血红蛋白 | 控制组 | 0.240 | 0.64 | 2.06 | 0.05 | 0.37 | 0.62 |
| | | 实验组 | −0.320 | 0.90 | | | | |
| | 脱氧血红蛋白 | 控制组 | −0.004 | 0.24 | 0.05 | 0.96 | 0.14 | 0.37 |
| | | 实验组 | 0.040 | 0.32 | | | | |

图 8-2 呈现了在完成信念偏差推理任务时，实验组（$N=24$，$p<0.05$，FDR 校正）和控制组（$N=23$，$p<0.05$，FDR 校正）被试左侧 DLPFC 和右侧 IFG 中血红蛋白浓度值的 $t$ 统计图。从图 8-2 可以看出，干预后，实验组被试右侧 IFG 显示出相对较高的激活水平，相比而言，控制组右侧 IFG 的激活水平较干预前下降。另外，实验组和控制组均显示出左侧 DLPFC 的激活水平在干预后较干预前下降的趋势。与图 8-2 的结果一致，表 8-4 显示，干预后，实验组左侧 DLPFC 的氧合血红蛋白的浓度值较干预前下降，脱氧血红蛋白的浓度值较干预前升高，其右侧 IFG 的氧合血红蛋白的浓度值较干预前升高，脱氧血红蛋白的浓度值较干预前下降；控制

组左侧 DLPFC 的氧合血红蛋白的浓度值较干预前下降，脱氧血红蛋白的浓度值较干预前升高，其右侧 IFG 的氧合血红蛋白的浓度值较干预前下降，脱氧血红蛋白的浓度值较干预前升高。

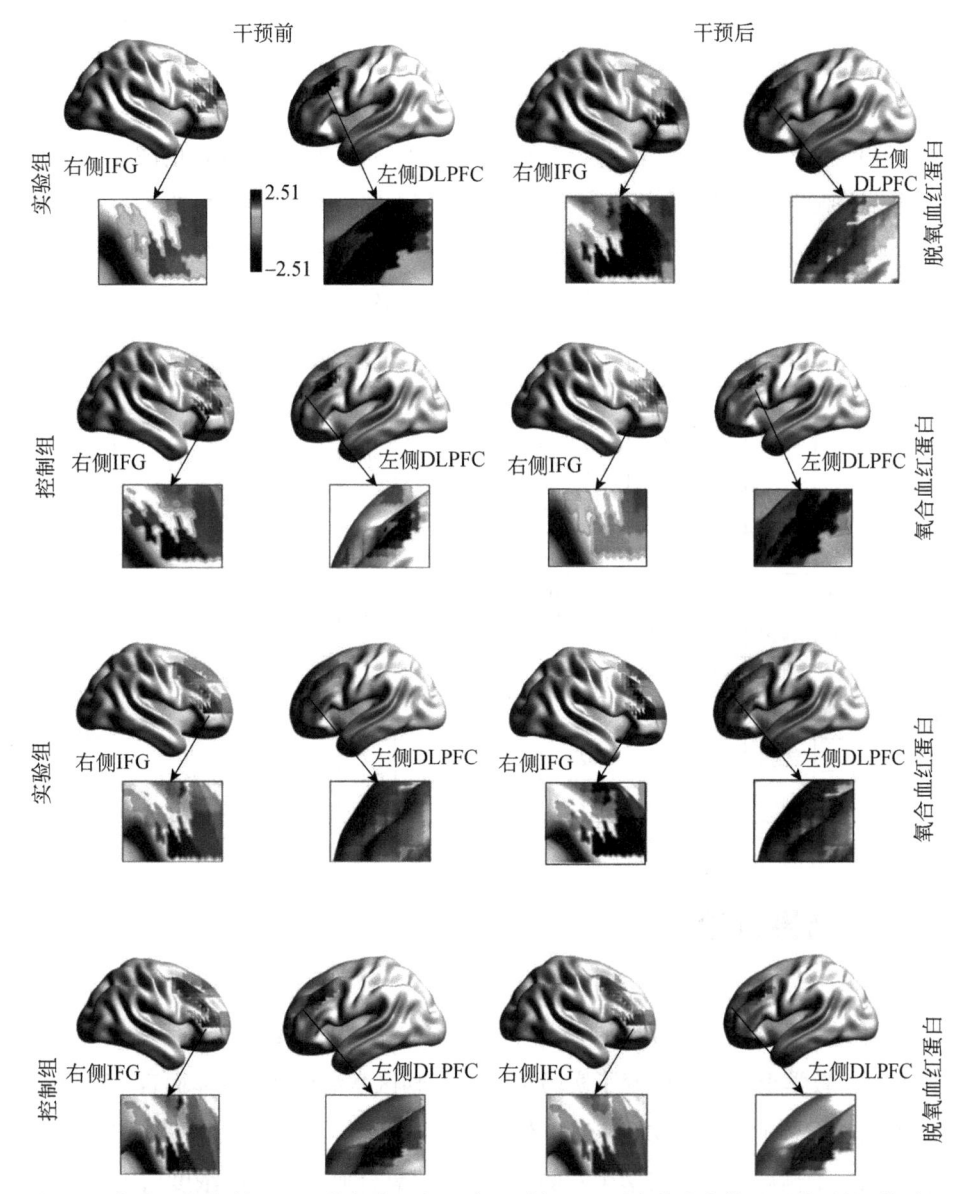

图 8-2　实验组和控制组 ROI 的氧合血红蛋白和脱氧血红蛋白的浓度值干预前后的 $t$ 统计图
（见文后彩图 8-2）

采用重复测量方差分析方法对实验组和控制组被试的右侧 IFG 和左侧 DLPFC 的氧合血红蛋白和脱氧血红蛋白的浓度值在干预前后的差异进行分析。组别（实验组、控制组）为组间因素，时间（前测、后测）为组内因素。表 8-4 的结果显示，右侧 IFG 的氧合血红蛋白的浓度值的时间和组间主效应不显著，组别和时间的交互作用显著（$p<0.05$）。贝叶斯因子显示，轻度的证据存在交互作用。简单效应分析表明，教学干预对右侧 IFG 的氧合血红蛋白的浓度值的效应显著（$F=4.41$，$p<0.05$，偏 $\eta^2=0.13$），且在教学干预后被试的右侧 IFG 的氧合血红蛋白的浓度值较干预前升高，控制组的前后变化显著（$F=2.21$，$p>0.10$，偏 $\eta^2=0.07$）。另外，左侧 DLPFC 的氧合血红蛋白和脱氧血红蛋白的浓度值的主效应与交互作用均不显著。右侧 IFG 的脱氧血红蛋白的浓度值的主效应和交互作用也不显著。

表 8-4　控制组和实验组的氧合血红蛋白与脱氧血红蛋白的浓度值干预前后的重复测量方差分析

| 感兴趣脑区 | 组别 | | 干预前<br>$M \pm SD$<br>($\times 10^{-6}$) | 干预后<br>$M \pm SD$<br>($\times 10^{-6}$) | 组间效应 | | | 时间效应 | | | 组别×时间 | | |
|---|---|---|---|---|---|---|---|---|---|---|---|---|---|
| | | | | | $F$ | 偏 $\eta^2$ | $BF_{10}$ | $F$ | 偏 $\eta^2$ | $BF_{10}$ | $F$ | 偏 $\eta^2$ | $BF_{10}$ |
| 左侧<br>DLPFC | 氧合血<br>红蛋白 | 控制组 | −0.050 ± 0.54 | −0.17 ± 0.27 | 1.30 | 0.04 | 0.47 | 2.10 | 0.060 | 0.69 | 0.17 | 0.01 | 0.12 |
| | | 实验组 | 0.140 ± 0.77 | −0.07 ± 0.22 | | | | | | | | | |
| | 脱氧血<br>红蛋白 | 控制组 | 0.030 ± 0.51 | 0.05 ± 0.15 | 0.55 | 0.02 | 0.32 | 0.02 | 0.001 | 0.26 | 0.001 | 0.00 | 0.03 |
| | | 实验组 | 0.090 ± 0.29 | 0.10 ± 0.24 | | | | | | | | | |
| 右侧<br>IFG | 氧合血<br>红蛋白 | 控制组 | 0.240 ± 0.64 | −0.08 ± 0.33 | 1.53 | 0.05 | 0.45 | 0.16 | 0.010 | 0.28 | 6.40* | 0.17 | 1.04 |
| | | 实验组 | −0.320 ± 0.90 | 0.13 ± 0.31 | | | | | | | | | |
| | 脱氧血<br>红蛋白 | 控制组 | −0.004 ± 0.24 | 0.02 ± 0.20 | 0.22 | 0.01 | 0.32 | 0.17 | 0.000 | 0.26 | 0.03 | 0.001 | 0.03 |
| | | 实验组 | 0.040 ± 0.37 | 0.03 ± 0.32 | | | | | | | | | |

## 四、结果讨论

本研究深入探讨了教学干预后学生右侧 IFG 和左侧 DLPFC 激活模式的变化。结果显示，教学干预显著改变了实验组学生的脑区激活模式。具体而言，实验组的激活模式由干预前的左侧 DLPFC 和右侧 IFG 的协调激活，转变为右侧 IFG 激活的显著增强。干预后，实验组学生左侧 DLPFC 的氧合血红蛋白的浓度值下降，而右侧 IFG 的氧合血红蛋白的浓度值则显著升高。这表明教学干预增强了右侧 IFG 的激活水平，反映了实验组学生抑制信念偏差能力的提升，也标志着系统 2 批判性思维水平的提高。右侧 IFG 的激活水平增强，凸显了其在信念偏差推理中的抑制作用（Goel & Dolan，2003；Tsujii & Watanabe，2009），与 Houdé 等（2000）的研究结果一致。Houdé 等（2000）的研究发现，在进行逻辑训练后，主要激活的区域包括左额中回、左侧 IFG 等区域，同时右侧 IFG 的激活亦显著提升。这种变化可能表明，实验组学生在教学干预后重新分配了注意力资源，更集中于抑制能力，从而以更高效的方式完成信念偏差推理任务。相比之下，控制组的激活模式由干预前的左侧 DLPFC 和右侧 IFG 协调激活，转变为两个脑区的激活均有所下降。这可能与练习效应相关，即控制组在重复任务时无须消耗大量注意力资源克服信念偏差即可完成任务，但其正确率并未显著提高。在当代逻辑推理研究中，不仅需要关注执行控制网络的协调-激活能力，还应重视特定情境下的选择-抑制能力。本研究从神经层面验证了综合控制假说（Lu et al.，2022），表明批判性思维教学干预能够显著提升大学生灵活分配注意力资源的能力，帮助他们更高效地完成复杂推理任务，同时保持更高的正确率，并减少时间消耗。

综上所述，本研究分析了学生右侧 IFG 和左侧 DLPFC 激活模式在批判性思维教学干预前后的变化。结果显示，相对于控制组，教学干预后，实验组的左侧 DLPFC 的氧合血红蛋白的浓度值有所下降，而右侧 IFG 的氧合血红蛋白的浓度值则显著升高，即教学干预使学生的右侧 IFG 的激活水平明显提高。这些结果在神经层面上支持并解释了综合控制假说，即批判性思维教学干预有助于提高大学生灵活分配注意力资源的能力。研究结果不仅提供了批判性思维教育的神经学基础，还为批判性思维课程教学提供了理论支持和实践启示。

## 第三节 基于教学的批判性思维脑功能网络变化

### 一、研究目的

本研究主要关注批判性思维教学对大学生脑功能网络产生影响的特点。虽然目前直接探讨批判性思维教学神经可塑性的研究比较少，但现有关于逻辑训练的研究或许能为考察批判性思维基于教学的神经变化特点提供参考。研究表明，逻辑训练有助于增强推理中的关键脑功能网络（如执行控制网络和默认网络）的功能连接强度，促进网络拓扑结构改变，提高网络通信效率，甚至引发执行控制网络（如DLPFC）结构的变化（Han et al., 2017; Petersson et al., 1999; Zeng et al., 2023）。例如，Zeng 等（2023）的研究表明，抑制训练改变了脑功能网络的拓扑属性，有效提高了演绎推理中脑功能网络的通信效率。训练后，神经网络变得类似于沟通效率极高的规则网络，趋向于向规律有序的小世界网络发展，网络中的信息传递更加高效，而且大脑各个区域的联系更为广泛，同时减弱了在大脑两半球之间的特定功能的联系。虽然这种大脑结构的变化并不一定是永久的，但也证明了逻辑训练不仅能够引起大脑功能的改变，而且这种改变或许能保持一定的时间，初步表明了大脑功能网络在逻辑训练后呈现的可塑性特点。

本书第五章和第六章的研究为信念偏差推理与批判性思维的理论联系提供了神经证据。本章第一节的研究设计了批判性思维教学干预，从行为层面揭示了批判性思维的可塑性，第二节的研究表明教学干预促使学生批判性思维的脑区激活模式发生了改变。然而，教学干预是否对学生的脑功能网络连接强度产生了影响，尚不清楚。在前述批判性思维教学干预的框架下，本节主要关注教学干预对学生的脑功能网络的影响，分析任务态下 ROI 双侧 IFG 和 DLPFC 的神经同步性、调控作用在教学前后的变化，以揭示基于教学干预的大学生批判性思维的脑功能网络连接的变化模式和神经可塑性。

## 二、研究方法

本研究是本章前两节研究的延伸，研究对象与之前一致。神经网络的数据采集自信念偏差三段论推理实验任务。被试同时完成了两项批判性思维能力测验。实验程序、fNIRS 数据预处理等均与本章第二节相同。以下对数据的统计分析过程进行简述。

根据执行控制网络的关键区域 DLPFC，以及双侧 IFG 在演绎推理中的重要作用（Goel & Dolan, 2003; Houdé et al., 2000; Luo et al., 2014; Vas et al., 2016），

选择双侧 DLPFC 的 BA 9 和 BA 46，以及双侧 IFG 的 BA 44 和 BA 45 作为脑功能连接分析的 ROI。4 个 ROI 涉及的通道及其 MNI 坐标同本章第二节研究。选取 PLV 分析 ROI 的功能连接强度，从而评估批判性思维的脑功能网络神经同步性；对于功能连接矩阵的多重比较校正，采用 NBS 方法控制假阳性率（Zalesky et al., 2010）。进一步应用 Gretna 软件计算出实验组和控制组的节点度值 ADC，基于此结果创建两组各自的节点文件，连边文件是根据 4 个 ROI 的功能连接 PLV 转换得出的。将节点文件和连边文件输入 BrainNet Viewer 软件，实现脑功能连接的 3D 可视化。采用独立样本 $t$ 检验分析实验组和控制组在干预前基于 ROI 构建的脑功能网络的神经同步性和调控作用的差异。采用 2（组别：实验组、控制组）×2（时间：前测、后测）的重复测量方差分析，考察教学干预对 ROI 之间的神经同步性和调控作用的影响。

## 三、研究结果

### （一）ROI 的神经同步性在教学前后的差异

表 8-5 呈现了任务态下实验组和控制组被试 ROI（双侧 IFG 和 DLPFC）的平均功能连接值 PLV 在教学干预前的差异。结果表明，实验组和控制组 ROI 之间的 PLV 在教学前没有显著差异。图 8-3 呈现了教学前后实验组和控制组 ROI 的平均功能连接强度（脑区之间连边的粗细程度表示平均功能连接强度，连边越粗，PLV 越大）。结果表明，教学干预后，实验组部分脑区的 PLV 较之前增大，右侧 IFG 与右侧 DLPFC、右侧 DLPFC 与左侧 DLPFC 的功能连接增强较为明显。相对于前测，控制组的后测主要以右侧 IFG 与右侧 DLPFC、右侧 DLPFC 与左侧 IFG 的功能连接增强为主。

表 8-5 任务态下实验组和控制组 ROI 的平均功能连接强度在干预前的差异

| 功能连接区域 | 分组 | $M$ | $SD$ | $t$ | $p$ | Cohen's $d$ | $BF_{10}$ |
|---|---|---|---|---|---|---|---|
| 左侧 IFG-左侧 DLPFC | 控制组 | 0.62 | 0.29 | −0.45 | 0.66 | 0.15 | 0.34 |
| | 实验组 | 0.65 | 0.21 | | | | |
| 右侧 IFG-右侧 DLPFC | 控制组 | 0.51 | 0.24 | −1.15 | 0.26 | 0.38 | 0.53 |
| | 实验组 | 0.61 | 0.30 | | | | |

续表

| 功能连接区域 | 分组 | M | SD | t | p | Cohen's d | $BF_{10}$ |
|---|---|---|---|---|---|---|---|
| 左侧 DLPFC-右侧 DLPFC | 控制组 | 0.53 | 0.22 | −1.11 | 0.27 | 0.37 | 0.52 |
|  | 实验组 | 0.62 | 0.28 |  |  |  |  |
| 左侧 DLPFC-右侧 IFG | 控制组 | 0.53 | 0.28 | −0.03 | 0.98 | 0.01 | 0.32 |
|  | 实验组 | 0.54 | 0.27 |  |  |  |  |
| 左侧 IFG-右侧 DLPFC | 控制组 | 0.49 | 0.19 | −0.28 | 0.78 | 0.09 | 0.33 |
|  | 实验组 | 0.51 | 0.31 |  |  |  |  |
| 左侧 IFG-右侧 IFG | 控制组 | 0.49 | 0.26 | −0.59 | 0.56 | 0.19 | 0.36 |
|  | 实验组 | 0.54 | 0.26 |  |  |  |  |

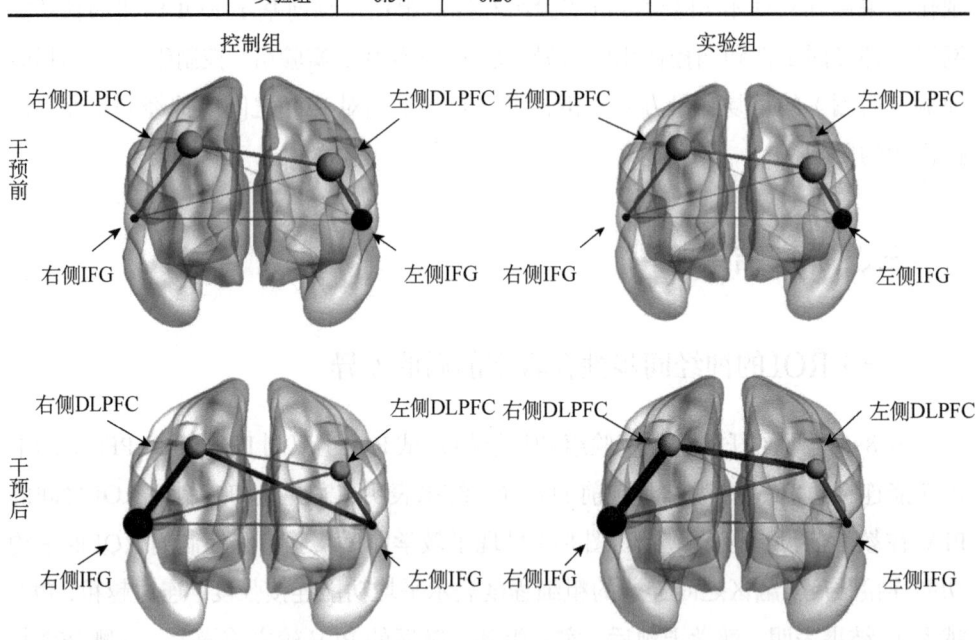

图 8-3 任务态下实验组和控制组 ROI 的平均功能连接强度在干预前后的变化（见文后彩图 8-3）

棕色连边表示功能连接强度较强的通道（连边阈值＞0.6），节点大小表示节点度值

表 8-6 呈现了控制组和实验组 ROI 的平均功能连接强度干预前后的重复测量方差分析结果。右侧 DLPFC 与右侧 IFG 的 PLV 的时间主效应显著，时间和组别的交互作用边缘显著。简单效应分析显示，教学干预对实验组右侧 DLPFC 与右侧 IFG 的 PLV 效应显著（$F = 4.50$，$p < 0.05$，偏 $\eta^2 = 0.12$），教学干预后实验组的右侧 DLPFC 与右侧 IFG 的 PLV 增大明显（图 8-3）。另外，左侧 DLPFC 与右侧 DLPFC、左侧 DLPFC 与右侧 IFG 的 PLV 的时间主效应显著，其他效应不显著，这表明实验组和控制组左侧 DLPFC 与右侧 DLPFC、左侧 DLPFC 与右侧 IFG 的 PLV

值在干预前后的变化都很明显,但是时间和组别的交互作用不显著。

表 8-6 任务态下控制组和实验组 ROI 的平均功能连接值干预前后的重复测量方差分析

| ROI | 组别 | 干预前 $M \pm SD$ | 干预后 $M \pm SD$ | 组间效应 F | 偏 $\eta^2$ | $BF_{10}$ | 时间效应 F | 偏 $\eta^2$ | $BF_{10}$ | 组别×时间 F | 偏 $\eta^2$ | $BF_{10}$ |
|---|---|---|---|---|---|---|---|---|---|---|---|---|
| 左侧 IFG-左侧 DLPFC | 控制组 | 0.61 ± 0.29 | 0.65 ± 0.26 | 0.88 | 0.03 | 0.37 | 0.95 | 0.03 | 0.41 | 0.18 | 0.01 | 0.14 |
|  | 实验组 | 0.64 ± 0.21 | 0.73 ± 0.26 |  |  |  |  |  |  |  |  |  |
| 右侧 IFG-右侧 DLPFC | 控制组 | 0.52 ± 0.24 | 0.69 ± 0.30 | 2.90 | 0.08 | 0.67 | 7.14** | 0.17 | 9.39 | 3.96*** | 0.11 | 6.68 |
|  | 实验组 | 0.64 ± 0.29 | 0.79 ± 0.22 |  |  |  |  |  |  |  |  |  |
| 左侧 DLPFC-右侧 DLPFC | 控制组 | 0.53 ± 0.29 | 0.74 ± 0.27 | 2.60 | 0.07 | 0.60 | 4.01** | 0.11 | 2.02 | 0.13 | 0.00 | 1.27 |
|  | 实验组 | 0.60 ± 0.22 | 0.73 ± 0.22 |  |  |  |  |  |  |  |  |  |
| 左侧 DLPFC-右侧 IFG | 控制组 | 0.53 ± 0.28 | 0.64 ± 0.29 | 0.30 | 0.01 | 0.31 | 3.81*** | 0.10 | 1.85 | 0.06 | 0.00 | 0.56 |
|  | 实验组 | 0.55 ± 0.27 | 0.70 ± 0.25 |  |  |  |  |  |  |  |  |  |
| 右侧 DLPFC-左侧 IFG | 控制组 | 0.49 ± 0.19 | 0.67 ± 0.27 | 0.01 | 0.00 | 0.29 | 8.38 | 0.20 | 18.68 | 0.01 | 0.00 | 5.27 |
|  | 实验组 | 0.49 ± 0.31 | 0.66 ± 0.26 |  |  |  |  |  |  |  |  |  |
| 左侧 IFG-右侧 IFG | 控制组 | 0.49 ± 0.26 | 0.64 ± 0.30 | 0.56 | 0.02 | 0.33 | 3.79 | 0.10 | 2.15 | 0.06 | 0.00 | 0.71 |
|  | 实验组 | 0.55 ± 0.26 | 0.67 ± 0.27 |  |  |  |  |  |  |  |  |  |

## (二)任务态下ROI的调控作用在干预前后的差异

图 8-4 显示了实验组和控制组 ROI 的信息流向和影响强度在干预前后的变化。结果表明,实验组和控制组的 ROI 的信息流向在干预前后无明显改变。干预后,实验组 ROI 的 GC 较干预前增大,尤其以右侧 IFG 对侧 DLPFC 的影响增强为主。相对而言,控制组右侧 IFG 对右侧 DLPFC 的影响强度、右侧 IFG 对左侧 IFG 的影响强度,以及右侧 DLPFC 对左侧 IFG 的影响强度的 GC 较干预前增大,其余 ROI 的 GC 较干预前减小。

表 8-7 呈现了 ROI 的 GC 干预前后的重复测量方差分析结果。右侧 IFG 对右侧 DLPFC 的影响强度 GC 的组别和时间主效应均显著,时间和组别的交互作用不显著。贝叶斯因子显示,轻度的证据支持右侧 IFG 对右侧 DLPFC 的影响强度 GC 的组别和干预时间存在主效应,并显示强证据支持不存在交互作用。该结果表明,实验组和控制组右侧 IFG 对右侧 DLPFC 的影响强度 GC 在干预前后存在一定程度的差异,但是这种差异可能来自组内个体差异,并非来自干预方式。其余 ROI 的 GC 的组间效应、时间效应,以及组别和干预时间的交互作用均不显著。

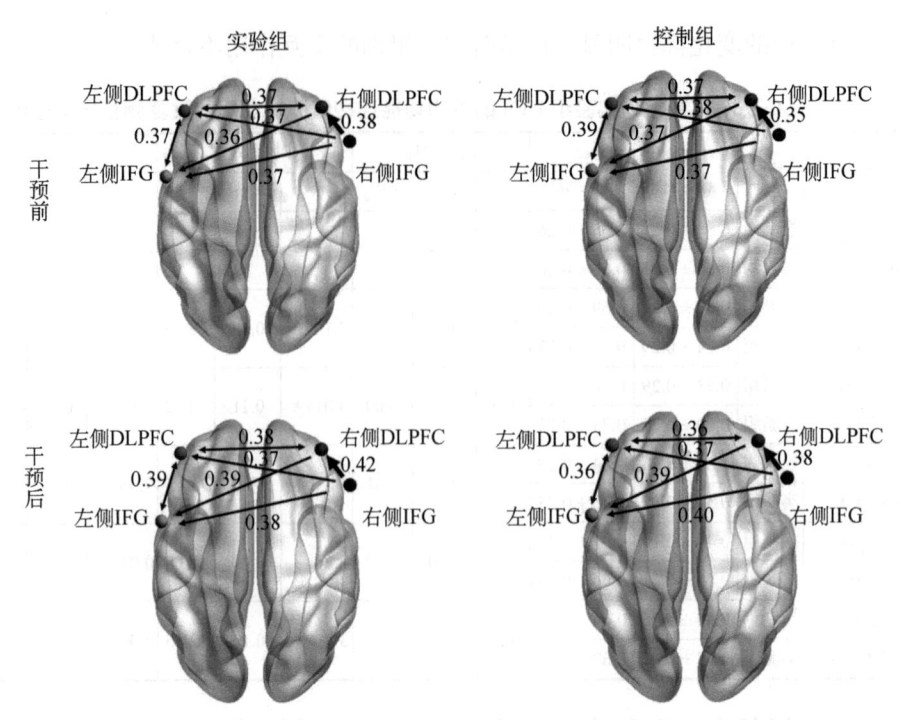

图 8-4 任务态下实验组和控制组 ROI 的信息流向和影响强度在干预前后的变化
（见文后彩图 8-4）

表 8-7 任务态下实验组和控制组 ROI 的 GC 干预前后的重复测量方差分析

| ROI | 组别 | 干预前<br>（$M \pm SD$） | 干预后<br>（$M \pm SD$） | 组间效应 $F$ | 偏 $\eta^2$ | $BF_{10}$ | 时间效应 $F$ | 偏 $\eta^2$ | $BF_{10}$ | 组别×干预时间 $F$ | 偏 $\eta^2$ | $BF_{10}$ |
|---|---|---|---|---|---|---|---|---|---|---|---|---|
| 左侧 IFG↔<br>左侧 DLPFC | 控制组 | 0.39 ± 0.08 | 0.36 ± 0.08 | 0.06 | 0.0020 | 0.29 | 0.10 | 0.0030 | 0.26 | 1.720 | 0.0500 | 0.08 |
| | 实验组 | 0.37 ± 0.06 | 0.39 ± 0.06 | | | | | | | | | |
| 右侧 IFG→<br>左侧 DLPFC | 控制组 | 0.38 ± 0.08 | 0.37 ± 0.07 | 0.15 | 0.0040 | 0.29 | 0.04 | 0.0010 | 0.24 | 0.004 | 0.0001 | 0.07 |
| | 实验组 | 0.37 ± 0.08 | 0.37 ± 0.07 | | | | | | | | | |
| 右侧 IFG→<br>右侧 DLPFC | 控制组 | 0.35 ± 0.08 | 0.38 ± 0.06 | 3.95*** | 0.1000 | 1.10 | 2.99*** | 0.0800 | 1.36 | 0.030 | 0.0010 | 0.34 |
| | 实验组 | 0.38 ± 0.09 | 0.42 ± 0.08 | | | | | | | | | |
| 右侧 IFG→<br>左侧 IFG | 控制组 | 0.37 ± 0.10 | 0.40 ± 0.06 | 0.19 | 0.0060 | 0.34 | 1.59 | 0.0500 | 0.56 | 0.330 | 0.0100 | 0.18 |
| | 实验组 | 0.37 ± 0.09 | 0.38 ± 0.06 | | | | | | | | | |
| 左侧 DLPFC↔<br>右侧 DLPFC | 控制组 | 0.37 ± 0.09 | 0.36 ± 0.06 | 0.62 | 0.0200 | 0.35 | 0.01 | 0.0003 | 0.24 | 0.040 | 0.0010 | 0.09 |
| | 实验组 | 0.37 ± 0.08 | 0.38 ± 0.06 | | | | | | | | | |
| 右侧 DLPFC→<br>左侧 IFG | 控制组 | 0.37 ± 0.11 | 0.39 ± 0.07 | 0.01 | 0.0002 | 0.30 | 2.05 | 0.0600 | 0.64 | 0.120 | 0.0030 | 0.20 |
| | 实验组 | 0.36 ± 0.09 | 0.39 ± 0.06 | | | | | | | | | |

注：↔表示双向信息流，→表示单向信息流

## 四、结果讨论

本研究运用相位锁定法探讨了 ROI 即双侧 IFG 和 DLPFC 的神经同步性、调控作用,以及脑功能网络通信效率干预前后的变化特征。任务态的结果显示,教学干预明显增大了实验组的右侧 DLPFC 与右侧 IFG 的 PLV。基于第六章的脑成像结果可知,右侧 DLPFC 与右侧 IFG 的 PLV 对批判性思维能力有显著的正向预测作用。当前的研究结果表明,教学干预显著增强了学生右侧 DLPFC 与右侧 IFG 的神经同步性,反映了两个脑区神经活动的协同作用增强,也为批判性思维能力的提高提供了神经可塑性的证据。执行控制网络的右侧 DLPFC 与冲突监测有关,右侧 IFG 对信念偏差具有抑制的作用(Goel & Dolan, 2003; Goel et al., 2000; Tsujii & Watanabe, 2009)。在信念偏差推理中,调节冲突监测和抑制信念偏差的区域协同作用增强,体现了认知资源配置的高效性。推理中的脑区激活水平,反映了认知资源消耗的程度。这个结果从脑功能网络层面解释了行为方面的结果,教学干预后实验组并未额外消耗注意力资源,而是在资源有限的情况下对其进行了重新分配。对于实验组,采用降低对冲突监测资源的消耗,转而将注意力资源集中在右侧 IFG 抑制为主的策略,从而提高推理任务的正确率。实验组被试采用这样的经济资源分配策略,可能是因为他们是通过提高右侧 DLPFC 与右侧 IFG 的神经同步作用来提升策略的使用效果的。

关于 ROI 之间的调控作用,研究结果显示,干预前后双侧 IFG 和 DLPFC 的信息流向无明显改变,但是教学干预并未显著提高右侧 IFG 对右侧 DLPFC 的影响强度和调控作用,表明教学对两个脑区信息流向的影响不大。然而,右侧 IFG 对右侧 DLPFC 的调控作用更多取决于神经递质的调控,虽然教学干预增强了这种调控作用,但由于干预时间较短,效果未能显著体现,导致神经递质在短时间内的变化不明显。

本研究从 ROI 双侧 IFG 和 DLPFC 的神经同步和调控作用的角度,探讨了任务态双侧 IFG 和双侧 DLPFC 的功能连接与效应连接在教学前后的变化。结果表明,相对于控制组,教学干预有效增强了实验组右侧 DLPFC 与右侧 IFG 的功能连接强度，但没有显著提高右侧 IFG 对右侧 DLPFC 的影响强度和调控作用。这些结果从神经层面解释了通过教学干预后，学生的双侧 IFG 和双侧 DLPFC 的同步协作作用增强，从而促进认知资源的灵活、高效分配，为批判性思维可塑性的长效机制提供了初步的神经证据。

# 第九章
# 高校批判性思维教学方法与效果

批判性思维属于高阶思维,与创新创造密切相关。培养大学生的批判性思维能力,是育才与育人的重要内容,也是高等教育落实立德树人根本任务的基本要求。在着力培养拔尖创新人才、努力建设高等教育强国的新时代,尤其是伴随着以ChatGPT为代表的生成式人工智能的发展,批判性思维教育的重要性日益凸显。2021年,习近平总书记在两院院士大会的讲话中指出,要更加重视人才自主培养,更加重视科学精神、创新能力、批判性思维的培养培育。为加快构建我国新时代人才自主培养体系,更加高效地培养自主创新人才,亟须推进批判性思维教育教学。

本章共两节,重点探讨高校批判性思维教学的现状与研究进展。第一节将结合现有文献分析高校批判性思维教学的课程方法、评估手段及教学效果。第二节基于元分析研究,深入探讨我国高校批判性思维教学的发展现状、取得的成效及影响因素。

# 第一节　高校批判性思维教学的方法与效果评估

开展批判性思维教学的前提是学生批判性思维具有可塑性，指的是能够通过培养、发展和提升这一思维能力来改进其思考方式。这种可塑性是高等院校开展批判性思维教育教学的基础，因为它强调通过学习、训练和实践来提高对信息和问题的分析、评估和推论能力的可行性。批判性思维的可塑性首先体现为人对自己思考过程的反思和调整能力（Halpern, 1997）。自我反思允许个体审视自己的思维方式，识别可能存在的认知偏见和不良思维习惯，并采取措施加以纠正。这种反思和调整能力有助于提高思维的清晰度和客观性，使个体更好地应对复杂的问题和信息。另外，逻辑思维是批判性思维的重要基础，涉及正确的推理、论证和结论。通过培养逻辑思维能力，个体可以更好地分析和评估信息，识别不合理的论点，并做出有根据的决策。批判性思维的可塑性还体现在学习迁移的能力上，即人们可以将自己在一个领域或情境中获得的批判性思维技能迁移到其他领域。例如，一个人可以学习批判性思维的原则和技巧，并将其更好地应用在工作、社会活动等领域。

## 一、批判性思维教学方法

在教育领域，批判性思维教学是否需要与具体学科相结合，一直存在争议。争议的焦点在于批判性思维是否是一种通用技能，并形成了两种对立的理论观点，即学科通才观和学科特定论，在此基础上衍生出了不同类型的课程。学科通才观认为批判性思维是一种通用技能，与特定的学科主题无关。例如，Ennis（2015）和 Paul（1990）将批判性思维视作一种跨学科技能，适用多个学科领域。Siegel（1988）认为，批判性思维的逻辑谬误可以出现于不同情境中，推论谬误与特定学科主题无关，从这个角度来说，批判性思维教学可以独立于具体学科开展。与学科通才观相反，持学科特定论的 Mcpeck（1981）认为，思维需要与特定学科结合来教授。他们认为如果批判性思维与特定主题无关，那么它在概念和实践上就是空洞的，只有对某个领域有丰富的知识和一定的理解，才能进行批判性思考，因此批判性思维的教学必须与具体学科相结合。根据上述两种观点，批判性思维教学领域发展出了两种主要的课程类型：专门进行批判性思维教学的通用课程；将批判性思维培养融入具体学科教学中的融合课程。进一步而言，根据教学内容的一般性或特定性，以及批判性思维教学目标的明确程度，发展出了多种教学模式和具体教学策略。以下对相关教学模式和策略进行具体介绍。

## （一）批判性思维教学模式

教学模式强调的是教师在批判性思维教学中形成的相对稳定的教学活动框架与程序。根据教学内容的普遍性或特定性，以及批判性思维教学目标的明确程度，Ennis（1989）提出了 4 种典型的教学模式：一般式教学、灌输式教学、沉浸式教学和混合式教学。

一般式教学的目标是让学生掌握批判性思维原理和方法。运用该教学模式的教师以批判性思维的基本原则、方法为核心教学内容，在教学过程中明确告知学生批判性思维的原理和方法。目前，国内外高校开设批判性思维通识课程是这一教学模式的典型实践。灌输式教学和沉浸式教学都是在批判性思维融合课程的基础上发展出来的教学模式。使用灌输式教学的教师在教学过程中明确将批判性思维培养作为学科教学的目标之一，并让学生充分了解这一教学目标，在此基础上开展深入、透彻的学科教学，鼓励学生对某一特定学科进行充分的批判性思考。我国有研究者在英语听说课程中使用灌输式教学，将批判性思维嵌入每周的课程主题中，并明确每次课程中批判性思维技能和倾向的教学目标，有针对性地设计英语学习活动。例如，让学生听一则英语广告，并评估其中蕴含的假设，以培养学生的分析、推论等技能，以及增强学生进行批判性思考的自信心、培养开放的思维习性；或者引导学生使用苏格拉底式的提问技巧，用英语谈论和自己相关的内容，以培养分析、归纳的技能及好奇心等思维倾向（Yang et al., 2013）。区别于灌输式教学，沉浸式教学主要以隐蔽的方式提升学生的批判性思维能力。使用该教学模式的教师在进行学科教学时，不会明确给学生指出批判性思维的目标、原理和方法，而是通过学科教学"唤醒"学生的批判性思维，让学生"沉浸"于学科知识学习。

例如，Cheng 等（2020）提出了一种旨在提升学生小组领导能力的教学方法，并随后在大学的"科学传播影片赏析课程"中使用沉浸式教学，开展实证研究，让实验组学生通过在线协作学习观看科学影片，并明确小组分工，进行问题讨论，提交学习报告，最终发现实验组学生在这门课程的学习中较好地提升了批判性思维能力。

虽然以上教学模式各有优势，但也有不足之处。一般式教学可能脱离了学科背景和具体知识，难以确保学生将批判性思维技能迁移到具体学科领域或实践中。灌输式教学和沉浸式教学则对专业课程教师提出了更高的要求，他们需要平衡专业教学和思维教学，存在弱化思维培养的风险，而且学生在这些模式下的思维学习效果和思维能力的迁移也受到了质疑。因此，一些学者主张将通用的批判性思维教学和融合学科的批判性思维教学相结合，即混合式教学。在混合式教学中，学生既学习批判性思维的原则和方法，也接受特定学科的批判性思维教学。相对前面提到的 3 种模式，混合式教学的组合有更多可能性，这意味着高校可以将独立的思维教学与已有的专业课程结合起来，不仅教授批判性思维的原理和方法，还培养学生在具体学科背景中应用批判性思维的能力，共同塑造学生的批判性精神内核。然而，混合式教学也面临一些挑战，如需要投入更多的时间和精力、课程设计的难度较大等。确保思维教学与专业课程的有效融合，需要教师具备跨学科能力，教学设计要有一定的灵活性，以确保混合式教学的顺利实施。

相对于一般式教学，高等教育领域倾向使用灌输式教学或沉浸式教学，将批判性思维融入特定的学科领域。这是因为高等教育教学环境更适合进行学科结合式的思维教学，并且将批判性思维与学科教学相结合，可以提高学生在特定领域的思维能力和应用能力。这也反映了高等教育将批判性思维融入学科教学的趋势。此外，国外许多高校也对混合式教学进行了探索，例如，加利福尼亚大学洛杉矶分校开设了"非形式逻辑""辩证法""归纳逻辑"等思维课程，并将批判性思维理念融入英语、政治学和法学专业中。这种综合的教学方法在教授思维技能的同时，也能够帮助学生将批判性思维应用到具体学科领域。

## （二）批判性思维教学策略

批判性思维教学策略是教师为发展学生的批判性思维在课堂教学中采用的具体教学措施。目前，已经发展出多种适合批判性思维教学的策略，其中常见的包括对话法、抛锚式指导、同伴协作学习等。对话法源于苏格拉底式问答，旨在让学生围绕某个问题，通过教师和学生或学生之间的提问、讨论、辩论来澄清概念或解决问题，促进学生的自我反思。这种对话形式不仅包括面对面的交流，也可以是线上同步或异步的讨论交流。通过教师的引导提问、同伴的讨论或辩论，学生能够在与他人观点碰撞的过程中检验自己的想法，重新审视自己的思考过程。基于问题的教学（problem-based learning，PBL）是这一策略的典型实践。它采用课堂内的集体讨论、课堂外的小组讨论等形式，鼓励学生质疑和提出问题，通过对问题的分析，最终达到解决问题的目的。当前，我国采用 PBL 开展的批判性思维教学研究主要集中在医学、护理及外语类专业的相关课程。

抛锚式指导是教师创设真实的情境，激发学生思考和探究的策略，常见形式包括案例教学、情境模拟、角色扮演等。该策略注重现实生活中的真实事件和情境，旨在让批判性思维教学回归现实，使学生明晰批判性思维在现实生活事件中的体现和应用方式，有利于促进学生将所学的思维技能迁移到现实情境中。其中，案例教学是抛锚式教学的典型形式之一，它通过在课堂上模拟真实情境，为学生提供解决实际问题的机会，引导学生处理不完整的信息，提出初步假设并完善它们，进行合理预测，这样的过程有助于培养学生的质疑精神、思维的灵活性和发现替代方法的能力。案例教学法主要应用于医学、护理专业学生的高阶思维和临床技能培养，同时也在经管类、工程类专业及其他学科的批判性思维培养中得到了应用和发展。

同伴协作学习是另一种适合批判性思维教学的策略。它通过小组协作的形式组织学生进行学习，对提高学业成绩和培养学生的批判性思维有着积极作用。同伴协作能够为学生提供良好的学习支持，促进学生重新构建自己的知识结构，反思自身的思维过程。在同伴协作学习情境中，教师需要提供良好的思维环境，通过组织小组讨论、合作报告等形式的协作活动，促进学生之间的思维碰撞。同伴协作学习经常与其他教学策略结合，应用于批判性思维教学研究中（Blakeslee，2020；Yang et al.，2013）。此外，同伴协作学习尤其适合网络环境下的学习，因为网络提供了教师创设协作探究学习情境所需的技术支持。教师可以通过鼓励学生进行在线交流和互动，或者通过在线技术指导学生。

需要指出的是，以上策略并不是相互排斥的，一项批判性思维教学研究通常会结合多种策略设计教学方案。我国学者在这方面进行了一些有益的尝试，如李迎新和侍禹廷（2020）在高校英语课堂中采用了 PBL 教学策略，设计与课文内容相关的实际问题，围绕提出的问题加以引导，通过组织学生课前自主学习、小组讨论、课堂成果展示、教师指导评价并给予书面反馈、学生自我校准，融合多种策略，显著提升了学生的批判性思维技能。虽然批判性思维的教学策略具有多样性，但它们的核心目标都是为学生提供开放、探究、协作的学习环境，引导学生在参与学习活动的过程中学会监控、调节、反思自己的思维过程。

## 二、批判性思维教学效果的评估方式

随着批判性思维教学在高等院校逐渐兴起，研究者和教师已经在如何进行批判性思维教学这个问题上取得了重要进展。然而，就批判性思维教学的效果评估和干预效果的有效性而言，目前仍缺乏清晰的答案。对批判性思维教学的质量，需要进行科学、有效的评估，以提供有针对性的反馈和指导，推动批判性思维教学的不断改进和发展。现有对批判性思维教学效果的评估方式主要可以分为 3 类。

第一类是使用标准化量表测量学生在教学干预前后的批判性思维水平，通过比较教学干预前后的数据，评估学生的批判性思维水平是否有所提升。常见的标准化批判性思维量表包括康奈尔批判性思维量表、CCTST 和 CCTDI 等。这种方法具有标准化、信效度经过验证和施测简便的特点，是目前干预研究中广泛采用的评估方式。然而，使用标准化定量评估工具只能通过静态的分数差异来观察学生批判性思维的变化，难以了解具体教学过程中学生批判性思维的变化特点，而且在非严格的实验对比条件下，标准化量表分数对干预效果的检验不够敏感。另外，标准化量表通常采用选择题形式进行评估，容易受到备选答案的提示，不符合现实生活情境。

第二类是使用主观测评问卷或学生的文字反馈来评估批判性思维教学效果。常见的评估工具有恩尼斯-韦尔（Ennis-Weir）批判性思维论文测试、国际批判性思维测评中心的批判性思维短文测试，以及研究者或教师自行编制的评估问卷。有研究综述了师范教育中的批判性思维教学研究，结果显示，在纳入分析的 39 篇实证研究文献中，有 29 项研究采用了研究人员自行开发的定性评估工具，包括文字反馈、自我评估、访谈、作品集、论文等（Lorencová et al., 2019）。例如，陈亚平

（2016）在大学英语议论文写作课程中开展批判性思维教学，通过课堂问答、课下辅导和文字反馈等方式进行了综合评估，全面衡量了学生在议论文写作过程中的批判性思维水平。相比标准化量表，主观测评问卷或文字测验与学科领域的结合紧密、与教学内容相关，对特定的教学干预效果的检验更为敏感。然而，这种方式易受到研究者或评分者主观评价的影响，并且评价方式的内部一致性信度有待验证。同时，这种评估方式中特定的背景和严格的结构可能限制了被试批判性思维的表现。

第三类是内容分析法。该方法基于批判性思维相关的分析模型，对学生在教学干预过程中的话语表现进行分析，解码学生内在思维的变化，从而评估教学效果。常见的批判性思维分析编码模型包括基于认知存在的实践探究模型、基于网络学习情境的交互分析模型、纽曼等的批判性思维模型、墨菲的关于在线讨论中的批判性思维编码体系等。在国外，使用编码框架进行内容分析的方法已有较长的历史，而近年来我国的研究者也开始将该方法引入批判性思维教学研究。例如，冷静和郭日发（2018）使用墨菲的编码体系，对上海某高校55名本科生为期4个月的在线教学中的话语内容进行了编码分析，阐明了在线讨论情境中本科生批判性思维深度和层次的变化。这类评估方式能够捕捉学生的批判性思维在学习活动中的动态变化，考察学生思维的深刻性和灵活性。然而，这种评估方式也存在一些弊端。首先，可信度较低。一些研究者指出，采用纽曼的模型进行编码分析，编码者的主观因素会对信效度产生影响，需要对编码者进行专门培训。其次，操作难度较大，需要对话语文本进行转录、编码，尤其需要处理教学过程中生成的大量话语信息，工作量非常大。目前，人工智能技术如自然语言处理技术正在快速发展，辅之以人工智能技术对课堂话语文本进行编码分析，可以在一定程度上减少对人工编码的依赖，降低主观性，并提高编码效率。

总体而言，对批判性思维教学效果的评估方法具有多样性，不同的评估方式各有利弊。一项对2006—2017年网络环境中批判性思维教学干预的综述研究显示，早期的实证研究更多采用了定性评估方法，而后来的研究更倾向采用定量方法（Chou et al., 2019）。近年来，批判性思维教学的实证研究逐渐采用多元化的评估方式，根据课程设置和学习内容的不同，灵活运用多种评价指标，尽可能全面、真实地反映批判性思维教学干预的效果。这种多元化的评估方式，有助于从不同角度了解学生的批判性思维水平及其变化。

## 三、高校批判性思维教学的效果

### （一）批判性思维教学的总体效果

批判性思维教学干预的效果究竟如何，是学界一直在探索的问题。现有批判性思维教学干预研究的元分析表明，尽管在大学阶段开展的批判性思维教学能够显著提升学生的批判性思维能力，但平均效应量较低（Abrami et al., 2008, 2015; Niu et al., 2013）。冷静和路晓旭（2020）的元分析显示，大学阶段的教学干预对批判性思维提升的效应量在 0.5 左右。这些结果表明，高等教育阶段开展的教学干预对学生的批判性思维具有显著的提升效果，但效应量介于低到中等之间，而且不同研究产生的效应量之间呈现出显著的异质性，主要原因在于不同研究采用了不同的课程类型、教学模式、教学策略、评估工具。下面分别介绍不同的教学方法和评估方式对教学效果的影响，以进一步了解批判性思维教学的效果。

### （二）教学方法对教学效果的影响

元分析表明，沉浸式教学对学生批判性思维的提升效果不理想，而采用混合式教学往往能获得更大的效应量（Abrami et al., 2008, 2015）。另一项关于高等学校批判性思维教学的系统综述显示，在采用一般式教学的研究中，约有 80% 的被试报告了显著的批判性思维改善，其次是采用混合式教学的研究，改善比例为 67%，而采用沉浸式教学的干预研究报告的批判性思维改善比例最低，为 50%（Tiruneh et al., 2014）。这意味着当教学目标是显性的时候，采用一般式教学方法可能更加有效。因此，在教学中应将批判性思维的提升整合到具体的教学目标中，并同时介绍批判性思维的方法和原理，以确保学生理解批判性思维在特定内容中的应用。这是使学生学会批判性思考和提升批判性思维能力的最佳途径。此外，不同的教学策略同样对批判性思维课程的教学效果产生了影响。对话法和抛锚式指导对提升批判性思维能力非常有益。当将对话法、抛锚式指导和一对一的学徒式辅导 3 种策略同时应用于批判性思维教学时，能够取得最佳的教学效果（Abrami et al., 2015）。当多种方法、策略和技术相互配合使用，并且学习者之间有组织性较强的互动和协作时，批判性思维教学干预的效果会最大化。然而，如何有机协调和组合不同的教学策略，仍需要更多的实证研究加以论证。

## (三）教学评估方式对教学效果的影响

不同的教学效果评估方式也是影响批判性思维教学效果的重要因素。与批判性思维的标准化量表相比，前文提到的主观测评问卷、文字反馈和话语文本编码分析等属于非标准化的评估方式。有研究比较了在高等学校批判性思维教学中采用标准化和非标准化评估方式的教学效果，结果显示，在采用标准化评估方式的实证研究中，有 55%的研究报告了学生批判性思维能力的提升，而在采用非标准化评估方式的实证研究中，这一比例为 93%（Tiruneh et al., 2014）。元分析研究也表明，与标准化测评工具相比，研究者自编的测评问卷报告的学生批判性思维能力的提升效果更显著（Abrami et al., 2008；冷静和路晓旭，2020），可能是因为研究者自编的测评工具对具体学科领域内的教学内容更为敏感。此外，教学评估方式是通用的还是基于特定学科领域设计的，也可能会影响批判性思维教学的效果。相对于通用的评估手段，针对特定领域的评估工具更有可能产生较高的效应量。有一项研究通过教授学生如何辨别科学与伪科学假设，在高校的心理学研究方法课程中培养大学生的批判性思维。结果发现，课程结束时，学生在心理学批判性思维测试中的得分显著提高，但在通用的批判性思维量表结果上没有显著变化（Stark，2012）。这表明与教学内容联系更紧密的评估工具在测量教学效果时更加敏感。

综上所述，教学研究中应在采用标准化、通用的批判性思维量表的同时，结合非标准化评估手段，如学生对教学满意度的调查、收获程度的调查和学生讨论内容的质性分析，尽可能客观、全面、有针对性地评估批判性思维教学的真实效果。

# 第二节　我国高校批判性思维教学效果的元分析

## 一、研究目的

批判性思维的概念在 20 世纪 90 年代末至 21 世纪初逐步被引入我国高等教育领域，最初主要应用于逻辑、语言等人文社会科学类学科的教学与研究中。21 世纪，随着素质教育理念的普及，高等教育的人才培养目标逐步从知识传授转向能力发展，强调学生的创新精神与实践能力。我国高等教育领域开始注重对学生批判性思维的评估和考核。一些大学引入了批判性思维的试题，以评估学生的批判性思维能力。相关学者也开始探索批判性思维的测量方法，修订了中文版批判性思维测评工具（罗清旭和杨鑫辉，2002）。随着时间的推移，我国高等教育逐渐重视批判性思维培养，部分院校开展了批判性思维教学。例如，北京大学开设的"批判性思维与写作"课程、华中科技大学开设的"大学生批判性思维"小班研讨式课程等。这些主要是批判性思维的通用课程，对批判性思维与专业课程的融合仍处于尝试阶段，大多是外语、医学和护理类专业的教师或研究者的零星探索。

根据文献梳理，我国教育工作者和研究者在21世纪初开始采用实证方法探究批判性思维教学的效果及其影响因素。相关实证研究呈逐年增加的趋势，出现了相当数量可供分析的研究成果。但在2008年以前，我国高等教育阶段开展的批判性思维教学实证研究主要集中在台湾和香港地区，大陆（内地）的批判性思维教学开始得较晚。后来，中国大陆（内地）高校开展的批判性思维教学研究数量逐渐增加，目前已成为我国开展大学生批判性思维教学研究的主要阵地。冷静和路晓旭（2020）的一项元分析研究涵盖了东西方国家的批判性思维教学效果，发现东方国家和地区的教学效果明显好于西方国家和地区。这可能是因为相对于西方国家和地区而言，东方国家和地区的学生刚进入大学时批判性思维起点较低，有更大的提升潜力。这意味着不同文化背景或教育体制下学生的批判性思维能力提升空间存在差异。从这一角度来说，我国的批判性思维教学不能照搬国外的教学实践或研究成果，需要专门系统地总结并分析我国相关的教学研究，为后续研究与实践提供借鉴。

综上所述，当前我国高等教育正积极推动普及批判性思维教育，以培养高水平的创新人才。然而，国内高校的批判性思维教学在教学方法、教学形式和教学评估等方面呈现出什么样的特点，这些因素对批判性思维教学成效的影响如何，仍然不清晰，这对我国的批判性思维教育实践产生了一定的影响，不利于批判性思维和创新人才的培养。因此，迫切需要开展研究，系统地总结并分析我国高校批判性思维教学的发展现状和特点、教学的成效及其影响因素，为教育实践者和研究者提供有益的参考，推动我国批判性思维教育的发展。当前的元分析研究旨在回答以下问题：①我国高校批判性思维教学的发展有哪些特点？②我国高校批判性思维教学的总体效果如何？③哪些因素可能会影响我国高校批判性思维教学的效果？

## 二、研究方法

### （一）文献检索与筛选

文献检索分为中文检索与英文检索，中文检索的关键词包括"批判性思维""批判思维""审辩性思维""审辩式思维""批判性思考""批判思考""批判逻辑""批判能力"；"教学""学习""干预""培养""提升""提高""促进""发展"；"控制组""前测""后测""准实验""实验""实证"；"高等教育""大学""本科""研究生""专科""高校"。在中国知网、万方数据库、维普期刊全文数据库、华艺学术文献数据库、台湾博硕士论文知识加值系统进行检索。英文检索关键词包括"critical thinking" "critical thought" "critical logic" "critical ability" "CCTT" "WGCTA" "CCTST"; "education" "teach" "learn" "student" "intervention" "cultivate"; "control group" "pretest" "posttest" "quasi experiment" "empirical research"; "higher education" "university" "college"; "China" "Taiwan" "Hong Kong" "Macau"。在 Web of Science、EBSCO（含 ERIC、PsycInfo）、ScienceDirect、PubMed、ProQuest Dissertations & Theses 等英文数据库进行检索。检索文献的发表时间不限。为了避免文献遗漏，对一些与研究主题密切相关的中文核心期刊包括《教育研究》《高等教育研究》《心理学报》《电化教育研究》《高等教育工程研究》《开放教育研究》进行了检索。首次文献检索时间为 2022 年 8 月，2023 年 12 月进行二次检索。最终在中文数据库及相关期刊中检索出 872 篇文献，在英文数据库检索出 1508 篇文献，文献发表时间为 1987 年 5 月—2023 年 12 月。

根据以下标准，对检索的文献进行筛选：①研究主题与高等教育阶段的批判性思维教学相关；②研究方法为实验研究或准实验研究，排除非实证性文章；③文章应报告批判性思维教学效果的评估方法；④研究结果包含必要的数据，如平均值、方差、$F$、$t$、$p$ 等，以计算效应值；⑤删除重复的文献。对于无法获取全文的研究，以及缺少统计量的研究，逐一联系文献作者，请求提供全文或相关统计数据。此外，若元分析中存在异常值，也可能会影响结果的有效性和稳定性，因此采用 Viechtbauer 和 Cheung（2010）提出的方法，将残差值大于 1.96 的效应值识别为异常值，并剔除相应的研究，据此删除 3 项研究。最终纳入 156 篇符合标准的研究（发表时间为 2005—2023 年），共 205 个效应值，104 所高等院校，总样本量为

14 831。其中，批判性思维技能教学的文献有 83 篇，样本量为 7331。批判性思维倾向教学的文献有 105 篇（其中，有 32 篇文献同时包括批判性思维技能和批判性思维倾向），样本量为 9900。文献的筛选流程如图 9-1 所示。

```
中文数据库 n = 872                        英文数据库 n = 1508
（中国知网、万方数据库、维普期刊全         （Web of Science、EBSCO、ScienceDirect、
文数据库、华艺学术文献数据库、台湾          PubMed、ProQuest Dissertations & Theses）
博硕士论文知识加值系统；单独检索的
期刊文献）

                    ↓           ↓
          剔除重复文献后获得文献（n = 1850）
                    ↓
                                    → 排除文献（n = 1515）
                                      阅读标题和摘要，排除非中文/英文
                                      研究、主题无关、综述类、非实证研究、
                                      研究对象为非高等教育阶段群体的研究
                    ↓
          初步筛选获得文献（n = 335）
                    ↓
排除文献（n = 166）                 ←
联系作者后，仍无法获取全文：27
未明确教学干预过程：16
无明确测量工具或统计指标不明确：123
                    ↓
          阅读全文后符合标准（n = 169）
                    ↓
                                    → 排除文献（n = 13）
                                      数据重复的文献：10
                                      异常效应值：3
                    ↓
          最终纳入文献（n = 156，共 205 个效应值）
          批判性思维技能：n = 83，91 个效应值
          批判性思维倾向：n = 105，114 个效应值
          其中 32 篇文献同时包括批判性思维技能与批
          判性思维倾向
```

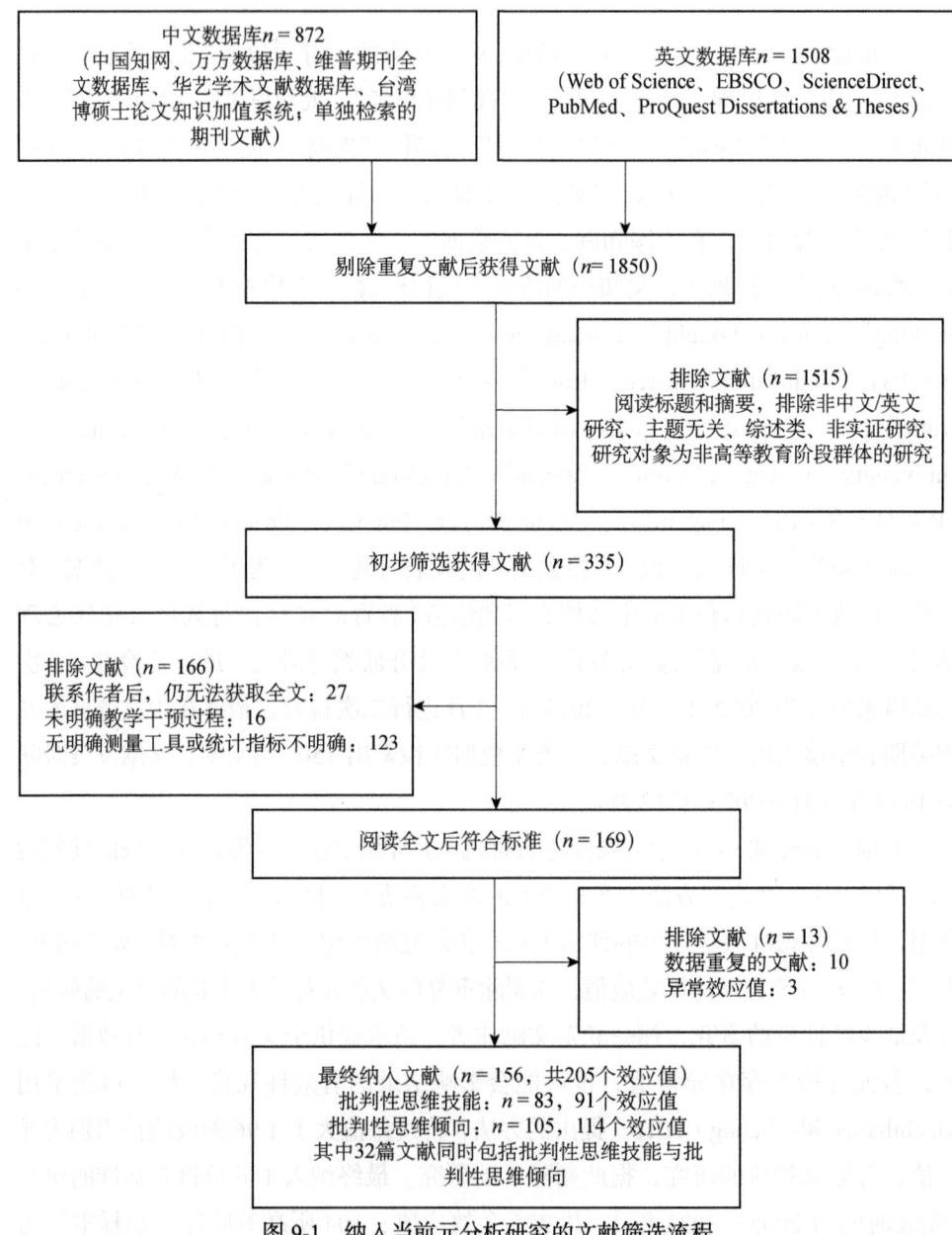

图 9-1　纳入当前元分析研究的文献筛选流程

## （二）文献编码

根据制定的编码规则，两位教育学专业博士生作为编码员独立提取并编码每篇文献的特征和数据。编码内容包括每篇文献的研究特征（第一作者及其单位、发表时间、地区）、教学特征（教学模式、策略、教学形式、教学时长、班级人数、教师、学生信息）和效果评估（评估工具、评估来源、结果统计值）等信息。两位编码员讨论了所有分歧，协商后确定最终编码规则。每个独立样本编码1个效应值。两位编码员的编码一致性为98.2%。

## （三）元分析流程

### 1. 效应值计算与模型选择

采用标准化均数差 Hedge's $g$（即 Cohen's $d$ 的修正量）作为效应值指标。首先，根据实验组和对照组的样本量（$n_1/n_2$）、均值（$M_1/M_2$）、标准差（$S_1/S_2$）计算出 Cohen's $d$ 值，计算方法见公式（9-1）和公式（9-2）。其次，通过公式（9-3）和公式（9-4），将 Cohen's $d$ 转换为 Hedge's $g$。根据 Borenstein 等的观点，$g$ 在 0.2—0.5 属于低效应值，在 0.5—0.8 为中等效应值，大于 0.8 则属于高效应值。最后，采用 CMA 3.0（Comprehensive Meta-Analysis 3.0）专业版软件进行效应值计算和后续的统计分析。

$$\text{Cohen's } d = \frac{M_1 - M_2}{S_{\text{pooled}}} \tag{9-1}$$

$$S_{\text{pooled}} = \sqrt{\frac{(n_1-1)S_1^2 + (n_2-1)S_2^2}{n_1 + n_2 - 2}} \tag{9-2}$$

$$\text{Hedge's } g = \left(1 - \frac{3}{4df - 1}\right) \times d \tag{9-3}$$

$$df = n_1 + n_2 - 2 \tag{9-4}$$

元分析的统计模型包括固定效应模型和随机效应模型。Borenstein 等（2010）指出，当元分析中包含的各研究的效应值大小不同时，随机效应模型更准确。我们在文献编码阶段发现，纳入元分析的文献编码的变量及结果不尽相同，因此采取随机效应模型。对异质性的检验，采用 $Q$ 检验及 $I^2$ 值两个指标，以验证模型选择是否合适。Higgins 等（2003）认为，如果 $Q$ 检验结果显著，或者 $I^2$ 值大于 75%，则更适合选择随机效应模型。为此，根据其测量内容，本研究将纳入文献分为批判性思维技能与批判性思维倾向两组，对两组内的各研究分别进行异质性检验。检验结果表明，$Q$ 统计量均达到了显著水平（批判性思维技能，$Q=425$，$df=90$，$p<0.001$，$I^2=79$；批判性思维倾向，$Q=737$，$df=113$，$p<0.001$，$I^2=85$），且 $I^2$ 均在 75 以上。这些结果表明，批判性思维技能和批判性思维倾向教学的效应值都存在较大的异质性，随机效应模型更合适。

2. 敏感性分析

敏感性分析用来检验元分析结果的稳健性和可靠性。本研究使用 CMA 3.0 软件的"one study removed"功能进行敏感性分析，如果排除任意一篇文献后，效应值变化过大，说明元分析结果的稳定性较差；如果效应值未发生明显的改变，则说明元分析结果具有较强的稳定性。排除任意一项研究后，批判性思维技能和批判性思维倾向的效应值变化范围均在 -0.02—0.01。敏感性分析结果表明，当前元分析的结果具有较强的稳定性。

3. 发表偏倚检验

发表偏倚是指相比报告没结果或效应值偏低的研究，报告有结果且效应值偏高的研究更可能被发表。为了尽可能减小发表偏倚的影响，首先，对于无法获取全文及效应值无法计算的文献，联系作者寻求全文或相应的数据。其次，在期刊论文之外，尽可能地检索未正式发表的会议论文和硕博士学位论文。最后，通过失安全系数和漏斗图检验发表偏倚的程度。本研究采用失安全系数发现，批判性思维技能和批判性思维倾向的干预效果的失安全系数分别为 8011 和 12 492，远大于 $5k+10$（$k$ 为纳入元分析的研究数量），表明当前元分析不存在发表偏倚的问题。漏斗图是以效应值为横坐标，以标准误为纵坐标绘制成的散点图，根据散点的对称性可以判断纳入元分析的文献是否存在发表偏倚。图 9-2 显示，当前研究的效应值分布于中上位置，且平均效应量左侧的研究数目略多于右侧。进一步采用剪补法评估发表偏倚程度发现，要使各研究的效应值在平均效应量左右对称分布，需要在平均效应量右侧添加 11 项研究。此时，批判性思维技能和批判性思维倾向教学效果的主效应仍然显著，效应量分别增加了 0.09 和 0.14。根据以往的研究经验，修正后的结果略好于未剪补的结果，且修正后的结果仍提示批判性思维技能和批判性思维倾向的教学有效，表明当前元分析不存在明显的发表偏倚。

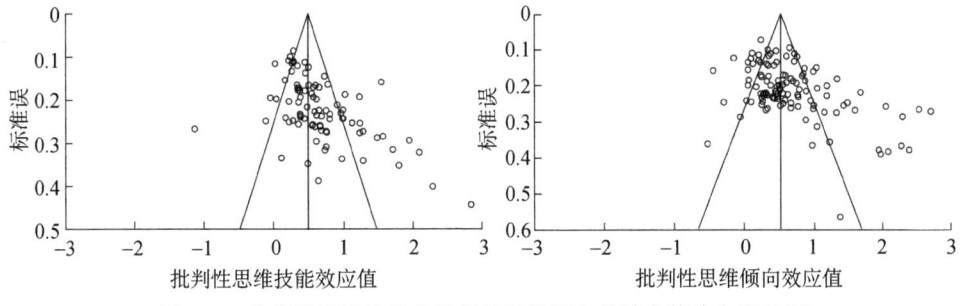

图 9-2　批判性思维技能和批判性思维倾向的效应值分布漏斗图

# 三、研究结果与讨论

## （一）我国高校批判性思维教学研究的现状特点

### 1. 批判性思维教学研究开展的时间、高校和专业分布特点

在时间分布上，元分析纳入的 156 篇文献发表时间分布在 2005—2023 年。从图 9-3 可以看出，国内高校开展的批判性思维教学的实证研究数量稳步增加，而且主要集中在大陆（内地）高校。在高校分布上，大陆（内地）高校开展批判性思维教学实证研究的数量最多。对纳入研究的第一作者所属单位进行统计，共包含 104 个单位，其中大陆（内地）最多（85 个），台湾地区次之（15 个），港澳地区最少（4 个）。2013 年之前，大陆（内地）的研究数量（18 项）与港澳台地区的研究数量（16 项）相当，2014—2023 年，大陆（内地）的研究数量（104 项）明显多于港澳台地区的研究数量（18 项）。在内地高校开展的 125 项研究中，47 项是在原"985 工程""211 工程"高校开展的，78 项是在其他高校开展的。最后，批判性思维教学的实证研究在学生专业分布上并不均衡，大部分实证研究集中在医学类专业，占纳入的研究数量的 34%。其次是人文社会科学、外语类相关专业，各占约 21%。针对理工科学生开展的批判性思维教学研究的数量最少（仅占 19%），还有 5% 的研究是同时对多个专业背景的学生进行的。

### 2. 批判性思维教学的教学方法、时长和形式特点

对纳入元分析研究的统计分析表明，首先，批判性思维教学的实证研究以融合专业课程为主（约 97%）。其中，与医学、外语和人文社会科学课程融合的教学研

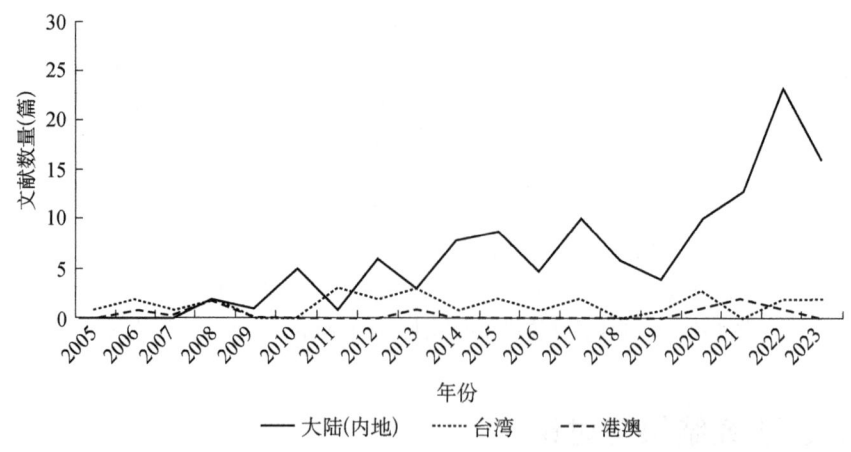

图 9-3 国内批判性思维教学研究的出版年份变化

究最多（分别占总数的 38%、30% 和 16%），与理工科课程融合的教学研究最少（约占 7%）。另外，7% 的教学研究同时结合了多个学科，1% 的教学研究结合了体育或舞蹈专业，2% 的研究未明确结合的专业。相比之下，使用通用课程的教学研究较少（仅 4 项）。对 Ennis（1989）提出的 4 种教学模式进行统计发现，使用一般式教学和混合式教学的研究比较少（分别约占 2% 和 4%），使用沉浸式教学和灌输式教学的研究比较多（约占 94%）。其次，大部分研究同时采用了多种教学策略，比如，既让学生讨论，也给学生提供案例进行学习。小部分研究在教学过程中单独使用了对话法（14%）或抛锚式指导（如案例教学，8%）。此外，批判性思维的教学时间通常不超过半年。47% 的研究与一学期的课程相结合，3—5 个月；40% 的研究在 3 个月以内；13% 的研究持续 5 个月以上。最后，在教学形式上，2018—2025 年，批判性思维教学对在线平台的使用稳步增加。2015 年之后，使用线上平台的研究数量约为 2015 年之前的 3.6 倍。大部分研究采用了线下教学（54%），其次是线上和线下的混合教学（39%），单独采用线上教学的数量最少（7%）。

**3. 批判性思维教学的师资和效果评估特点**

第一，开展批判性思维教学的教师的专业或学科背景分布不均衡，医学和外语专业的教师最多（分别约占 37% 和 34%），其次是人文社会科学专业的教师（约占 16%），工科和理科专业的教师最少（分别约占 6% 和 1%），体育或舞蹈专业的教师占约 1%，还有 5% 的研究未明确教师的专业/学业背景。

第二，在从事批判性思维教学之前，教师很少接受专门的批判性思维教学培训。在纳入元分析的156项研究中，仅有22项研究明确表明教师接受过专业的批判性思维教学培训（约占14%），其中17项研究分布在2015年之后。这表明当前国内高校对教师批判性思维教学研究培训的重视程度不高。

第三，针对批判性思维教学效果的评估方式比较单一。具体来说，对学生的批判性思维技能的评估，使用相关问卷或量表的研究的数量是使用教师自编测验的3倍，其中约30%的研究使用的是国外量表（如CCTST）的汉译版本；针对学生批判性思维倾向的评估，仅有1项研究使用了教师自编工具，其他均采用了问卷或量表，其中约70%的研究使用的是国外的批判性思维倾向量表的汉化或翻译版本。

## （二）我国高校批判性思维教学的总体效果

### 1. 批判性思维教学能够中等程度地提高学生的批判性思维技能和倾向

批判性思维教学效果在批判性思维技能和批判性思维倾向上的平均效应量分别为0.61和0.64，表明我国高校的批判性思维教学能够中等程度地提高学生的批判性思维水平。以往以西方国家的研究为主的元分析发现，高校批判性思维教学的效应量在0.3左右（Abrami et al., 2008）。与此相比，我国批判性思维教学的效应量略高。这可能是因为我国基础教育阶段对批判性思维的培养比较欠缺，大学生的批判性思维起点较低，具有更大的提升空间。另外，将教学研究的发表时间以每5年为一个单位来看，不同发表时间的教学效果在批判性思维倾向上存在边缘显著差异，在批判性思维技能上不存在显著差异（表9-1）。但从平均效应量来看，无论是批判性思维技能还是批判性思维倾向，都是近几年（2021—2023年）相对较高。可能的原因在于，一方面，近几年，国内越来越重视对学生高阶思维能力的培养；另一方面，信息技术的快速普及，使批判性思维教学有了更多突破和创新。

### 2. 大陆（内地）高校的批判性思维教学提升效果好于港澳台高校

批判性思维技能的教学效果存在显著的地区差异（表9-1），大陆（内地）的效应量更高，其次是港澳地区，最后是台湾地区（0.70＞0.55＞0.40）。这可能是因为大陆（内地）高校开展批判性思维教学的实证研究较晚（图9-3），已有部分可借鉴的教学方法和经验，也可能是因为三个地区基础教育阶段对批判性思维教学的重视时间与程度不同，以及地区的亚文化具有差异。相比之下，大陆（内地）基础教育对批判性思维培养的重视较晚。此外，进一步将大陆（内地）高校所属研究的第一作者所在单位按照东部、中部和西部地区划分，地区之间的教学效果无显著差异（表 9-1），东部、中部和西部地区开展的批判性思维教学均能够显著提高学生的批判性思维技能和批判性思维倾向。

表 9-1　我国高校批判性思维教学的总体效果

| 分类变量 | | 批判性思维技能 | | | | 批判性思维倾向 | | | |
|---|---|---|---|---|---|---|---|---|---|
| | | $k$ | $g$（95% CI） | $z$ | $Q_w$ | $k$ | $g$（95% CI） | $z$ | $Q_w$ |
| 时间 | 2005—2010 年 | 13 | 0.67（0.46，0.87） | 6.40*** | 5.73 | 11 | 1.07（0.63，1.51） | 4.76*** | 7.32# |
| | 2011—2015 年 | 31 | 0.57（0.40，0.74） | 6.60*** | | 24 | 0.62（0.44，0.79） | 6.94*** | |
| | 2016—2020 年 | 23 | 0.49（0.37，0.62） | 7.78*** | | 35 | 0.50（0.37，0.64） | 7.29*** | |
| | 2021—2023 年 | 24 | 0.76（0.56，0.95） | 7.65*** | | 44 | 0.67（0.53，0.81） | 9.37*** | |
| 地区 | 内地（大陆） | 64 | 0.70（0.60，0.80） | 13.07*** | 12.01** | 90 | 0.67（0.57，0.76） | 13.15*** | 0.50 |
| | 港澳 | 4 | 0.55（-0.05，1.16） | 1.79# | | 2 | — | — | |
| | 台湾 | 23 | 0.40（0.27，0.53） | 5.96*** | | 22 | 0.55（0.35，0.75） | 5.33*** | |
| 大陆（内地） | 东部 | 26 | 0.61（0.46，0.75） | 8.66*** | 1.80 | 46 | 0.62（0.50，0.74） | 10.04*** | 1.96 |
| | 中部 | 24 | 0.78（0.57，0.98） | 6.89*** | | 32 | 0.77（0.57，0.96） | 7.62*** | |
| | 西部 | 13 | 0.70（0.50，0.90） | 6.81*** | | 12 | 0.56（0.28，0.84） | 3.89*** | |
| 学校类型 | 重点高校 | 34 | 0.79（0.62，0.97） | 8.91*** | 3.68# | 33 | 0.66（0.50，0.82） | 8.02*** | 0.01 |
| | 非重点高校 | 30 | 0.59（0.48，0.70） | 10.15*** | | 58 | 0.67（0.54，0.79） | 10.60*** | |

注：$k$ 为效应值的个数，95% CI 为结果变量对应的效应量 $g$ 的 95%置信区间；$Q_w$ 代表组内异质性检验统计量，双尾检验；#表示 $p<0.08$

### 3. 重点高校学生的批判性思维能力的提升效果优于非重点高校学生

本研究根据是否属于原 "985 工程"和 "211 工程"高校，将大陆（内地）高校分为重点高校和非重点高校。元分析表明，两种类型高校的学生均能通过批判性思维教学获得批判性思维技能和批判性思维倾向的显著提升。学校类型对批判性思维技能教学效果影响的差异边缘显著，对批判性思维倾向教学效果的影响不存在显著差异（表 9-1）。通过对比效应量大小，发现批判性思维教学使重点高校学生的批判性思维技能获得了较大的提升（0.79>0.59）。这可能是因为国家对重点高校的生均经费投入较大，重点高校拥有更好的教学资源和条件，以及更高水平的师资队伍和同辈团体，能够提供高质量的学习条件，促进学术讨论和师生及生生互动。这也提示非重点高校在开展批判性思维教育的同时，应提高教学质量，引进优质教育资源，注重学风建设。

## （三）影响批判性思维教学效果的因素

**1. 结合学科的批判性思维教学效果优于批判性通用课程的效果**

元分析表明，无论是否结合学科开展批判性思维教学，学生的批判性思维技能均得到了显著提升。但通过比较效应量大小可以发现，结合学科进行批判性思维技能的教学效果相对优于独立课程（即不结合学科）的教学（表9-2），其中结合外语和医学的教学效果较好，其次是人文社会科学，结合工科的教学效果最不好（0.70＞0.69＞0.62＞0.46）。同样，结合不同学科的教学均能够显著提高学生的批判性思维倾向，各学科的提升效果不存在显著差异。通过比较效应量大小可以发现，结合工科教学的效果最好，其次是结合医学和外语的教学，结合人文社会科学的效果最不好（0.97＞0.68＞0.64＞0.47）。值得注意的是，结合理科的教学研究过少（小于4项），未纳入统计分析中。

表 9-2 教学方法对批判性思维教学效果的影响

| 分类变量 |  | 批判性思维技能 ||||  | 批判性思维倾向 ||||
|---|---|---|---|---|---|---|---|---|---|---|
|  |  | k | g（95% CI） | z | $Q_w$ | k | g（95% CI） | z | $Q_w$ |
| 是否结合学科 | 结合 | 85 | 0.62（0.53, 0.71） | 13.44*** | 0.57 | 111 | 0.63（0.55, 0.72） | 14.40*** | — |
|  | 未结合 | 6 | 0.50（0.20, 0.80） | 3.29** |  | 3 | — | — |  |
| 结合的专业 | 理科 | 1 | — | — | 7.39# | 2 | — | — | 6.01 |
|  | 工科 | 6 | 0.46（0.32, 0.59） | 6.68*** |  | 8 | 0.97（0.51, 1.43） | 4.10*** |  |
|  | 医学 | 13 | 0.69（0.42, 0.97） | 5.00*** |  | 48 | 0.68（0.55, 0.82） | 9.86*** |  |
|  | 外语 | 39 | 0.70（0.57, 0.84） | 10.37*** |  | 21 | 0.64（0.44, 0.83） | 6.35*** |  |
|  | 人文社会科学 | 19 | 0.62（0.45, 0.79） | 7.04*** |  | 21 | 0.47（0.30, 0.64） | 5.45*** |  |
| 教学模式 | 一般式教学 | 5 | 0.49（0.17, 0.82） | 2.95** | 0.59 | 2 | — | — | 1.68 |
|  | 灌输式教学 | 20 | 0.63（0.47, 0.80） | 7.64*** |  | 12 | 0.73（0.48, 0.97） | 5.78*** |  |
|  | 沉浸式教学 | 63 | 0.62（0.51, 0.73） | 10.87*** |  | 95 | 0.63（0.53, 0.72） | 12.92*** |  |
|  | 混合式教学 | 3 | — | — |  | 5 | 0.41（-0.01, 0.83） | 1.90# |  |

**2. 明确批判性思维的教学目标有助于提升教学效果**

从教学模式看（表9-2），4类不同的教学模式都显著提升了学生的批判性思维技能和批判性思维倾向，采用不同教学模式的效果不存在显著差异。从效应量看，沉浸式教学和灌输式教学的效果相对好于一般式教学和混合式教学，使用沉浸式教学法对批判性思维产生的效应量略低于灌输式教学法（批判性思维技能：0.62＜

0.63；批判性思维倾向：0.63＜0.73），这与 Abrami 等（2008，2015）的元分析结果一致。可能的原因在于，沉浸式教学缺乏明确的批判性思维目标和方法，学生很难将习得的内容迁移，也很难养成批判思考的习惯。因此，在批判性思维教学过程中，应当明晰批判性思维的目标和方法，使学生有意识地提高批判性思维水平。

### 3. 教学策略的使用效果有待提升，综合多种策略的效果更优

表 9-3 呈现了各种教学策略的使用效果。个人反思或写作的使用能够提高学生的批判性思维技能（使用，不使用：0.80＞0.56）和批判性思维倾向（0.76＞0.60），合作学习的使用显著提高了学生的批判性思维倾向（0.77＞0.52）。然而，讨论和辩论的使用影响了批判性思维倾向的教学效果（讨论：0.55＜0.80；辩论：0.44＜0.66）。这可能是因为在讨论或辩论过程中，对教师的参与、指导程度要求较高，当前采用这些方法进行的批判性思维教学可能存在教学过程不规范、教师没有接受培训或策略使用不当等问题。相对于单个策略，很多研究结合了多种教学策略，大部分策略的混合搭配均能提高学生的批判性思维技能与批判性思维倾向（表 9-3）。其中，包含个人反思或写作、对话法和同伴协作学习的混合方法对批判性思维技能的提升效果最好（效应量为 0.95），包含学徒式或抛锚式指导与同伴协作学习的混合方法对批判性思维倾向的提升效果最好（效应量为 0.89）。

表 9-3　教学策略对批判性思维教学效果的影响

| 分类变量 | | 批判性思维技能 | | | | 批判性思维倾向 | | | |
|---|---|---|---|---|---|---|---|---|---|
| | | k | g（95% CI） | z | $Q_w$ | k | g（95% CI） | z | $Q_w$ |
| PBL | 是 | 23 | 0.54（0.38, 0.71） | 6.40*** | 0.89 | 26 | 0.67（0.54, 0.80） | 11.84*** | 0.916 |
| | 否 | 68 | 0.64（0.54, 0.74） | 12.25*** | | 88 | 0.63（0.53, 0.74） | 9.91*** | |
| 讨论 | 是 | 58 | 0.58（0.49, 0.68） | 12.12*** | 0.46 | 72 | 0.55（0.46, 0.65） | 11.32*** | 6.04* |
| | 否 | 33 | 0.65（0.48, 0.83） | 7.36*** | | 42 | 0.80（0.63, 0.98） | 9.04*** | |
| 辩论 | 是 | 13 | 0.52（0.35, 0.69） | 5.89*** | 1.19 | 11 | 0.44（0.21, 0.67） | 3.71*** | 3.04# |
| | 否 | 78 | 0.63（0.53, 0.73） | 12.68*** | | 103 | 0.66（0.57, 0.76） | 13.97*** | |
| 个人反思或写作 | 是 | 19 | 0.80（0.61, 0.99） | 8.21*** | 4.67* | 26 | 0.76（0.61, 0.91） | 10.01*** | 2.91# |
| | 否 | 72 | 0.56（0.47, 0.66） | 11.57*** | | 88 | 0.60（0.50, 0.71） | 11.61*** | |
| 案例学习 | 是 | 27 | 0.52（0.33, 0.71） | 5.40*** | 1.46 | 55 | 0.61（0.47, 0.74） | 8.67*** | 0.55 |
| | 否 | 64 | 0.65（0.55, 0.75） | 13.25*** | | 59 | 0.67（0.56, 0.78） | 12.06*** | |
| 合作学习 | 是 | 40 | 0.61（0.48, 0.74） | 9.16*** | 0.02 | 59 | 0.77（0.63, 0.90） | 11.18*** | 8.02** |
| | 否 | 51 | 0.62（0.50, 0.74） | 10.32*** | | 55 | 0.52（0.41, 0.63） | 9.19*** | |

续表

| 分类变量 | | 批判性思维技能 | | | | 批判性思维倾向 | | | |
|---|---|---|---|---|---|---|---|---|---|
| | | k | g（95% CI） | z | $Q_w$ | k | g（95% CI） | z | $Q_w$ |
| 教学策略的混合 | 仅使用 A | 6 | 0.70（0.23，1.18） | 2.92** | 18.92** | 12 | 0.61（0.29，0.93） | 3.71*** | 14.63# |
| | 仅使用 D | 21 | 0.62（0.44，0.79） | 6.83*** | | 12 | 0.61（0.38，0.89） | 4.22*** | |
| | A+C | — | — | — | | 8 | 0.89（0.38，1.40） | 3.42** | |
| | D+A | 7 | 0.20（−0.28，0.68） | 0.81 | | 16 | 0.35（0.18，0.51） | 4.19*** | |
| | D+A+C | 8 | 0.42（0.29，0.54） | 6.45*** | | 17 | 0.68（0.40，0.97） | 4.70*** | |
| | D+C | 17 | 0.68（0.46，0.89） | 6.15*** | | 12 | 0.56（0.37，0.76） | 5.73*** | |
| | I+D | 12 | 0.51（0.35，0.68） | 6.03*** | | 8 | 0.61（0.29，0.94） | 3.66*** | |
| | I+D+A | 5 | 0.50（0.27，0.72） | 4.35*** | | 4 | 0.49（0.25，0.73） | 4.02*** | |
| | I+D+C | 8 | 0.95（0.70，1.20） | 7.48*** | | 17 | 0.79（0.59，0.99） | 7.76*** | |

注：I 为个人反思或写作（individual study）；D 为对话法（dialogue）；A 为学徒式或抛锚式指导（authentic or anchored instruction）；C 为同伴协作学习（collaborative learning）

**4. 教学时长不影响教学效果，班级规模为 11—30 人时教学效果较好**

首先，不同教学时长的教学效果在批判性思维技能或倾向上不存在显著差异（表 9-4），这可能是因为纳入元分析的研究在教学时长这一变量上的区分度不高，87% 的研究的教学时长及其评估在一学期（5 个月）之内，教学时长的效果差异难以体现。其次，班级人数会显著影响批判性思维倾向的教学效果（表 9-4），教学效果与班级人数呈倒"V"形（图 9-4）。具体来说，班级规模为 11—30 人的教学效果显著优于 10 人及以下和 30 人以上。对批判性思维技能，虽然班级人数对教学效果的影响不显著，但是也能看出倒"U"形的趋势。这可能是因为在中等规模的班级中，教师可以更好地了解每个学生的思维方式和存在的问题，并提供有效的反馈与指导，学生间交流的次数与深度适中，增加了观点的多样性。

表 9-4 教学时长、班级规模和教学形式对批判性思维教学效果的影响

| 分类变量 | | 批判性思维技能 | | | | 批判性思维倾向 | | | |
|---|---|---|---|---|---|---|---|---|---|
| | | k | g（95% CI） | z | $Q_w$ | k | g（95% CI） | z | $Q_w$ |
| 教学时长 | 1 个月以内 | 9 | 0.74（0.28，1.20） | 3.16** | 5.78 | 20 | 0.59（0.37，0.81） | 5.21*** | 0.27 |
| | 2 个月以内 | 13 | 0.66（0.45，0.87） | 6.10*** | | 13 | 0.59（0.35，0.83） | 4.75*** | |
| | 3 个月以内 | 11 | 0.58（0.38，0.78） | 5.78*** | | 17 | 0.57（0.38，0.77） | 5.69*** | |
| | 4 个月以内 | 24 | 0.62（0.45，0.79） | 7.33*** | | 23 | 0.62（0.49，0.76） | 9.10*** | |
| | 5 个月以内 | 19 | 0.44（0.32，0.56） | 7.15*** | | 20 | 0.64（0.43，0.85） | 5.92*** | |
| | 5 个月及以上 | 9 | 0.60（0.37，0.83） | 5.17*** | | 11 | 0.60（0.31，0.89） | 4.06*** | |

续表

| 分类变量 | | 批判性思维技能 | | | | 批判性思维倾向 | | | |
|---|---|---|---|---|---|---|---|---|---|
| | | $k$ | $g$（95% CI） | $z$ | $Q_w$ | $k$ | $g$（95% CI） | $z$ | $Q_w$ |
| 班级规模 | 5人及以下 | 25 | 0.63（0.47，0.80） | 7.38*** | 7.66 | 24 | 0.59（0.39，0.78） | 5.90*** | 11.35* |
| | 6—10人 | 13 | 0.62（0.34，0.91） | 4.33*** | | 30 | 0.72（0.53，0.91） | 7.31*** | |
| | 11—30人 | 18 | 0.86（0.60，1.11） | 6.59*** | | 15 | 1.06（0.68，1.44） | 5.48*** | |
| | 31—60人 | 24 | 0.52（0.38，0.66） | 7.22*** | | 36 | 0.49（0.39，0.59） | 9.85*** | |
| | 61人及以上 | 10 | 0.44（0.23，0.64） | 4.20*** | | 8 | 0.63（0.31，0.95） | 3.88*** | |
| 教学形式 | 线上 | 10 | 0.42（0.09，0.74） | 2.53* | 1.92 | 9 | 0.62（0.36，0.89） | 4.64*** | 12.99** |
| | 线下 | 49 | 0.66（0.53，0.78） | 10.45*** | | 60 | 0.79（0.66，0.93） | 11.23*** | |
| | 线上+线下 | 32 | 0.60（0.48，0.73） | 9.45*** | | 45 | 0.47（0.36，0.58） | 8.21*** | |
| 线上平台 | 网络学习平台 | 16 | 0.48（0.29，0.67） | 4.84*** | 1.92 | 22 | 0.41（0.24，0.58） | 4.69*** | 1.39 |
| | 移动学习平台 | 12 | 0.55（0.33，0.76） | 5.06*** | | 16 | 0.54（0.39，0.69） | 7.16*** | |
| | 网络学习平台+移动学习平台 | 9 | 0.80（0.39，1.21） | 3.81** | | 16 | 0.54（0.32，0.75） | 4.92*** | |

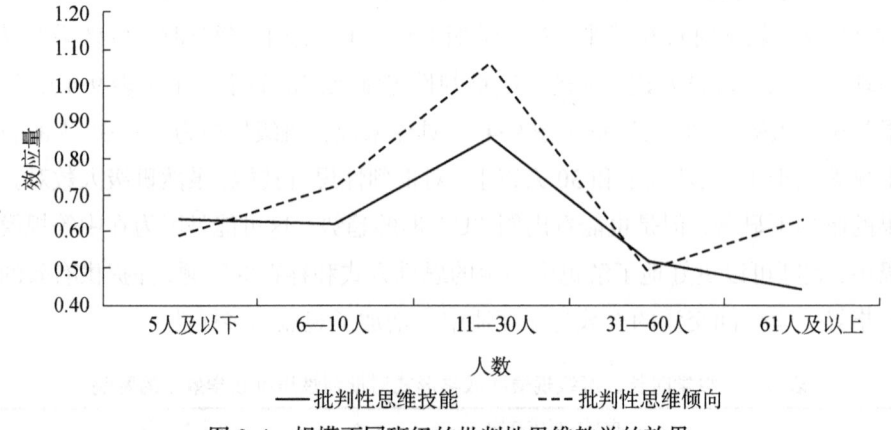

图 9-4　规模不同班级的批判性思维教学的效果

## 5. 批判性思维线下教学的效果相对好于线上教学

元分析显示，线上和线下教学对批判性思维技能和批判性思维倾向均有显著的提升作用（表 9-4）。对于批判性思维技能，线下教学的效应量略高于线上和线下结合及单独的线上教学（0.66 > 0.60 > 0.42）。对于批判性思维倾向，线下教学的效果最优，其次是线上教学，最后是线上和线下结合的教学（0.79 > 0.62 > 0.47）。

这可能是因为线下教学提供了丰富的师生、生生互动机会，也可能是因为教师未能合理、充分地利用线上教学方式及资源。本研究进一步将线上教学使用的平台分成网络学习平台（提供在线课程与课堂管理，如慕课、学习通）和移动学习平台（提供同步或异步的交流讨论，如微信、在线会议）。单独使用网络学习平台的教学效果（批判性思维技能，0.48；批判性思维倾向，0.41）弱于单独使用移动学习平台（批判性思维技能，0.55；批判性思维倾向，0.54）及同时使用两种学习平台进行批判性思维技能和批判性思维倾向教学的效果（批判性思维技能，0.80；批判性思维倾向，0.54）。这可能是因为慕课、学习通等网络学习平台提供的视频课程往往是提前录制的，教学过程中缺乏实时的互动和反馈机制，难以满足学生的个性化学习需求。而且，这类在线学习平台需要学生自主学习，缺少积极的学习氛围和必要的监督，学生容易失去学习兴趣与动力。

### 6. 教学评估方式不影响教学效果，但评估的来源会调节教学效果

如表 9-5 所示，使用不同评估方式的批判性思维教学效果没有显著差异。对于批判性思维技能，使用问卷/量表得到的效应量高于基于教师自编/主观测验得到的效应量（0.60 > 0.51）。其次，教学效果的评估来源对批判性思维技能的教学效果存在边缘显著的影响（$p=0.06<0.10$），当对教学效果的评估来自教师时，批判性思维技能的提升效果优于来自学生报告的效果（0.80 > 0.55）。这表明学生体验到的批判性思维的改善与教师观察到的效果提升并不一致，提示有必要纠正自我报告评估带来的偏差。一方面，需要在教学效果的评估内容和方法上对教师进行专门培训；另一方面，需要对学生的元认知进行有意识的引导，从而减少其对批判性思维学习效果的误判。最后，评估的内容是否与学科或专业知识结合并不会影响教学效果。需要指出的是，使用学科或专业结合的教学评估的研究数量偏少，教师在结合学科编制问卷或主观测验方面存在不足，进一步凸显了对教师在教学评估内容和方法上进行培训的必要性。

表 9-5　批判性思维的评估方式对批判性思维教学效果的影响

| 分类变量 | | 批判性思维技能 | | | | 批判性思维倾向 | | | |
|---|---|---|---|---|---|---|---|---|---|
| | | $k$ | $g$（95% CI） | $z$ | $Q_w$ | $k$ | $g$（95% CI） | $z$ | $Q_w$ |
| 评估工具 | 问卷/量表 | 66 | 0.60（0.51, 0.69） | 12.77*** | 0.62 | 113 | 0.64（0.55, 0.73） | 0.27 | — |
| | 自编/主观测验 | 20 | 0.51（0.30, 0.72） | 4.70*** | | 1 | — | — | |

续表

| 分类变量 | | 批判性思维技能 | | | | 批判性思维倾向 | | | |
|---|---|---|---|---|---|---|---|---|---|
| | | k | g（95% CI） | z | $Q_w$ | k | g（95% CI） | z | $Q_w$ |
| 评估来源 | 学生报告 | 73 | 0.55（0.46，0.64） | 11.79*** | 3.18# | 113 | 0.64（0.55，0.73） | 14.33*** | — |
| | 教师评价 | 13 | 0.80（0.54，1.05） | 6.18*** | | 1 | — | — | |
| 评估是否结合学科 | 未结合 | 80 | 0.60（0.52，0.69） | 13.72*** | 0.72 | 112 | 0.65（0.56，0.74） | 14.24*** | — |
| | 结合 | 9 | 0.55（0.13，0.97） | 2.56* | | 2 | — | — | |

## 四、结论与建议

本研究通过对我国高校关于批判性思维教学的研究进行梳理，总结了 156 项（包括 14 831 名学生的数据）批判性思维教学实证研究在教学方法、教学形式、师资培训、教学评估等方面的特点。元分析结果表明，在我国高校开展的批判性思维教学能够中等程度地提高学生的批判性思维技能和批判性思维倾向，其中大陆（内地）高校的提升效果好于港澳台地区的高校，而且大陆（内地）"双一流"高校的教学提升效果相对优于非"双一流"高校。同时，批判性思维教学效果与教学目标、学科类型、教学方法、教学形式、班级人数、教学评估方式等因素相关。基于相关发现，本研究提出在我国高校深入推进批判性思维教学的建议。

### （一）有针对性地推广批判性思维教学，并深度融合专业课程

纳入当前元分析的批判性思维教学研究覆盖了 104 所高校。然而，这一数字与 2023 年教育部发布的高等教育机构总数（3072 所）相比，存在明显的差距。这一差距凸显了目前国内高校在批判性思维教学开展和推广方面存在不足。建设创新型国家，要求高校培养具有批判性思维和创新能力的人才，而批判性思维教学的滞后状态明显与这一需求不符。这不仅影响了高等教育的人才培养质量，而且在一定程度上制约了国家人才培养的目标和相关政策的有效落实。因此，需要采取积极措施，促进国内高校对批判性思维教学的投入和推广，包括加强师资培训、制定更具体的教学准则、促进跨学科合作及提供更多的支持和资源等。未来在重点高校进行示范的同时，也应该鼓励更多非重点高校开展批判性思维教学。这些举措有助于提高我国高等教育批判性思维教学的质量和影响力，以确保高等教育能够充分满足

国家的人才培养需求。

专业课程是高校开展批判性思维教学的重要载体。元分析结果表明，我国高校的批判性思维教学主要集中在医学、外语及人文社会科学等领域，在理工科领域开展的批判性思维教学较为有限。开展批判性思维教学的教师的专业背景也相应地向医学、外语和人文社会科学领域倾斜。因此，我国高等教育应该拓宽批判性思维教学的专业范围，特别是要强调对与科技创新密切相关的科学、技术、工程和数学等专业学生的批判性思维的培养。在将批判性思维教学与专业课程融合时，教师应明确将培养批判性思维的目标融入专业课程教学中，结合学科内容开展案例分析和实践项目等教学活动，指导学生将批判性思维原则和方法应用于专业相关的问题情境，促进其批判性思维能力的迁移。此外，鼓励跨学科的批判性思维教学，教师可以引导学生从不同专业或学科视角合作解决问题。

## （二）加强批判性思维教学的教师培训，注重教学方法培训

当前的元分析表明，国内对教师批判性思维教学培训的重视不够，教师的批判性思维教学经验有限，这也在一定程度上解释了为什么有些教学策略的效果不佳。因此，有必要为教师提供专门的批判性思维教学培训，以确保他们充分理解批判性思维的原理和方法，并能够在实践中正确运用各种教学方法和策略。

首先，教师需要深入了解批判性思维的概念、理论和方法，以及学生批判性思维的发展和个体差异。这些知识是教师开展批判性思维教学的基础。

其次，在教学方法方面，需要培训教师掌握并运用批判性思维的主要教学模式，特别是当前元分析研究强调的沉浸式和灌输式教学法。这两种教学方法是批判性思维与专业课程融合的主要方式，并且在教学效果上优于一般式教学模式。培训的重点应放在如何指导教师将批判性思维的教学目标融入课堂设计和教学实践中。此外，培训还应关注具体的教学策略。一方面，当前的元分析研究强调了个人反思和合作学习两种策略提升学生的批判性思维能力的有效性。这两种策略都强调了以学生为中心的教学方法，有助于学生实现有意义的学习，激发他们充分发挥自身的潜力，并通过引发认知冲突和观点碰撞来促进批判性思维能力的提高。因此，这些策略在今后的师资培训和教学实践中应得到了积极推广和运用。另一方面，PBL、讨论和案例学习通常被认为是有效的批判性思维教学策略。然而，当前的元分析表明，对国内学生的批判性思维教学而言，这些策略的效果并没有达到预

期。这一差距可能源于教师对这些策略提升批判性思维能力的机理的理解还不够透彻，以及在实际教学中不能成功地将这些策略融入批判性思维教学中。因此，教师需要深入了解这些策略的工作原理，包括了解各种策略如何激发学生的批判性思维，以及如何在策略使用中有效地引导学生分析和思考。同时，教师需要接受更系统的培训，精心设计和组织 PBL、讨论和案例学习，确保这些策略能够真正激发学生的批判性思维。

### （三）充分利用数字化资源，打造智慧化的批判性思维课堂

随着信息技术的飞速发展，人工智能、大数据等对课堂教学产生了深远影响，合理利用数字化教学资源，打造智慧化教学课堂，是新时期开展批判性思维教学的必然路径。当前的元分析表明，国内高校的批判性思维教学仍然以传统的线下教学方式为主，线上教学的效果并不理想，特别是对慕课、学习通等网络学习平台的使用效果不尽如人意。这表明当前的批判性思维教学对数字化资源的利用不够合理，线上教学效果有待提高。首先，强调数字化资源的建设与利用，并不是要求教师成为互联网技术专家，而是要求教师搜集、整理并充分利用现有的数字化资源，并将其运用到批判性思维的课堂教学中。例如，教师可以主动利用互联网引擎和相关数据库，搜寻与课程内容相关的网络资料和阅读材料，提升学生的兴趣和参与度。当采用沉浸式或灌输式教学法将批判性思维教学与专业课程融合时，教师可以利用数字资源学习和借鉴现有的批判性思维教育方法和经验，然后根据不同学科的特点，探索和创新教学方法，形成具有一定学科风格的批判性思维教学。其次，教师可以利用移动化学习平台引导学生学习。移动化学习平台允许学生在虚拟环境中进行协作和互动。教师可以设置同步或异步讨论、合作项目和小组活动，鼓励学生之间互动，激发其批判性思维。教师也可以提供实时反馈和指导，引导学生进行有意义的互动，促进合作学习。移动学习平台还可以容纳各种类型的数字资源，如视频、模拟、交互式教程等。教师可以挖掘这些资源，丰富批判性思维教学的内容，使学生更容易理解和掌握提升批判性思维能力的方法。教师也可以利用在线平台进行教学管理，如考勤、批改作业和教学评估等，以提高教学效率。教师还可以借助在线平台提供的数据分析工具，对学生的学习表现进行定性和定量评估，以更好地了解学生的学习进展和需求，实现个性化教学。这些措施有助于推动批判性思维教育与数字化资源的有机融合，为学生提供更有价值的学习体验，提升教学效果。

## （四）实现批判性思维教学效果评估的多元化及动态化

对于批判性思维教学效果，必须进行科学且有效的评估，以便提供有针对性的反馈和指导，从而推动批判性思维教学的改进和发展。纳入本次元分析的实证研究中，批判性思维的测评工具主要是问卷或量表，而且大多数研究采用的是国外问卷或量表的汉译版本。尽管这些问卷或量表在统计层面通过了信度和效度检验，但由于涉及本土学生的思维过程、习惯、成长环境、社会和文化背景等因素，是否真正适合国内学生，仍然需要进一步分析。因此，迫切需要开发更多本土化的批判性思维教学测评工具，为教学效果的评估和教学方法的改进提供有针对性的反馈。另外，尽管问卷和量表是常见的教学评估工具，但它们侧重分析学生思维能力在教学前后的差异，可能无法充分反映批判性思维的多样性和学科特点。因此，教师应该在教学实践中采用多种评估方式，运用更丰富、多元化的测评方式，比如，结合具体学科的自编问卷、写作测验、开放式问题等，对批判性思维教学效果进行多元化评估，以全面体现思维增值及教学效果。国内开展的大部分批判性思维教学研究通常将教学活动的时间限定在一个学期内，并且与之相关的教学评估也主要聚焦于教学带来的短期变化，特别是采用的量表或问卷测评工具主要反映了教学前后的静态差异。这种评估不能反映教学过程中学生批判性思维的动态变化，而且这种短期的静态差异可能只是暂时的、表面层次的改变，不能确认学生的思维能力和习惯是否发生了持久且实质性的改变。因此，对批判性思维教学的评估，需要更加关注教学过程中学生批判性思维的动态发展，以及教学对学生批判性思维能力的长期影响。这同样需要采用多元化的学习效果评估和反馈机制，包括教师对学生作业或案例讨论的即时反馈、同伴之间的互评，以及学生的自我反思日志等科学的学习支持工具，这些方法既能作为衡量学生批判性思维动态变化的工具，也能提高批判性思维教学的效果。在批判性思维课堂教学活动结束后，有必要对教学效果进行长期追踪评估，以验证学生是否能够将在课堂中获得的批判性思维技能和习惯持续迁移到其他学科领域和真实问题情境中。

# 参考文献

柏拉图. 1986. 理想国. 郭斌和，张竹明，译. 北京：商务印书馆.
陈亚平. 2016. 教师提问与学习者批判性思维能力的培养. 外语与外语教学，（2）：87-96，146-147.
笛卡尔. 1986. 第一哲学沉思集. 庞景仁，译. 北京：商务印书馆.
杜威. 2005. 我们怎样思维：经验与教育. 姜文闵，译. 北京：人民教育出版社.
冷静，郭日发. 2018. 在线协作平台中批判性思维话语分析研究. 电化教育研究，（2）：26-31.
冷静，路晓旭. 2020. 批判性思维真的可教吗？——基于79篇实验或准实验研究的元分析. 开放教育研究，（6）：110-118.
李迎新，侍禹廷. 2020. 大学英语PBL模式教学对培养本科生批判性思维能力的有效性实验研究. 高教探索，（7）：73-79.
理查德·保罗，琳达·埃尔德. 2013. 批判性思维工具. 侯玉波，姜佟琳，等，译. 北京：机械工业出版社.
罗清旭，杨鑫辉. 2002.《加利福尼亚批判性思维技能测验》的初步修订. 心理科学，（6）：740-741.
彭美慈，汪国成，陈基乐，等. 2004. 批判性思维能力测量表的信效度测试研究. 中华护理杂志，（9）：7-10.
陶美重. 1999. 苏格拉底的"助产术"与孔子的启发式教育思想. 扬州大学学报（高教研究版），（1）：20-21.
文秋芳. 2008. 论外语专业研究生高层次思维能力的培养. 学位与研究生教育，（10）：29-34.
武宏志. 2011. 批判性思维：语义辨析与概念网络. 延安大学学报（社会科学版），（1）：5-17.
武宏志. 2016. 批判性思维. 北京：高等教育出版社.
习近平. 2022. 加快建设科技强国，实现高水平科技自立自强. 求是，（9）：4-8.
亚里士多德. 2015. 工具论. 张留华，冯艳，等，译. 上海：上海人民出版社.
Bensley D A. 2005. 心理学批判性思维. 李小平，等，译. 北京：中国轻工业出版社.

Abrami P C, Bernard R M, Borokhovski E, et al. 2008. Instructional interventions affecting critical thinking skills and dispositions: A stage 1 meta-analysis. Review of Educational Research, 78 (4): 1102-1134.

Abrami P C, Bernard R M, Borokhovski E, et al. 2015. Strategies for teaching students to think critically: A meta-analysis. Review of Educational Research, 85 (2): 275-314.

Alloway T P, Gathercole S, Kirkwood H, et al. 2009. The cognitive and behavioral characteristics of children with low working memory. Child Development, 80 (2): 606-621.

Alvarez J A, Emory E. 2006. Executive function and the frontal lobes: A meta-analytic review. Neuropsychology Review, 16 (1): 17-42.

Andrews R. 2015. Critical thinking and/or argumentation in higher education. In M. Davies & R. Barnett (Eds.) The Palgrave Handbook of Critical Thinking in Higher Education (pp.49-62). London: Palgrave Macmillan.

Andrews-Hanna J R, Smallwood J, Spreng R N. 2014. The default network and self-generated thought: Component processes, dynamic control, and clinical relevance. Annals of the New York Academy of Sciences, 1316 (1): 29-52.

Araneda R, Renier L, Dricot L, et al. 2017. A key role of the prefrontal cortex in the maintenance of chronic tinnitus: An fMRI study using a Stroop task. NeuroImage Clinical, 17: 325-334.

Ardila A. 2018. Is intelligence equivalent to executive functions? Psicothema, 30 (2): 159-164.

Aron A R, Robbins T W, Poldrack R A. 2014. Inhibition and the right inferior frontal cortex: One decade on. Trends in Cognitive Sciences, 18 (4): 177-185.

Baddeley A. 2012. Working memory: Theories, models, and controversies. Annual Review of Psychology, 63 (1): 1-29.

Bago B, de Neys W. 2017. Fast logic? Examining the time course assumption of dual process theory. Cognition, 158: 90-109.

Bago B, Frey D, Vidal J, et al. 2018. Fast and slow thinking: Electrophysiological evidence for early conflict sensitivity. Neuropsychologia, 117: 483-490.

Bailey C E. 2007. Cognitive accuracy and intelligent executive function in the brain and in business. Annals of the New York Academy of Sciences, 1118 (1): 122-141.

Bailin S. 2002. Critical thinking and science education. Science & Education, 11 (4): 361-375.

Balconi M, Pozzoli U. 2008. Event-related oscillations (ERO) and event-related potentials (ERP) in emotional face recognition. International Journal of Neuroscience, 118 (10): 1412-1424.

Baler R D, Volkow N D. 2007. Drug addiction: The neurobiology of disrupted self-control. Trends in Molecular Medicine, 12 (12): 559-566.

Banks A P, Hope C. 2014. Heuristic and analytic processes in reasoning: An event-related potential study of belief bias. Psychophysiology, 51 (3): 290-297.

Barrett L F, Tugade M M, Engle R W. 2004. Individual differences in working memory capacity and dual-process theories of the mind. Psychological Bulletin, 130 (4): 553-573.

Barry R J. 2009. Evoked activity and EEG phase resetting in the genesis of auditory Go/NoGo ERPs. Biological Psychology, 80 (3): 292-299.

Bartoli E, Devara E, Dang H Q, et al. 2023. Default mode network spatio-temporal electrophysiological signature and causal role in creativity. https://pubmed.ncbi.nlm.nih.gov/37786678/.

Bates T C, Shieles A. 2003. Crystallized intelligence as a product of speed and drive for experience: The relationship of inspection time and openness to g and Gc. Intelligence, 31 (3): 275-287.

Bedoin N, Abadie R, Krzonowski J, et al. 2019. A combined forced-attention dichotic listening—Go/Nogo task to assess response inhibition and interference suppression: An auditory event-related potential investigation. Neuropsychology, 33 (8): 1136-1150.

Bensley D A. 2020. Critical thinking and the rejection of unsubstantiated claims. In R. J. Sternberg, D. F. Halpern (Eds.), Critical Thinking in Psychology (pp.68-102). Cambridge: Cambridge University Press.

Bensley D A, Rainey C, Murtagh M P, et al. 2016. Closing the assessment loop on critical thinking: The challenges of multidimensional testing and low test-taking motivation. Thinking Skills and Creativity, 21: 158-168.

Biesmans K, van Aken L, Frunt E M J, et al. 2019. Inhibition, shifting and updating in relation to psychometric intelligence across ability groups in the psychiatric population. Journal of Intellectual Disability Research, 63 (2): 149-160.

Biesta G. 2007. Why "what works" won't work: Evidence based practice and the democratic deficit in educational research. Educational Theory, 57 (1): 1-22.

Blakeslee J R. 2020. Effects of high-fidelity simulation on the critical thinking skills of baccalaureate nursing students: A causal-comparative research study. Nurse Education Today, 92: 104494.

Bloom B S, Engelhart M D, Furst E J, et al. 1956. Taxonomy of Educational Objectives, Handbook I: Cognitive Domain. New York: David McKay.

Bonnefon J F. 2016. The pros and cons of identifying critical thinking with system 2 processing. Topoi, 37 (1): 113-119.

Bonnefond M, van der Henst J B. 2013. Deduction electrified: ERPs elicited by the processing of words in conditional arguments. Brain and Language, 124 (3): 244-256.

Borella E, Carretti B, Pelegrina S. 2010. The specific role of inhibition in reading comprehension in good and poor comprehenders. Journal of Learning Disabilities, 43 (6): 541-552.

Borenstein M, Hedges L V, Higgins J P T, et al. 2010. A basic introduction to fixed effect and randomeffects models for meta-analysis. Research Synthesis Methods, 1（2）: 97-111.

Borghini G, Astolfi L, Vecchiato G, et al. 2014. Measuring neurophysiological signals in aircraft pilots and car drivers for the assessment of mental workload, fatigue and drowsiness. Neuroscience & Biobehavioral Reviews, 44: 58-75.

Bosch V, Mecklinger A, Friederici A D. 2001. Slow cortical potentials during retention of object, spatial, and verbal information. Cognitive Brain Research, 10（3）: 219-237.

Braem S, King J A, Korb F M, et al. 2013. Affective modulation of cognitive control is determined by performance-contingency and mediated by ventromedial prefrontal and cingulate cortex. Journal of Neuroscience, 33（43）: 16961-16970.

Bridgeman B, Morgan R. 1996. Success in college for students with discrepancies between performance on multiple-choice and essay tests. Journal of Educational Psychology, 88（2）: 333-340.

Brouwer H, Crocker M W, Venhuizen N J, et al. 2017. A neurocomputational model of the N400 and the P600 in language processing. Cognitive Science, 41: 1318-1352.

Brunoni A R, Vanderhasselt M A. 2014. Working memory improvement with non-invasive brain stimulation of the dorsolateral prefrontal cortex: A systematic review and meta-analysis. Brain and Cognition, 86: 1-9.

Brzezicka A, Kamiński J, Reed C M, et al. 2019. Working memory load-related theta power decreases in dorsolateral prefrontal cortex predict individual differences in performance. Journal of Cognitive Neuroscience, 31（9）: 1290-1307.

Butler H A, Pentoney C, Bong M P. 2017. Predicting real-world outcomes: Critical thinking ability is a better predictor of life decisions than intelligence. Thinking Skills and Creativity,（25）: 38-46.

Byrnes J P, Dunbar K N. 2014. The nature and development of critical-analytic thinking. Educational Psychology Review, 26（4）: 477-493.

Carroll J B. 1993. Human Cognitive Abilities: A Survey of Factor-analytic Studies. Cambridge: Cambridge University Press.

Caudle M M, Spadoni A D, Schiehsser D M, et al. 2023. Neural activity and network analysis for understanding reasoning using the matrix reasoning task. Cognitive Processing, 24（4）: 585-594.

Cavanagh J F, Frank M J. 2014. Frontal theta as a mechanism for cognitive control. Trends in Cognitive Sciences, 18（8）: 414-421.

Chapman H L, Eramudugolla R, Gavrilescu M, et al. 2010. Neural mechanisms underlying spatial realignment during adaptation to optical wedge prisms. Neuropsychologia, 48（9）: 2595-2601.

Chater N, Oaksford M. 1999. The probability heuristics model of syllogistic reasoning. Cognitive Psychology, 38（2）: 191-258.

Chein J M, Schneider W. 2005. Neuroimaging studies of practice-related change: fMRI and meta-analytic evidence of a domain-general control network for learning. Cognitive Brain Research, 25 (3): 607-623.

Chen Y N, Mitra S, Schlaghecken F. 2008. Sub-processes of working memory in the n-back task: An investigation using ERPs. Clinical Neurophysiology, 119 (7): 1546-1559.

Cheng S C, Hwang G J, Lai C L. 2020. Effects of the group leadership promotion approach on students' higher order thinking awareness and online interactive behavioral patterns in a blended learning environment. Interactive Learning Environments, 28 (2): 246-263.

Cho R Y, Walker C P, Polizzotto N R, et al. 2015. Development of sensory gamma oscillations and cross-frequency coupling from childhood to early adulthood. Cerebral Cortex, 25(6): 1509-1518.

Chou T L, Wu J J, Tsai C C. 2019. Research trends and features of critical thinking studies in E-learning environments: A review. Journal of Educational Computing Research, 57 (4): 1038-1077.

Clifford J S, Boufal M M, Kurtz J E. 2004. Personality traits and critical thinking skills in college students. Assessment, 11 (2): 169-176.

Cocchi L, Zalesky A, Fornito A, et al. 2013. Dynamic cooperation and competition between brain systems during cognitive control. Trends in Cognitive Sciences, 17 (10): 493-501.

Coetzee J P, Monti M M. 2018. At the core of reasoning: Dissociating deductive and non-deductive load. Human Brain Mapping, 39 (4): 1850-1861.

Colgin L L. 2013. Mechanisms and functions of theta rhythms. Annual Review of Neuroscience, 36 (1): 295-312.

Collins-Jones L H, Cooper R J, Bulgarelli C, et al. 2021. Longitudinal infant fNIRS channel-space analyses are robust to variability parameters at the group-level: An image reconstruction investigation. NeuroImage, 237: 118068.

Covey T J, Shucard J L, Shucard D W. 2017. Event-related brain potential indices of cognitive function and brain resource reallocation during working memory in patients with multiple sclerosis. Clinical Neurophysiology, 128 (4): 604-621.

Davies M, Barnett R. 2015. The Palgrave Handbook of Critical Thinking in Higher Education. New York: Palgrave Macmillan.

de Acedo Lizarraga M L S, de Acedo Baquedano M T S, Villanueva O A. 2012. Critical thinking, executive functions and their potential relationship. Thinking Skills and Creativity, 7 (3): 271-279.

de Neys W, Glumicic T. 2008. Conflict monitoring in dual process theories of thinking. Cognition, 106 (3): 1248-1299.

de Neys W, Pennycook G. 2019. Logic, fast and slow: Advances in dual-process theorizing. Current Directions in Psychological Science, 28 (5): 503-509.

de Neys W. 2012. Bias and conflict: A case for logical intuitions. Perspectives on Psychological Science, 7 (1): 28-38.

de Neys W. 2014. Conflict detection, dual processes, and logical intuitions: Some clarifications. Thinking & Reasoning, 20 (2): 169-187.

Demiralp T, Ademoglu A, Comerchero M, et al. 2001. Wavelet analysis of P3a and P3b. Brain Topography, 13 (4): 251-267.

di Domenico S I, Rodrigo A H, Ayaz H, et al. 2015. Decision-making conflict and the neural efficiency hypothesis of intelligence: A functional near-infrared spectroscopy investigation. NeuroImage, 109: 307-317.

Diamond A. 2013. Executive functions. Annual Review of Psychology, 64 (1): 135-168.

Ding D Q, Chen Y, Lai J, et al. 2020. Belief bias effect in older adults: Roles of working memory and need for cognition. Frontiers in Psychology, 10: 2940.

DiStefano C. 2016. Examining fit with structural equation models. In K. Schweizer & C. DiStefano (Eds.), Principles and Methods of Test Construction: Standards and Recent Advances (pp.166-193). Göttingen: Hogrefe.

Dodonova Y A, Dodonov Y S. 2012. Processing speed and intelligence as predictors of school achievement: Mediation or unique contribution? Intelligence, 40 (2): 163-171.

Dong S, Reder L M, Yao Y, et al. 2015. Individual differences in working memory capacity are reflected in different ERP and EEG patterns to task difficulty. Brain Research, 1616: 146-156.

Donkers F C L, van Boxtel G J M. 2004. The N2 in go/no-go tasks reflects conflict monitoring not response inhibition. Brain and Cognition, 56 (2): 165-176.

Duncan J, Miller E K. 2002. Cognitive focusing through adaptive neural coding in the primate prefrontal cortex. In D. Stuss, R. T. Knight (Eds), Principles of Frontal Lobe Function (pp.278-291). New York: Oxford University Press.

Dwyer C P, Hogan M J, Stewart I. 2012. An evaluation of argument mapping as a method of enhancing critical thinking performance in E-learning environments. Metacognition and Learning, 7: 219-244.

Dwyer C P, Hogan M J, Stewart I. 2014. An integrated critical thinking framework for the 21st century. Thinking Skills and Creativity, 12: 43-52.

Eakin L, Minde K, Hechtman L, et al. 2004. The marital and family functioning of adults with ADHD and their spouses. Journal of Attention Disorders, 8 (1): 1-10.

Edgcumbe D R, Thoma V, Rivolta D, et al. 2019. Anodal transcranial direct current stimulation over the right dorsolateral prefrontal cortex enhances reflective judgment and decision-making. Brain Stimulation, 12 (3): 652-658.

Engemann D A, Raimondo F, King J R, et al. 2018. Robust EEG-based cross-site and cross-protocol classification of states of consciousness. Brain, 141（11）: 3179-3192.

Ennis R H. 1964. A definition of critical thinking. The Reading Teacher, 17（8）: 599-612.

Ennis R H. 1985. A logical basis for measuring critical thinking skills. Educational Leadership, 43（2）: 44-48.

Ennis R H. 1989. Critical thinking and subject specificity: Clarification and needed research. Educational Researcher, 18（3）: 4-10.

Ennis R H. 1996. Critical thinking dispositions: Their nature and assessability. Informal Logic, 18（2）: 165-182.

Ennis R H. 2015. Critical thinking: A streamlined conception. Teaching Philosophy, 1（14）: 5-25.

Evans J S B T, Stanovich K E. 2013. Dual-process theories of higher cognition: Advancing the debate. Perspectives on Psychological Science, 8（3）: 223-241.

Evans J S B T. 2008. Dual-processing accounts of reasoning, judgment, and social cognition. Annual Review of Psychology, 59: 255-278.

Facione P A. 1990. Critical thinking: A statement of expert consensus for purposes of educational assessment and instruction—The Delphi report. Millbrae: California Academic Press.

Facione P A. 2000. The disposition toward critical thinking: Its character, measurement, and relation to critical thinking skill. Informal Logic, 20（1）: 61-84.

Facione P A. 2011. Critical thinking: What it is and why it counts. Insight Assessment, 1（1）: 1-23.

Facione P A, Facione N C. 1992. The California Critical Thinking Dispositions Inventory（CCTDI）; and the CCTDI Test Manual. Millbrae: California Academic Press.

Facione P A, Facione N C, Blohm S W, et al. 2002. California Critical Thinking Skills Test: Test Manual—2002 Revised Edition. Millbrae: Insight Assessment.

Fangmeier T, Knauff M, Ruff C C, et al. 2006. fMRI evidence for a three-stage model of deductive reasoning. Journal of Cognitive Neuroscience, 18（3）: 320-334.

Fellrath J, Mottaz A, Schnider A, et al. 2016. Theta-band functional connectivity in the dorsal fronto-parietal network predicts goal-directed attention. Neuropsychologia, 92: 20-30.

Flavell J. 1976. Metacognitive aspects of problem solving. In L. Resnick（Ed.）, The Nature of Intelligence（pp. 231-236）. Hillsdal: Erlbaum.

Folstein J R, van Petten C. 2008. Influence of cognitive control and mismatch on the N2 component of the ERP: A review. Psychophysiology, 45（1）: 152-170.

Freunberger R, Werkle-Bergner M, Griesmayr B, et al. 2011. Brain oscillatory correlates of working memory constraints. Brain Research, 1375: 93-102.

Friedman N P, Miyake A, Corley R P, et al. 2006. Not all executive functions are related to intelligence.

Psychological Science, 17（2）: 172-179.
Frischkorn G T, Schubert A L, Hagemann D. 2019. Processing speed, working memory, and executive functions: Independent or inter-related predictors of general intelligence. Intelligence, 75: 95-110.
Friston K J, Bastos A M, Pinotsis D, et al. 2015. LFP and oscillations—What do they tell us? Current Opinion in Neurobiology, 31: 1-6.
Fronda G, Balconi M. 2020. The effect of interbrain synchronization in gesture observation: A fNIRS study. Brain and Behavior, 10（7）: e01663.
Gajewski P D, Falkenstein M. 2013. Effects of task complexity on ERP components in Go/Nogo tasks. International Journal of Psychophysiology, 87（3）: 273-278.
Garrison D R, Anderson T, Archer W. 2001. Critical thinking, cognitive presence, and computer conferencing in distance education. American Journal of Distance Education, 15（1）: 7-23.
Ghin F, Stock A K, Beste C. 2022. The importance of resource allocation for the interplay between automatic and cognitive control in response inhibition—An EEG source localization study. Cortex, 155: 202-217.
Goel V. 2007. Anatomy of deductive reasoning. Trends in Cognitive Sciences, 11（10）: 435-441.
Goel V, Buchel C, Frith C, et al. 2000. Dissociation of mechanisms underlying syllogistic reasoning. NeuroImage, 12（5）: 504-514.
Goel V, Dolan R J. 2003. Explaining modulation of reasoning by belief. Cognition, 87（1）: B11-B22.
Goel V, Gold B, Kapur S, et al. 1998. Neuroanatomical correlates of human reasoning. Journal of Cognitive Neuroscience, 10（3）: 293-302.
Grabner R H, Neubauer A C, Stern E. 2006. Superior performance and neural efficiency: The impact of intelligence and expertise. Brain Research Bulletin, 69（4）: 422-439.
Granger C W J. 1969. Investigating causal relations by econometric models and cross-spectral methods. Econometrica: Journal of the Econometric Society, 37（3）: 424-438.
Guo A, Yang W P, Yang X F, et al. 2023. Audiovisual n-back training alters the neural processes of working memory and audiovisual integration: Evidence of changes in ERPs. Brain Sciences, 13（7）: 992.
Haier R J, Siegel B V, Nuechterlein K H, et al. 1988. Cortical glucose metabolic rate correlates of abstract reasoning and attention studied with positron emission tomography. Intelligence, 12（2）: 199-217.
Haier R J, Siegel B, Tang C, et al. 1992. Intelligence and changes in regional cerebral glucose metabolic rate following learning. Intelligence, 16（3）: 415-426.
Halonen J S. 1995. Demystifying critical thinking. Teaching of Psychology, 22（1）: 75-81.

Halpern D F. 1997. Critical Thinking Across the Curriculum: A Brief Edition of Thought & Knowledge. London: Routledge.

Halpern D F. 1998. Teaching critical thinking for transfer across domains: Dispositions, skills, structure training, and metacognitive monitoring. American Psychologist, 53（4）: 449-455.

Halpern D F. 2001. Cognitive psychology of critical thinking. In N. J. Smelser, P. B. Baltes（Eds.）, International Encyclopedia of the Social & Behavioral Sciences（pp. 2990-2996）. Oxford: Pergamon.

Halpern D F. 2013. Thought and Knowledge: An Introduction to Critical Thinking（5th ed.）. New York: Psychology Press.

Halpern D F, Benbow C P, Geary D C, et al. 2007. The science of sex differences in science and mathematics. Psychological Science in the Public Interest, 8（1）: 1-51.

Halpern D F, Butler H A. 2018. Is critical thinking a better model of intelligence? In R. J. Sternberg（Ed.）, The Nature of Human Intelligence（pp. 183-196）. Cambridge: Cambridge University Press.

Halpern D F, Dunn D S. 2021. Critical thinking: A model of intelligence for solving real-world problems. Journal of Intelligence, 9（2）: 22.

Han K, Davis R A, Chapman S B, et al. 2017. Strategy based reasoning training modulates cortical thickness and resting state functional connectivity in adults with chronic traumatic brain injury. Brain and Behavior, 7（5）: e00687.

Hayes T R, Petrov A A. 2016. Pupil diameter tracks the exploration-exploitation trade-off during analogical reasoning and explains individual differences in fluid intelligence. Journal of Cognitive Neuroscience, 28（2）: 308-318.

Heijltjes A, Gog T V, Leppink J, et al. 2014. Improving critical thinking: Effects of dispositions and instructions on economics students' reasoning skills. Learning and Instruction, 29: 31-42.

Higgins J P T, Thompson S G, Deeks J J, et al. 2003. Measuring inconsistency in meta-analyses. British Medical Journal, 327（7414）: 557-560.

Horn J L, Cattell R B. 1967. Age differences in fluid and crystallized intelligence. Acta Psychologica, 26: 107-129.

Horn W. 1983. Leistungsprüfsystem: LPS. Hogrefe: Verlag für Psychologie.

Houdé O, Zago L, Mellet E, et al. 2000. Shifting from the perceptual brain to the logical brain: The neural impact of cognitive inhibition training. Journal of Cognitive Neuroscience, 12（5）: 721-728.

Hu Z H, Li F, Cheng M J, et al. 2021. Robust unified Granger causality analysis: A normalized maximum likelihood form. Brain Informatics, 8（1）: 15.

Itthipuripat S, Wessel J R, Aron A R. 2013. Frontal theta is a signature of successful working memory manipulation. Experimental Brain Research, 224(2): 255-262.

Jacobs S S. 1995. Technical characteristics and some correlates of the California Critical Thinking Skills Test Forms A and B. Research in Higher Education, 36(1): 89-108.

Jaeggi S M, Buschkuehl M, Jonides J, et al. 2008. Improving fluid intelligence with training on working memory. Proceedings of the National Academy of Sciences of the United States of America, 105(19): 6829-6833.

Jang K E, Tak S, Jung J J, et al. 2009. Wavelet minimum description length detrending for near-infrared spectroscopy. Journal of Biomedical Optics, 14(3): 034004.

Jaušovec N, Jaušovec K. 2012. Working memory training: Improving intelligence—Changing brain activity. Brain and Cognition, 79(2): 96-106.

Jensen O, Tesche C D. 2002. Frontal theta activity in humans increases with memory load in a working memory task: Frontal theta increases with memory load. European Journal of Neuroscience, 15(8): 1395-1399.

Jewsbury P A, Bowden S C, Strauss M E. 2016. Integrating the switching, inhibition, and updating model of executive function with the Cattell-Horn-Carroll model. Journal of Experimental Psychology General, 145(2): 220-245.

Johnson-Laird P N, Byrne R M. 1991. Deduction. Lawrence Erlbaum Associates, Inc.

Jonides J. 2004. How does practice makes perfect? Nature Neuroscience, 7(1): 10-11.

Jurcak V, Tsuzuki D, Dan I. 2007. 10/20, 10/10, and 10/5 systems revisited: Their validity as relative head-surface-based positioning systems. NeuroImage, 34(4): 1600-1611.

Kahneman D. 2011. Thinking, Fast and Slow. New York: Farrar, Straus and Giroux.

Karamzadeh N, Amyot F, Kenney K, et al. 2016. A machine learning approach to identify functional biomarkers in human prefrontal cortex for individuals with traumatic brain injury using functional near-infrared spectroscopy. Brain and Behavior, 11(6): e00541.

Karbach J, Strobach T, Schubert T. 2015. Adaptive working-memory training benefits reading, but not mathematics in middle childhood. Child Neuropsychology, 21(3): 285-301.

Khodaei M, Laurienti P J, Dagenbach D, et al. 2023. Brain working memory network indices as landmarks of intelligence. NeuroImage: Reports, 3(2): 100165.

Kim C, Chung C, Kim J. 2013. Task-dependent response conflict monitoring and cognitive control in anterior cingulate and dorsolateral prefrontal cortices. Brain Research, 1537: 216-223.

Klimesch W. 2012. Alpha-band oscillations, attention, and controlled access to stored information. Trends in Cognitive Sciences, 16(12): 606-617.

Klimesch W, Sauseng P, Hanslmayr S. 2007. EEG alpha oscillations: The inhibition-timing hypothesis.

Brain Research Reviews, 53（1）: 63-88.
Knauff M, Mulack T, Kassubek J, et al. 2002. Spatial imagery in deductive reasoning: A functional MRI study. Cognitive Brain Research, 13（2）: 203-212.
Kropotov J, Ponomarev V, Tereshchenko E P, et al. 2016. Effect of aging on ERP components of cognitive control. Frontiers in Aging Neuroscience, 8: 69.
Kruse J A, Martin C S, Hamlin N, et al. 2023. Changes of creative ability and underlying brain network connectivity throughout the lifespan. Brain and Cognition, 168: 105975.
Ku K Y L. 2009. Assessing students' critical thinking performance: Urging for measurements using multi-response format. Thinking Skills and Creativity, 4（1）: 70-76.
Leszczyński M, Fell J, Axmacher N. 2015. Rhythmic working memory activation in the human hippocampus. Cell Reports, 13（6）: 1272-1282.
Li B B, Zhang M, Luo J L, et al. 2014. The difference in spatiotemporal dynamics between modus ponens and modus tollens in the Wason selection task: An event-related potential study. Neuroscience, 270: 177-182.
Li S S, Sun Y J, Yang H M. 2023. The influence of thinking dispositions on belief-bias inhibition process: Evidence from ERPs and neural oscillations. Thinking Skills and Creativity, 47: 101241.
Liang P P, Zhong N, Lu S F, et al. 2010. ERP characteristics of sentential inductive reasoning in time and frequency domains. Cognitive Systems Research, 11（1）: 67-73.
Liebe S, Hoerzer G M, Logothetis N K, et al. 2012. Theta coupling between V4 and prefrontal cortex predicts visual short-term memory performance. Nature Neuroscience, 15（3）: 456-462.
Lin W L, Shih Y L, Wang S W, et al. 2018. Improving junior high students' thinking and creative abilities with an executive function training program. Thinking Skills and Creativity, 29: 87-96.
Lin Y X, Li Q, Zhang M K, et al. 2022. Evidence in support of analogical reasoning improvements with executive attention intervention in healthy young adults. Neuroscience Bulletin, 38（12）: 1476-1490.
Lin Y. 2018. Developing Critical Thinking in RFL Classes: An Infusion Approach. Singapore: Springer Publications.
Lorencová H, Jarošová E, Avgitidou S, et al. 2019. Critical thinking practices in teacher education programmes: A systematic review. Studies in Higher Education, 44（5）: 844-859.
Lövdén M, Bäckman L, Lindenberger U, et al. 2010. A theoretical framework for the study of adult cognitive plasticity. Psychological Bulletin, 136（4）: 659-676.
Lu K L, Qiao X N, Yun Q, et al. 2021. Educational diversity and group creativity: Evidence from fNIRS hyperscanning. NeuroImage, 243: 118564.
Lu R H, Bao N L, Zhang X L, et al. 2022. Attentional resource allocation among individuals with

different fluid intelligence: The integrated control hypothesis and its evidence from pupillometry. Neuropsychologia, 169: 108190.

Luo J L, Tang X C, Zhang E T, et al. 2014. The neural correlates of belief-bias inhibition: The impact of logic training. Biological Psychology, 103: 276-282.

Luo J L, Yang Q, Du X M, et al. 2011. Neural correlates of belief-laden reasoning during premise processing: An event-related potential study. Neuropsychobiology, 63（2）: 112-118.

Luo J L, Yuan J J, Qiu J, et al. 2008. Neural correlates of the belief-bias effect in syllogistic reasoning: An event-related potential study. Neuroreport, 19（10）: 1073-1078.

Luo W, Zhou R. 2020. Can working memory task-related EEG biomarkers measure fluid intelligence and predict academic achievement in healthy children? Frontiers in Behavioral Neuroscience, 14: 2.

Maclin L, Mathewson K, Low K A, et al. 2011. Learning to multitask: Effects of video game practice on electrophysiological indices of attention and resource allocation. Psychophysiology, 48（9）: 1173-1183.

Markovits H, Nantel G. 1989. The belief-bias effect in the production and evaluation of logical conclusions. Memory & Cognition, 17（1）: 11-17.

Martín M, Valiña M D. 2023. Heuristics, biases and the psychology of reasoning: State of the art. Psychology, 14（2）: 264-294.

Martín-Signes M, Cano-Melle C, Chica A B. 2021. Fronto-parietal networks underlie the interaction between executive control and conscious perception: Evidence from TMS and DWI. Cortex, 1-15.

Marzano R J. 2001. Designing a New Taxonomy of Educational Objectives. Thousand Oaks: Corwin Press.

Mathewson K E, Basak C, Maclin E L, et al. 2012. Different slopes for different folks: Alpha and delta EEG power predict subsequent video game learning rate and improvements in cognitive control tasks. Psychophysiology, 49（12）: 1558-1570.

McKenna R, Rushe T, Woodcock K A. 2017. Informing the structure of executive function in children: A meta-analysis of functional neuroimaging data. Frontiers in Human Neuroscience, 11.

Mcpeck J. 1981. Critical Thinking and Education. Oxford: Martin Robertson.

Menon V, Uddin L Q. 2010. Saliency, switching, attention and control: A network model of insula function. Brain Structure & Function, 214（5-6）: 655-667.

Meskaldji D E, Fischi-Gomez E, Griffa A, et al. 2013. Comparing connectomes across subjects and populations at different scales. NeuroImage, 80: 416-425.

Miyake A, Friedman N P, Emerson M J, et al. 2000. The unity and diversity of executive functions and their contributions to complex "frontal lobe" tasks: A latent variable analysis. Cognitive Psychology, 41 (1): 49-100.

Mizuhara H, Yamaguchi Y. 2007. Human cortical circuits for central executive function emerge by theta phase synchronization. NeuroImage, 36 (1): 232-244.

Molavi B, Gervain J, Dumont G A, et al. 2012. Functional connectivity analysis of cortical networks in functional near infrared spectroscopy using phase synchronization. 2012 Annual International Conference of the IEEE Engineering in Medicine and Biology Society, 5182-5185.

Monti M M, Osherson D N, Martinez M J, et al. 2007. Functional neuroanatomy of deductive inference: A language-independent distributed network. NeuroImage, 37 (3): 1005-1016.

Murphy E. 2004. An instrument to support thinking critically about critical thinking in online asynchronous discussions. Australasian Journal of Educational Technology, 20 (3): 295-315.

Murphy P K, Ogata T M, Schoute E C. 2023. "Valued" thinking in education: Liberating the narrative. Educational Psychology Review, 35 (1): 35.

Neubauer A C, Fink A. 2009. Intelligence and neural efficiency. Neuroscience & Biobehavioral Reviews, 33 (7): 1004-1023.

Newman D R. 1995. A content analysis method to measure critical thinking in face-to-face and computer supported group learning. Interpersonal Computing and Technology, 3 (2): 56-77.

Nigbur R, Ivanova G, Stürmer B. 2011. Theta power as a marker for cognitive interference. Clinical Neurophysiology, 122 (11): 2185-2194.

Nijstad B A, Stroebe W. 2006. How the group affects the mind: A cognitive model of idea generation in groups. Personality and Social Psychology Review, 10 (3): 186-213.

Niu L, Behar-Horenstein L S, Garvan C W. 2013. Do instructional interventions influence college students' critical thinking skills? A meta-analysis. Educational Research Review, 9 (1): 114-128.

Noone C, Bunting B, Hogan M J. 2016. Does mindfulness enhance critical thinking? Evidence for the mediating effects of executive functioning in the relationship between mindfulness and critical thinking. Frontiers in Psychology, 6: 2043.

Noone C, Hogan M J. 2018. A randomised active-controlled trial to examine the effects of an online mindfulness intervention on executive control, critical thinking and key thinking dispositions in a university student sample. BMC Psychology, 6 (1): 13.

Nyberg L, Lövdén M, Riklund K, et al. 2012. Memory aging and brain maintenance. Trends in Cognitive Sciences, 16 (5): 292-305.

Oberauer K, Schulze R, Wilhelm O, et al. 2005. Working memory and intelligence—Their correlation and their relation: Comment on Ackerman, Beier, and Boyle (2005). Psychological Bulletin,

131（1）：61-65.

Ociepka M, Kałamała P, Chuderski A. 2023. Take your time: Slow brain rhythms predict fluid intelligence. Intelligence, 100: 101780.

Oelhafen S, Nikolaidis A, Padovani T, et al. 2013. Increased parietal activity after training of interference control. Neuropsychologia, 51（13）：2781-2790.

Onton J, Delorme A, Makeig S, 2005. Frontal midline EEG dynamics during working memory. NeuroImage, 27（2）：341-356.

Ovando-Tellez M, Benedek M, Kenett Y N, et al. 2022. An investigation of the cognitive and neural correlates of semantic memory search related to creative ability. Communications Biology, 5（1）：604.

Owen A M, McMillan K M, Laird A R, et al. 2005. N back working memory paradigm: A meta-analysis of normative functional neuroimaging studies. Human Brain Mapping, 25（1）：46-59.

Pagnotta M F, Riddle J, D'Esposito M. 2024. Multiplexed levels of cognitive control through delta and theta neural oscillations. Journal of Cognitive Neuroscience, 36（5）：916-935.

Palva S, Palva J M. 2007. New vistas for α-frequency band oscillations. Trends in Neurosciences, 30（4）：150-158.

Paul R W. 1990. Critical Thinking: What Every Person Needs to Survive in a Rapidly Changing World. Santa Rosa: Foundation for Critical Thinking Press.

Paul R W. 1995. Critical Thinking: How to Prepare Students for a Rapidly Changing World. Rohnert Park: Foundation for Critical Thinking.

Paul R W, Elder L. 2012. Critical thinking: Tools for taking charge of your learning and your life. New Jersey: Prentice Hall.

Payne L, Guillory S, Sekuler R. 2013. Attention-modulated alpha-band oscillations protect against intrusion of irrelevant information. Journal of Cognitive Neuroscience, 25（9）：1463-1476.

Pennycook G, Cheyne J A, Barr N, et al. 2014. Cognitive style and religiosity: The role of conflict detection. Memory & Cognition, 42（1）：1-10.

Pennycook G, Fugelsang J A, Koehler D J. 2012. Are we good at detecting conflict during reasoning? Cognition, 124（1）：101-106.

Pennycook G, Fugelsang J A, Koehler D J. 2015. What makes us think? A three-stage dual-process model of analytic engagement. Cognitive Psychology, 80：34-72.

Perkins D, Tishman S, Ritchhart R, et al. 2000. Intelligence in the wild: A dispositional view of intellectual traits. Educational Psychology Review, 12（3）：269-293.

Perkins D N. 1985. The Mind's Best Work. Cambridge: Harvard University Press.

Perkins D N, Jay E, Tishman S. 1993. Beyond abilities: A dispositional theory of thinking. Merrill-

Palmer Quarterly, 39 (1): 1-21.

Petersson K M, Elfgren C, Ingvar M. 1999. Dynamic changes in the functional anatomy of the human brain during recall of abstract designs related to practice. Neuropsychologia, 37 (5): 567-587.

Polich J. 2007. Updating P300: An integrative theory of P3a and P3b. Clinical Neurophysiology, 118 (10): 2128-2148.

Popov T, Popova P, Harkotte M, et al. 2018. Cross-frequency interactions between frontal theta and posterior alpha control mechanisms foster working memory. NeuroImage, 181: 728-733.

Prado J, Chadha A, Booth J. 2011. The brain network for deductive reasoning: A quantitative meta-analysis of 28 neuroimaging studies. Journal of Cognitive Neuroscience, 23 (11): 3483-3497.

Rabovsky M, McClelland J L. 2020. Quasi-compositional mapping from form to meaning: A neural network-based approach to capturing neural responses during human language comprehension. Philosophical Transactions of the Royal Society of London Series B: Biological Sciences, 375 (1791): 20190313.

Raven J C, Raven J, Court J H. 1997. Raven's Progressive Matrices and Vocabulary Scales. Edinburgh: J. C. Raven Ltd.

Ren X Z, Schweizer K, Wang T F, et al. 2017. On the relationship between executive functions of working memory and components derived from fluid intelligence measures. Acta Psychologica, 180: 79-87.

Rodríguez-Gómez P, Rincón-Pérez I, Santaniello G, et al. 2018. When logical conclusions go against beliefs: An ERP study. Language, Cognition and Neuroscience, 33 (6): 687-697.

Russell B. 1956. Logic and Knowledge: Essays, 1901-1950. London: George Allen and Unwin.

Sarnthein J, Morel A, von Stein A, et al. 2005. Thalamocortical theta coherence in neurological patients at rest and during a working memory task. International Journal of Psychophysiology, 57 (2): 87-96.

Sassenhagen J, Fiebach C J. 2019. Finding the P3 in the P600: Decoding shared neural mechanisms of responses to syntactic violations and oddball targets. NeuroImage, 200: 425-436.

Sauseng P, Klimesch W, Schabus M, et al. 2005. Fronto-parietal EEG coherence in theta and upper alpha reflect central executive functions of working memory. International Journal of Psychophysiology, 57 (2): 97-103.

Scholkmann F, Spichtig S, Muehlemann T, et al. 2010. How to detect and reduce movement artifacts in near-infrared imaging using moving standard deviation and spline interpolation. Physiological Measurement, 31 (5): 649-662.

Schubert A L, Ferreira M B, Mata A, et al. 2021. A diffusion model analysis of belief bias: Different cognitive mechanisms explain how cognitive abilities and thinking styles contribute to conflict resolution in reasoning. Cognition, 211: 104629.

Sharp D J, Bonnelle V, de Boissezon X, et al. 2010. Distinct frontal systems for response inhibition, attentional capture, and error processing. Proceedings of the National Academy of Sciences of the United States of America, 107(13): 6106-6111.

Shields C. 2022. Aristotle. In E. N. Zalta (Ed.), The Stanford Encyclopedia of Philosophy. http://seop.illc.uva.nl/archives/spr2004/entries/analysis/.

Shulman G L, Pope D L W, Astafiev S V, et al. 2010. Right hemisphere dominance during spatial selective attention and target detection occurs outside the dorsal frontoparietal network. The Journal of Neuroscience, 30(10): 3640-3651.

Siegel H. 1988. Educating Reason: Rationality, Critical Thinking, and Education. New York: Routledge.

Sloman S A. 1996. The empirical case for two systems of reasoning. Psychological Bulletin, 119(1): 3-22.

Sosu E M. 2013. The development and psychometric validation of a Critical Thinking Disposition Scale. Thinking Skills and Creativity, 9: 107-119.

Spearman C. 1961. "General intelligence", objectively determined and measured. American Journal of Psychology, 15(2): 201-293.

Stanovich K E, Stanovich P J. 2010. A framework for critical thinking, rational thinking, and intelligence. In D. D. Preiss & R. J. Sternberg (Eds.), Innovations in Educational Psychology: Perspectives on Learning, Teaching, and Human Development (pp. 55-88). New York: Springer.

Stanovich K E, Toplak M E. 2012. Defining features versus incidental correlates of type 1 and type 2 processing. Mind & Society, 11(1): 3-13.

Stanovich K E, West R F. 2008. On the relative independence of thinking biases and cognitive ability. Journal of Personality and Social Psychology, 94(4): 672-695.

Stanovich K E. 2009. Distinguishing the reflective, algorithmic, and autonomous minds: Is it time for a tri-process theory? http://keithstanovich.com/Site/Research_on_Reasoning_files/Stanovich_Two_MInds.pdf.

Stark E. 2012. Enhancing and assessing critical thinking in a psychological research methods course. Teaching of Psychology, 39(2): 107-112.

Sternberg R J. 1986. Critical thinking: Its nature, measurement, and improvement. http://eric.ed.gov/PDFS/ED272882.pdf.

Sternberg R J. 2019. A theory of adaptive intelligence and its relation to general intelligence. Journal of Intelligence, 7(4): 23

Sweller J. 1994. Cognitive load theory, learning difficulty, and instructional design. Learning and Instruction, 4(4): 295-312.

Tak S, Ye J C. 2014. Statistical analysis of fNIRS data: A comprehensive review. NeuroImage, 85: 72-91.

Tiruneh D T, Verburgh A, Elen J. 2014. Effectiveness of critical thinking instruction in higher education: A systematic review of intervention studies. Higher Education Studies, 4 (1): 1-17.

Toplak M E, West R F, Stanovich K E. 2014. Rational thinking and cognitive sophistication: Development, cognitive abilities, and thinking dispositions. Developmental Psychology, 50 (4): 1037-1048.

Trippas D, Thompson V A, Handley S J. 2017. When fast logic meets slow belief: Evidence for a parallel-processing model of belief bias. Memory & Cognition, 45: 539-552.

Tsujii T, Masuda S, Akiyama T, et al. 2010. The role of inferior frontal cortex in belief-bias reasoning: An rTMS study. Neuropsychologia, 48 (7): 2005-2008.

Tsujii T, Watanabe S. 2009. Neural correlates of dual-task effect on belief-bias syllogistic reasoning: A near-infrared spectroscopy study. Brain Research, 1287: 118-125.

Tunjungsari H, Takwin B. 2021. Understanding critical thinking practice in everyday life through stages of critical thinking skills and disposition. Mind, Brain, and Education, 15 (3): 225-231.

Valenzuela M, Nieto A M, Saiz C. 2011. Critical Thinking Motivational Scale: A contribution to the study of relationship between critical thinking and motivation. Journal of Research in Educational Psychology, 9 (2): 823-848.

van Peppen L M, Verkoeijen P P J L, Heijltjes A E G, et al. 2021. Enhancing students' critical thinking skills: Is comparing correct and erroneous examples beneficial? Instructional Science, 49 (6): 747.

Vas A, Chapman S, Aslan S, et al. 2016. Reasoning training in veteran and civilian traumatic brain injury with persistent mild impairment. Neuropsychological Rehabilitation, 26 (4): 502-531.

Vidaurre C, Blankertz B. 2009. Towards a cure for BCI illiteracy. Brain Topography, 23 (2): 194-198.

Viechtbauer W, Cheung M W L. 2010. Outlier and influence diagnostics for meta-analysis. Research Synthesis Methods, 1 (2): 112-125.

Wang L, Zhang M, Zou F, et al. 2020. Deductive-reasoning brain networks: A coordinate-based meta-analysis of the neural signatures in deductive reasoning. Brain and Behavior, 10 (12): e01853.

Ward L, Traweek D. 1993. Application of a metacognitive strategy to assessment, intervention, and consultation: A think-aloud technique. Journal of School Psychology, 31 (4): 469-485.

Watson G, Glaser E M. 1980. Watson-Glaser critical thinking appraisal: Forms A and B. Manual. Psychological Corporation.

Watson G, Glaser E M. 2008. Watson-Glaser Critical Thinking Appraisal, forms A and B Manual.

Upper Saddle River: Pearson Education.

Watson J B. 1913. Psychology as the behaviorist views it. Psychological Review, 20 (2): 158-177.

West R F, Toplak M E, Stanovich K E. 2008. Heuristics and biases as measures of critical thinking: Associations with cognitive ability and thinking dispositions. Journal of Educational Psychology, 100 (4): 930-941.

Wild-Wall N, Falkenstein M, Gajewski P D. 2011. Age-related differences in working memory performance in a 2-back task. Frontiers in Psychology, 2: 186.

Williams C C, Kappen M, Hassall C D, et al. 2019. Thinking theta and alpha: Mechanisms of intuitive and analytical reasoning. NeuroImage, 189: 574-580.

Willingham D T. 2008. Critical thinking: Why is it so hard to teach? Arts Education Policy Review, 109 (4): 21-32.

Yan H Q, Zhou L Y, Ren J Y, et al. 2022. Expectations attenuate the negative influence of neural adaptation on the processing of novel stimuli: ERP evidence. Neuroscience, 492: 58-66.

Yang Y T C, Chuang Y C, Li L Y, et al. 2013. A blended learning environment for individualized English listening and speaking integrating critical thinking. Computers & Education, 63: 285-305.

Yordanova J, Falkenstein M, Hohnsbein J, et al. 2004. Parallel systems of error processing in the brain. NeuroImage, 22 (2): 590-602.

Zalesky A, Fornito A, Bullmore E T. 2010. Network-based statistic: Identifying differences in brain networks. NeuroImage, 53 (4): 1197-1207.

Zeng L W, Wang C C, Sun K W, et al. 2023. Upregulation of a small-world brain network improves inhibitory control: An fNIRS neurofeedback training study. Brain Sciences, 13 (11): 1516.

Ziaei M, Bonyadi M R, Reutens D. 2020. Assumptions belief load impacts brain networks underlying logical reasoning. https://www.researchgate.net/publication/341455096_Assumptions_belief_load_impacts_brain_networks_underlying_logical_reasoning.

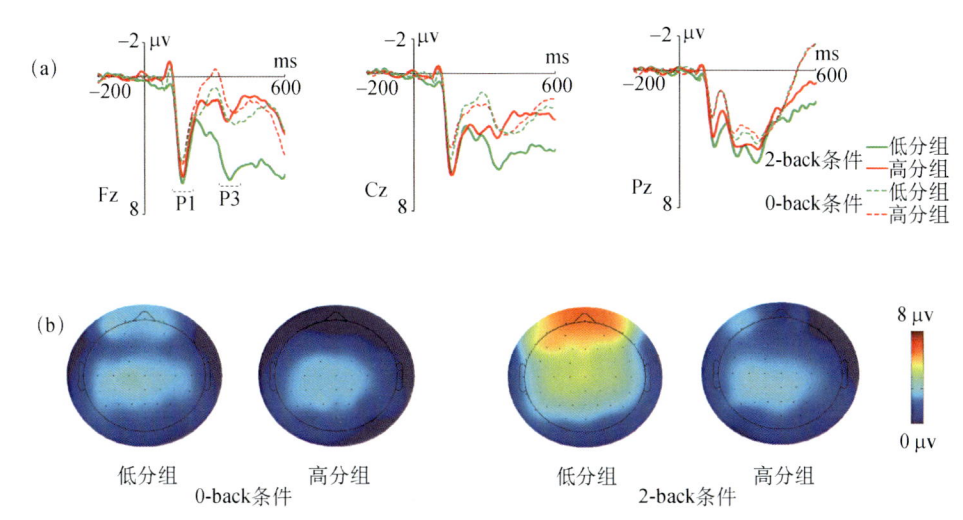

图 4-1 批判性思维能力高分组和低分组在 N-back 任务中 ERP 的组平均图。(a) 两组在不同实验条件下 Fz、Cz、Pz 三个电极点的波形图。(b) 两组在不同实验条件下 P3 成分（300—550 ms）的地形图

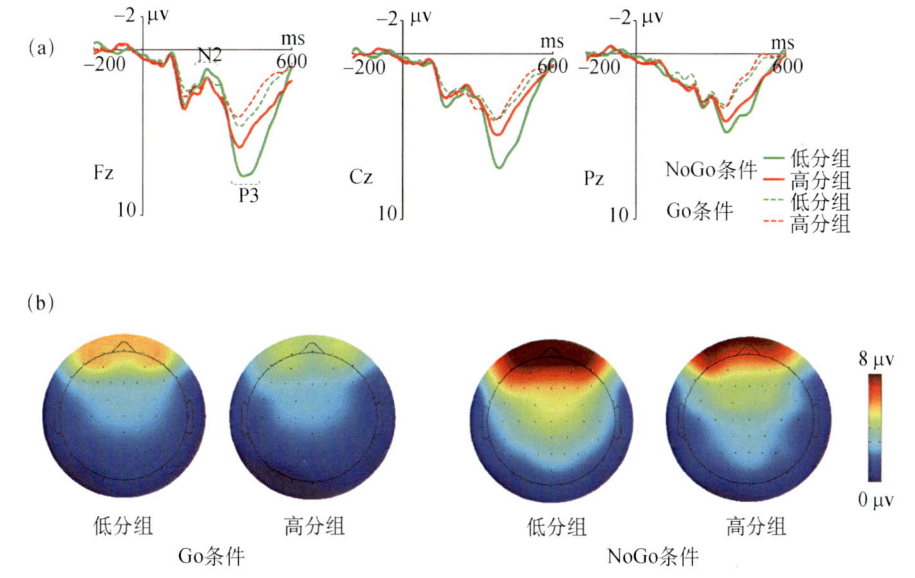

图 4-3 批判性思维能力高分组和低分组在 Go/NoGo 任务中 ERP 的组平均图。(a) 两组在不同实验条件下 Fz、Cz、Pz 三个电极点的波形图。(b) 两组在不同实验条件下 P3 成分（300—550 ms）的地形图

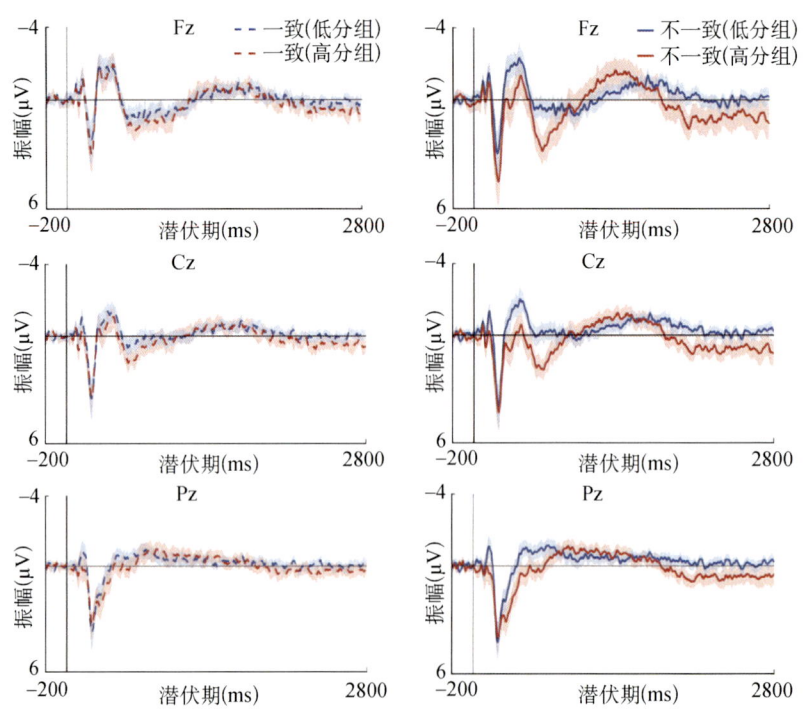

图 5-3 批判性思维能力高分组和低分组被试的 ERP 波形图

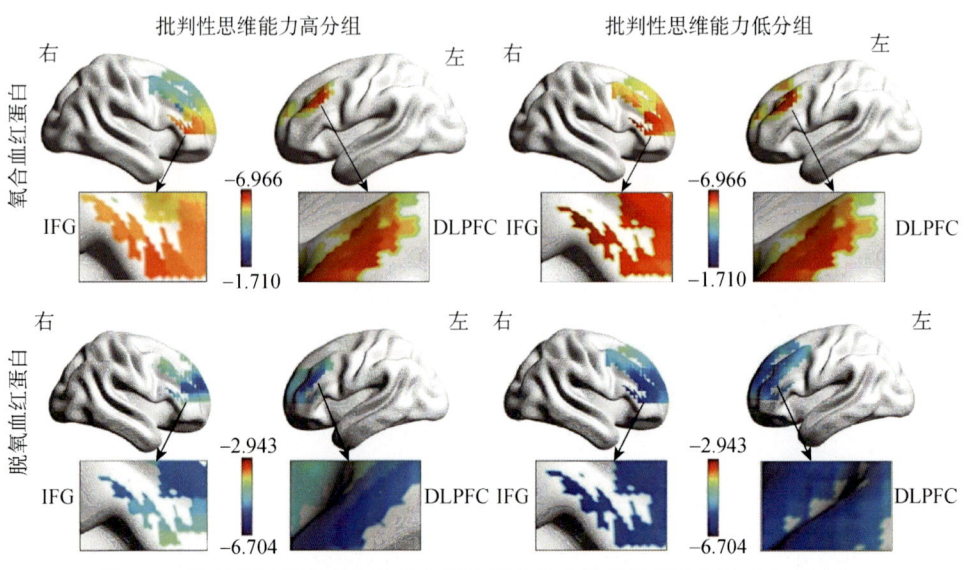

图 6-3 批判性思维能力高分组和低分组在信念偏差推理中氧合血红蛋白与脱氧血红蛋白浓度值变化的 $t$ 统计图

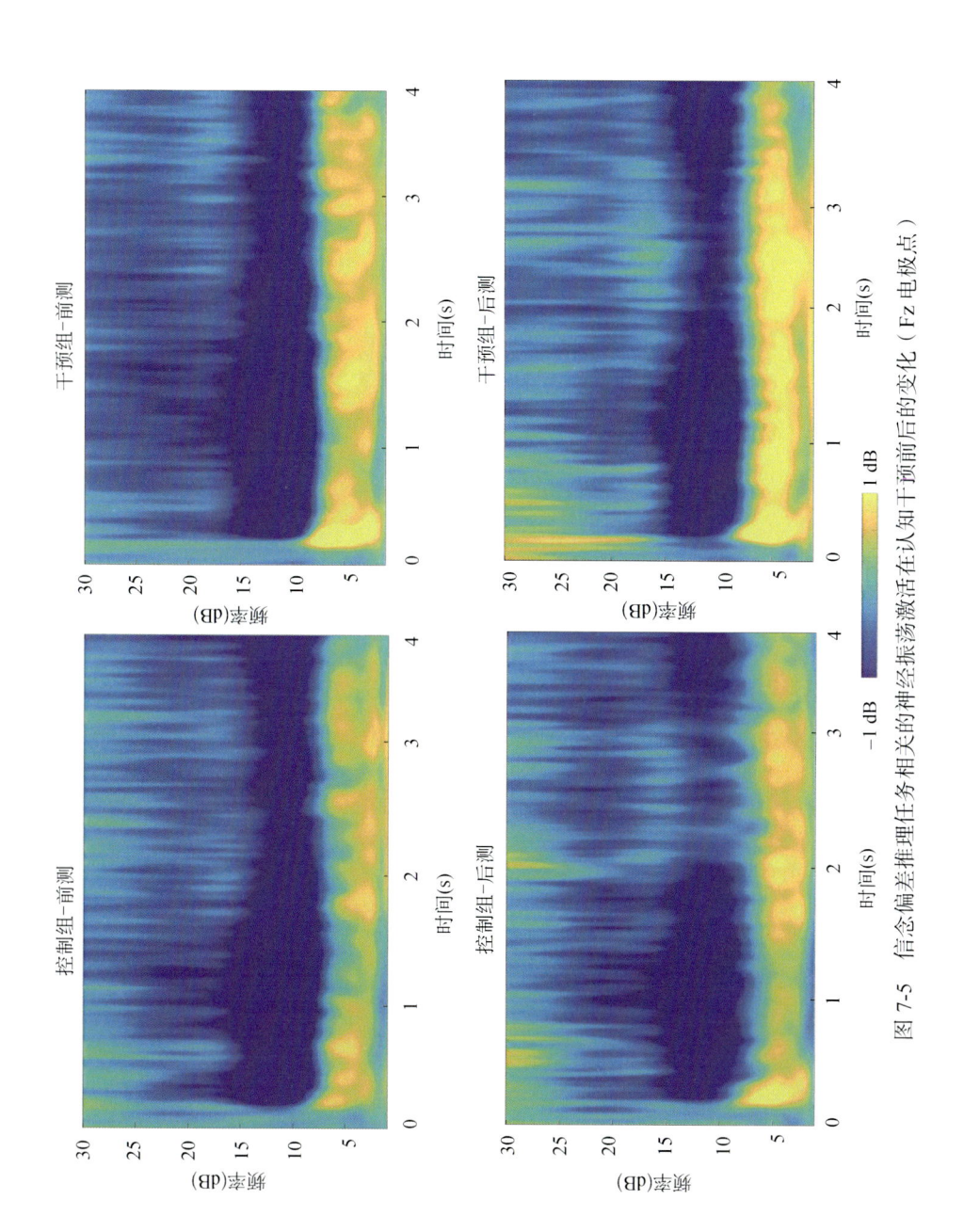

图 7-5 信念偏差推理任务相关的神经振荡激活在认知干预前后的变化（Fz 电极点）

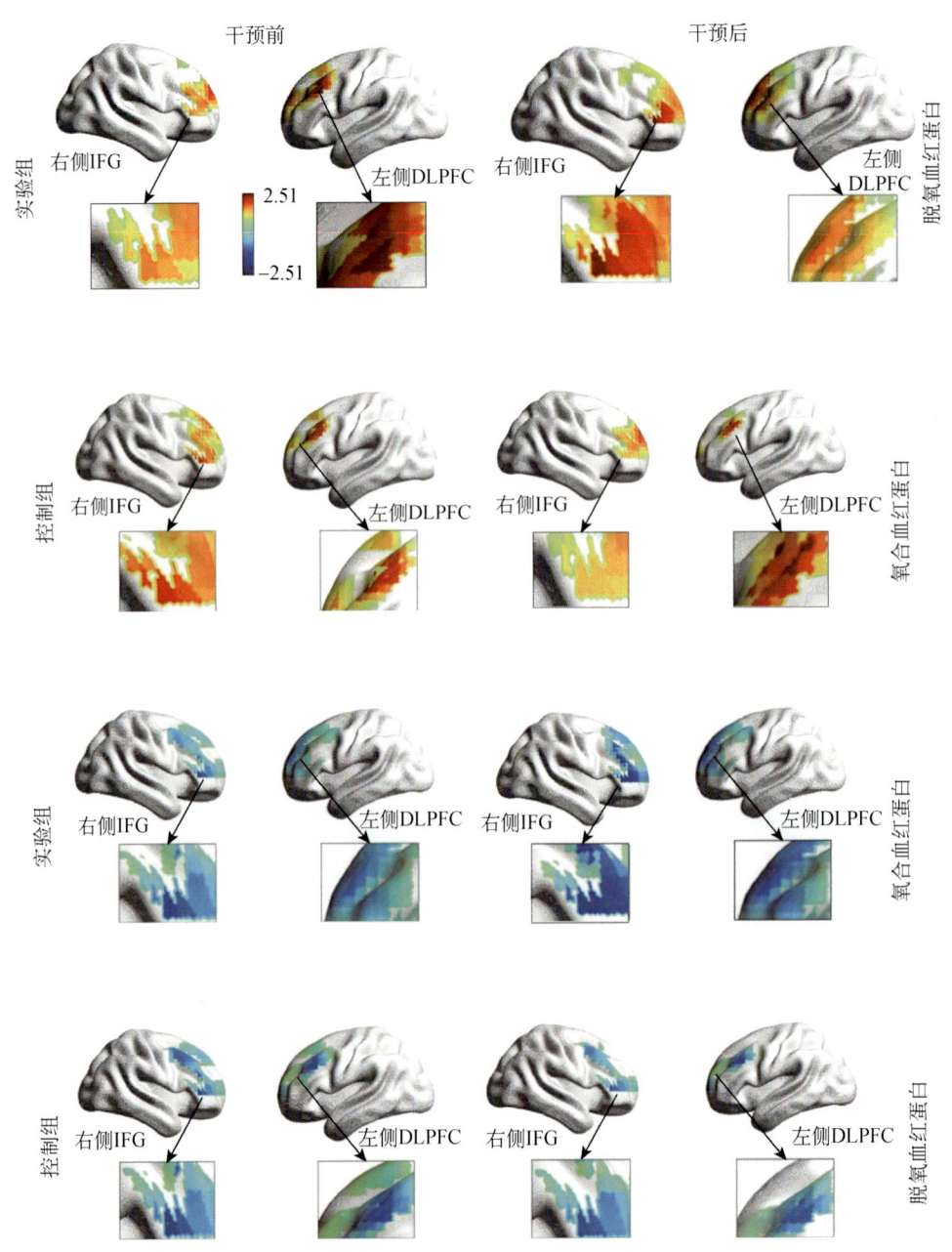

图 8-2 实验组和控制组 ROI 的氧合血红蛋白和脱氧血红蛋白的浓度值干预前后的 $t$ 统计图

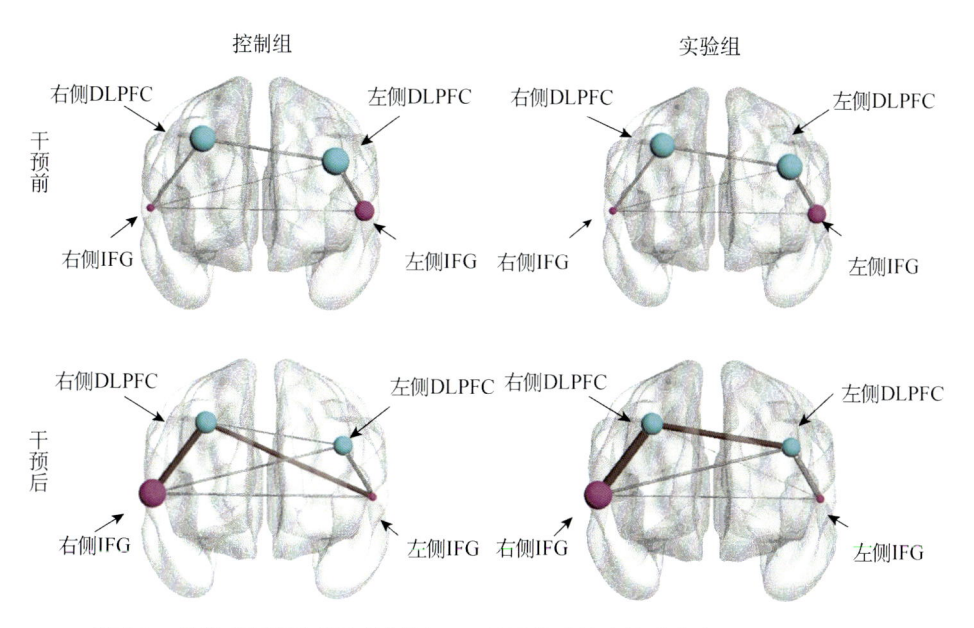

图 8-3 任务态下实验组和控制组 ROI 的平均功能连接强度在干预前后的变化

棕色连边表示功能连接强度较强的通道（连边阈值>0.6），节点大小表示节点度值

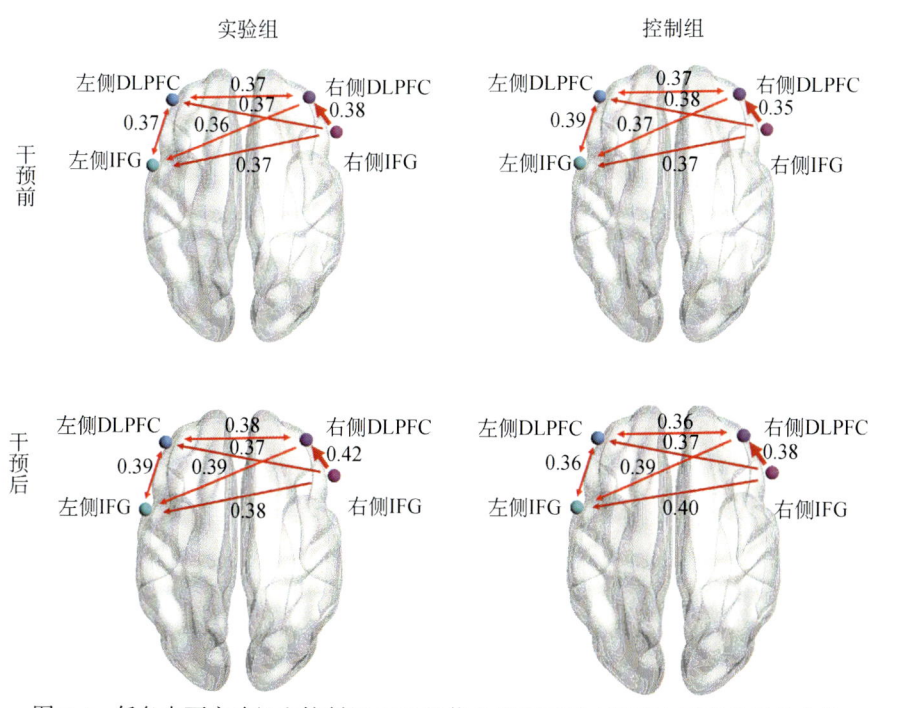

图 8-4 任务态下实验组和控制组 ROI 的信息流向和影响强度在干预前后的变化